Aufenthaltsrecht für die Polizei

Eine Einführung
unter Berücksichtigung
polizeilicher Aufgaben

von

Dr. Stefan Zeitler

Professor an der Hochschule für Polizei
Villingen-Schwenningen

11. Auflage

Neuer Medienverlag

Inhaltsübersicht

Inhaltsverzeichnis

Vorwort

Zur Ausgabe 2005

Durch das Inkrafttreten des Zuwanderungsgesetzes zum 1. 1. 2005 hat sich auf dem Gebiet des Ausländerrechts so viel geändert, dass ich mich entschlossen habe, auch den Titel des seit 1992 als „Ausländerrecht für die Polizei" erscheinenden Werks zu ändern. Da das Ausländergesetz aufgehoben und durch das Aufenthaltsgesetz ersetzt wurde, erscheint es mir angebracht, das Buch in „Aufenthaltsrecht für die Polizei" umzubenennen. Der neue Titel trifft die zu behandelnde Materie auch besser, da das Aufenthaltsgesetz nicht den Anspruch erhebt, alle rechtlichen Aspekte des Aufenthalts von Ausländern im Bundesgebiet umfassend regeln zu wollen. Hier geht es lediglich um das Aufenthaltsrecht an sich und bestimmte Aufenthaltszwecke, wie z. B. die Erwerbstätigkeit. Daneben sind die sich im Bundesgebiet aufhaltenden Ausländer selbstverständlich auch den für Deutsche geltenden Gesetzen unterworfen. Dasselbe gilt für Asylbewerber und Unionsbürger. Für die Polizei brachte das Zuwanderungsgesetz einige Änderungen, die ich hoffe, in der gewohnt kompakten Weise dargestellt zu haben. Viele wichtige Bereiche sind weitgehend gleich geblieben und haben nur die Bezeichnung geändert, wie z. B. die Ausweisungstatbestände und die Haft. Insgesamt wurde der Stoff gestrafft, Wesentliches wurde vertieft, Unwesentliches entfernt.

Stefan Zeitler
Villingen-Schwenningen im April 2005

Zur Ausgabe 2008

Das Buch wurde überarbeitet und auf den neuesten Stand gebracht. Mit dem Gesetz zur Umsetzung aufenthalts- und asylrechtlicher Richtlinien der Europäischen Union wurden, wie in der Ausgabe 2006 bereits angekündigt, wesentliche Bestimmungen, die auch für die Polizei von Bedeutung sind, geändert. Neu eingeführt wurde erstmals ein Festnahmerecht für Polizei und Ausländerbehörde. Auch die Vorschriften über die Erwerbstätigkeit wurden harmonisiert und erweitert. Bezüglich der nicht genehmigten Erwerbstätigkeit von Anhang-II-Staatern und Anhang-I-Staatern besteht nunmehr kein Wertungswiderspruch mehr.

Stefan Zeitler
Villingen-Schwenningen im September 2007

Zur 10. Auflage

Die neue Auflage wurde vollständig überarbeitet und ergänzt. Dabei habe ich den Schwerpunkt auf die Bereiche Statusüberprüfung, Vorführung, Haft und Ausweisung gelegt. Gerade der Bereich der Regelausweisung ist von großer Bedeutung für die Polizei, da sie es ist, die die notwendigen Tatsachen für die zum Teil rechtlich schwierigen Ausweisungsgründe ermittelt. Das Aufenthaltsrecht ist das spezielle Gefahrenabwehrrecht im Bereich der Terrorismusbekämpfung.

Eingearbeitet wurde insbesondere auch die neue und höchst interessante Rechtsprechung des Bundesgerichtshofs zur Abschiebungs- und Zurückschiebungshaft sowie zu den Verfahrensbestimmungen des FamFG. Die Ausführungen zur vorläufigen Ingewahrsamnahme nach § 62 Abs. 4 AufenthG wurden um ein Prüfungsschema ergänzt. Ein Blick darauf führt jedem die Komplexität des Aufenthaltsrechts vor Augen. Im Übrigen habe ich mich aber bemüht den Stoff einfach und übersichtlich zu halten, obgleich an einigen Stellen eine etwas ausführlichere Darstellung sicher dem Verständnis dient. Für Anregungen und Kritik bin ich jederzeit dankbar.

Stefan Zeitler
Villingen-Schwenningen im September 2010

Zur 11. Auflage

Die Rückführungsrichtlinie entfaltet mangels Umsetzung seit dem 24 Dezember 2010 unmittelbare Wirkung. Das entsprechende Umsetzungsgesetz liegt nunmehr im Regierungsentwurf vor. Der Bundesrat hat gem. Art. 76 Abs. 2 GG beschlossen, gegen den Gesetzentwurf keine Einwendungen zu erheben. Aus diesem Grund habe ich mich im Interesse der Aktualität des Buches dazu entschlossen, den Ausführungen die – aus Sicht September 2011 – zukünftigen Bestimmungen des Aufenthaltsgesetzes zugrunde zu legen. Dies Betrifft für den polizeiliche Bereich insbesondere die Regelung des neuen § 57 AufenthG (Zurückschiebung). Da diese Reglungen die Rückführungsrichtlinie umsetzen, sind sie zumindest in materieller Hinsicht geltendes Recht. Von daher erschiene es mir nicht sinnvoll, wenn der Leser sich mit einer zwar formal geltenden, inhaltlich aber überholten Regelung auseinander setzen würde.

Stefan Zeitler
Villingen-Schwenningen im September 2011

KAPITEL 1

Einführung

I. Die wichtigsten Rechtsgrundlagen

EU-VisumVO – Verordnung (EG) Nr. 539/2001 des Rates zur Aufstellung der Liste der Drittländer, deren Staatsangehörige beim Überschreiten der Außengrenzen im Besitz eines Visums sein müssen, sowie der Liste der Drittländer, deren Staatsangehörige von dieser Visumpflicht befreit sind vom 15. 3. 2001 (ABl. v. 21. 3. 2001; L 81/1).

Verordnung (EG) Nr. 810/2009 des Europäischen Parlaments und des Rates vom 13. Juli 2009 über einen Visakodex der Gemeinschaft (**Visakodex – VK**).

Verordnung (EG) Nr. 562/2006 des Europäischen Parlamentes und des Rates vom 15. 3. 2006 über einen Gemeinschaftskodex für das Überschreiten der Grenzen durch Personen (**Schengener Grenzkodex – SGK**).

Schengener Durchführungsübereinkommen (**SDÜ**) vom 19. 6. 1990 (BGBl. II 1993 S. 1009).

Gesetz über den Aufenthalt, die Erwerbstätigkeit und die Integration von Ausländern im Bundesgebiet (**Aufenthaltsgesetz – AufenthG**) vom 30. 7. 2004 (BGBl. I S. 1950).

Gesetz über die allgemeine Freizügigkeit von Unionsbürgern (**Freizügigkeitsgesetz/EU – FreizügG/EU**) vom 30. 7. 2004 (BGBl. I S. 1950).

Asylverfahrensgesetz (**AsylVfG**) i. d. F. der Bekanntmachung v. 17. 12. 2008 (BGBl. I S. 2586).

Gesetz über das Verfahren in Familiensachen und in den Angelegenheiten der freiwilligen Gerichtsbarkeit (**FamFG**) v. 17. 12. 2008 (BGBl. I S. 2586).

Gesetz über das Ausländerzentralregister (**AZR-Gesetz – AZRG**) vom 2. 9. 1994 (BGBl. I S. 2265).

Gesetz zur Bekämpfung der Schwarzarbeit und illegalen Beschäftigung (**Schwarzarbeitsbekämpfungsgesetz – SchwarzArbG**) vom 23. 7. 2004 (BGBl. I S. 1842).

Sozialgesetzbuch Drittes Buch (**SGB III**) – Arbeitsförderung – (Artikel 1 des Gesetzes zur Reform der Arbeitsförderung) v. 24. 3. 1997 (BGBl I S. 594, 595).

Europäische Konvention zum Schutze der Menschenrechte und Grundfreiheiten (**EMRK**) v. 4. 11. 1950. Die Konvention ist am 3. 9. 1953 für die Bundesrepublik Deutschland in Kraft getreten.

Abkommen über die Rechtsstellung der Flüchtlinge (**Genfer Flüchtlingskonvention – GFK**) v. 28. 7. 1951. Für die Bundesrepublik Deutschland gültig durch Gesetz vom 1. 9. 1953 (BGBl. II S. 559).

Aufenthaltsverordnung (**AufenthV**) vom 25. 11. 2004 (BGBl. I S. 2945).

Verordnung über die Zulassung von neu einreisenden Ausländern zur Ausübung einer Beschäftigung (**Beschäftigungsverordnung – BeschV**) vom 22. 11. 2004 (BGBl. I S. 2937).

II. Polizeiliche Aufgaben im Überblick

1 Schwerpunktmäßig beschäftigen wir uns mit der Überprüfung des **aufenthaltsrechtlichen Status** eines Ausländers und damit mit der Frage, ob ein Ausländer sich legal im Bundesgebiet aufhält. Neben den speziellen aufenthaltsrechtlichen Regelungen gibt es aber auch noch andere Bestimmungen, die der Ausländer zu beachten hat. So überprüfen wir z. B. auch, ob eine eventuelle **Erwerbstätigkeit** eines Ausländers mit den arbeitserlaubnisrechtlichen Bestimmungen im Einklang steht. Eine wichtige Rolle spielt die Polizei auch im **Asylverfahren**, wenn der Ausländer gegenüber der Polizei um Asyl nachsucht. Aus diesem Grunde behandeln wir ganz kurz den Flüchtlingsschutz und beschäftigen uns mit den polizeilichen Eingriffsbefugnissen gegenüber Asylbewerbern. Die Schwerpunkte der nachfolgenden Ausführungen liegen also dort, wo das Gesetz der Polizei eine Aufgabe im Ausländerwesen überträgt.

Gemäß § 71 Abs. 5 AufenthG ist die Polizei zuständig für:

- die Zurückschiebung (S. 121 ff.)
- die Durchsetzung der Verlassenspflicht des § 12 Abs. 3 (S. 54)
- die Durchführung der Abschiebung (S. 116 ff.) und
- soweit es zur Vorbereitung und Sicherung dieser Maßnahmen erforderlich ist, die Festnahme und Beantragung der Haft (S. 129 ff.)

Soweit es zur Erfüllung dieser Aufgaben erforderlich ist (also nicht generell!), ist die Polizei auch zuständig zur Anordnung und Durchführung von Maßnahmen der **Feststellung und Sicherung der Identität** und darf Ausweispapiere einbehalten (§ 71 Abs. 4 AufenthG i. V.

mit §§ 48 und 49 AufenthG, S. 72 f.). Die in § 71 Abs. 5 AufenthG geregelte Zuständigkeit ist eine Parallelzuständigkeit. Die Polizeien der Länder (also der Polizeivollzugsdienst) sind „auch“, also neben der Ausländerbehörde, zuständig. Weitere Zuständigkeiten ergeben sich aus dem Asylverfahrensgesetz (§§ 19 und 59).

Die Aufgaben der Bundespolizei regelt § 71 Abs. 3 AufenthG.[1]

Der Einstieg in einen Ausländerrechtsfall erfolgt oft über eine Identitätsfeststellung, die aus 2
Gründen der Gefahrenabwehr oder Strafverfolgung durchgeführt wird. Stellt die Polizei dabei fest, dass es sich um einen Ausländer handelt, müssen der aufenthaltsrechtliche Status und die Einhaltung der Passbestimmungen überprüft werden. Ist der Ausländer erwerbstätig, ist die Einhaltung der die Erwerbstätigkeit regelnden Bestimmungen zu prüfen. Die nach den Bestimmungen des Aufenthaltsgesetzes wahrzunehmenden Aufgaben sind Bestandteil der originären Aufgabe der Gefahrenabwehr. Im Hinblick auf die Gefahren, die von Ausländern mit Bezügen zu terroristischen Vereinigungen ausgehen, stellt das **Aufenthaltsrecht spezielles Gefahrenabwehrrecht** dar. Es ist somit auch Aufgabe der Polizei, im Falle gefährlicher Personen, die eine Ausweisung begründenden Tatsachen zu ermitteln und diese der Ausländerbehörde zu übermitteln. § 87 Abs. 2 Satz 1 Nr. 3 AufenthG formuliert deshalb eine entsprechende **Mitteilungspflicht** auch für die Polizei.

Diese kurze Übersicht macht deutlich, dass der kontrollierende Polizeibeamte die Grundzüge des Aufenthaltsrechts beherrschen sollte.

III. Ausländerbegriff

Das Aufenthaltsrecht wird natürlich nur relevant, wenn es sich bei dem „polizeilichen 3
Gegenüber“ um einen **Ausländer** handelt. Gemäß § 2 Abs. 1 AufenthG ist Ausländer, wer nicht Deutscher i. S. d. Art. 116 Abs. 1 des Grundgesetzes ist. Wer neben der deutschen Staatsangehörigkeit noch eine andere Staatsangehörigkeit besitzt, ist dennoch Deutscher. Solange die Deutscheneigenschaft einer Person allerdings nicht feststeht, ist sie grundsätzlich als Ausländer zu behandeln.[2]

Gemäß Art. 116 Abs. 1 GG ist Deutscher i. S. d. Grundgesetzes vorbehaltlich anderweitiger gesetzlicher Regelung, wer die deutsche Staatsangehörigkeit besitzt oder als Flüchtling oder Vertriebener deutscher Volkszugehörigkeit oder als dessen Ehegatte oder Abkömmling in dem Gebiete des Deutschen Reiches nach dem Stande vom 31. Dezember 1937 Aufnahme gefunden hat. Die deutsche Staatsangehörigkeit von Vertriebenen bestimmt sich nach dem *Bundesvertriebenengesetz*.[3]

---

[1] Vgl. hierzu die Nr. 71.3 der Allgemeinen Verwaltungsvorschrift zum Aufenthaltsgesetz (AufenthG-VwV) in Anhang A.

[2] OVG Rheinland-Pfalz, Beschluss v. 10. 2. 1999 – 11 B 10148/99.OVG.

[3] Deutsche Volkszugehörige (Volksdeutsche) sind nur dann Deutsche i. S. v. von Art. 116 GG, wenn sie

4 Durch die Geburt erwirbt ein Kind die deutsche Staatsangehörigkeit, wenn ein Elternteil die deutsche Staatsangehörigkeit besitzt. Ist nur der Vater Deutscher und das Kind nicht ehelich, bedarf es einer förmlichen Feststellung oder Anerkennung der Vaterschaft. Im Übrigen erwirbt das Kind die deutsche Staatsangehörigkeit, wenn ein Elternteil seit acht Jahren rechtmäßig seinen gewöhnlichen Aufenthalt im Inland hat und ein unbefristetes Aufenthaltsrecht besitzt oder entweder EU-, EWR-Bürger oder Schweizer ist.

IV. Ausländerkategorien

5 Unter den Ausländern gibt es **verschiedene Kategorien**. Diese Unterscheidung kann auch für die Polizei von Bedeutung sein.

6 **Unionsbürger**[4] und ihre Familienangehörigen gehören zu den privilegierten Ausländern. Sie genießen nach Maßgabe des *Vertrages über die Arbeitsweise der Europäischen Union*[5] (abgekürzt: AEUV) **Freizügigkeit**. Die EU sowie die EFTA-Staaten Norwegen, Island und Liechtenstein bilden zusammen den **Europäischen Wirtschaftsraum** – EWR.[6] Für Unionsbürger gilt das AufenthG nicht pauschal. Vielmehr werden in § 11 Abs. 1 FreizügG/EU **enumerativ** diejenigen Vorschriften des AufenthG aufgeführt, die auf Freizügigkeitsberechtigte nach § 2 Abs. 1 oder Abs. 5 FreizügG/EU Anwendung finden.

Die ausländerrechtlichen Rechte und Pflichten von Unionsbürgern beurteilen sich grundsätzlich nach dem FreizügG/EU. Deshalb sollte man vor Anwendung von Normen aus dem AufenthG auf diesen Personenkreis immer zuerst in § 11 Abs. 1 FreizügG/EU nachschlagen!

7 Von Bedeutung ist insbesondere der Begriff des **Drittausländers** oder **Drittstaatsangehörigen**. Es handelt sich dabei um einen Ausländer, der nicht Staatsangehöriger eines der Mitgliedstaaten der Europäischen Union ist. In dieser Gruppe unterscheidet man nochmals die

als Vertriebene/Aussiedler vor dem 1. 7. 1990 oder danach im Aufnahmeverfahren bis 31. 12. 1992 im Bundesgebiet Aufnahme gefunden haben (vgl. § 1 Abs. 1 Nr. 3 BVFG). Das Gleiche gilt, wenn sie als sog. Spätaussiedler nach dem 31. 12. 1992 die Aussiedlungsgebiete im Wege des Aufnahmeverfahrens verlassen und innerhalb von sechs Monaten im Geltungsbereich des Gesetzes ihren ständigen Aufenthalt genommen haben (§ 4 BVFG).

[4] Mitgliedsstaaten der EU sind: Belgien, Bulgarien, Dänemark, Deutschland, Estland, Finnland, Frankreich, Griechenland, Irland, Italien, Lettland, Litauen, Luxemburg, Malta, Niederlande, Österreich, Polen, Portugal, Rumänien, Schweden, Slowakei, Slowenien, Spanien, Tschechien, Ungarn, Zypern, Vereinigtes Königreich.

[5] ABl. Nr. C 115 vom 9. 5. 2008, S. 47. Der am 1. 12. 2009 in Kraft getretene „Vertrag über die Arbeitsweise der Europäischen Union" hieß bis zum 1. 12. 2009 „Vertrag zur Gründung der Europäischen Gemeinschaft" (EGV) und hatte eine abweichende Artikelabfolge.

[6] Abkommen über den Europäischen Wirtschaftsraum vom 2. 5. 1992 verkündet mit Gesetz vom 31. 3. 1993 (BGBl. II S. 266) in Kraft getreten am 1. 4. 1994 gemäß Bekanntmachung des Bundesministeriums für Wirtschaft vom 16. 12. 1993 (BGBl. I S. 2436) und des Auswärtigen Amtes vom 6. 4. 1994 (BGBl. II S. 515). Mitglieder sind die 15 EU-Staaten sowie Norwegen, Liechtenstein, Island (nicht die Schweiz).

visumpflichtigen und die von der **Visumpflicht befreiten Drittausländer**. Die Staaten, deren Angehörige visumpflichtig sind, werden in Anhang I zur EU-VisumVO (Verordnung (EG) Nr. 539/2001) aufgeführt. Deshalb kann man diese Ausländer auch als **Anhang-I-Staater** bezeichnen. Die Staaten, deren Angehörige beim Überschreiten der Außengrenzen kein Visum benötigen, werden im Anhang II zur EU-VisumVO aufgeführt. Entsprechend bezeichnet man die für einen Kurzaufenthalt von der Visumpflicht befreiten Ausländer als **Anhang-II-Staater** (S. 23 ff.).

Einen besonderen Status genießen **Schweizer**. Für diese wird Freizügigkeit durch besondere völkerrechtliche Verträge eingeführt. Gemäß § 28 AufenthV sind Staatsangehörige der Schweiz nach Maßgabe des Abkommens vom 21. Juni 1999 zwischen der Europäischen Gemeinschaft und ihren Mitgliedstaaten einerseits und der Schweizerischen Eidgenossenschaft andererseits über die Freizügigkeit vom Erfordernis eines Aufenthaltstitels befreit.[7] **8**

Privilegiert sind auch **türkische Arbeitnehmer**, da sie aus dem Assoziationsrecht zumindest für einen weiteren Aufenthalt im Bundesgebiet ein Aufenthaltsrecht herleiten können (S. 28 ff.).

Asylbewerber und Flüchtlinge sind Personen, die in Deutschland Schutz vor Verfolgung suchen. Ihnen wird der Aufenthalt zur Durchführung eines Asylverfahrens **gestattet** (S. 65 ff.).

Besondere Ausländergruppen wie NATO-Truppenangehörige, akkreditierte Diplomaten und die sog. heimatlosen Ausländer fallen nicht unter das Aufenthaltsgesetz. Für sie gelten besondere Bestimmungen (vgl. S. 21).

---

[7] Abkommen zwischen der Europäischen Gemeinschaft und ihren Mitgliedstaaten einerseits und der Schweizerischen Eidgenossenschaft andererseits über die Freizügigkeit, BGBl. 2001 II, S. 811.

KAPITEL 2

Pass- und Ausweispflicht

I. Passpflicht

1. Bedeutung des Passes

Der Pass ist ein im internationalen Verkehr anerkanntes Dokument. Er ermöglicht die **Feststellung von Identität und Staatsangehörigkeit** und **bescheinigt die Rückkehrberechtigung** in einen anderen Staat. § 3 Abs. 1 AufenthG schreibt deshalb vor, dass Ausländer, die in das Bundesgebiet einreisen oder sich darin aufhalten wollen, einen anerkannten und **gültigen Pass besitzen** müssen. Der Geltungsbereich des Passes muss die Bundesrepublik mit einschließen. Er muss darüber hinaus die zweifelsfreie Identifizierung des Ausländers ermöglichen und zur Rückkehr in den Heimatstaat berechtigen. Zu dem international üblichen erforderlichen Inhalt eines Passes gehören neben dem Namen und Vornamen, Tag und Ort der Geburt, Angabe über die Staatsangehörigkeit, Bezeichnung der ausstellenden Behörde sowie die Unterschrift eines ihrer Bediensteten, Angabe der Gültigkeitsdauer, ein Lichtbild und die Unterschrift des Inhabers.[1] 9

Besitzt der Ausländer weder einen Pass noch einen Passersatz, kann ihm ausnahmsweise unter den Voraussetzungen der §§ 5 und 6 AufenthV ein Reiseausweis ausgestellt werden. Mit diesem kann sich der Ausländer ausweisen und ggf. ins Ausland reisen. Für den Aufenthalt im Bundesgebiet (nicht für die Einreise!) erfüllt ein Ausländer die Passpflicht auch durch den Besitz eines Ausweisersatzes gemäß § 48 Abs. 2 AufenthG.

2. Passbesitzpflicht

Passpflicht bedeutet: Der Ausländer ist verpflichtet, einen gültigen **Nationalpass** oder ein anerkanntes **Passersatzpapier zu besitzen** (vgl. § 3 AufenthG). Einer **Passmitführungs-** 10

[1] VG Frankfurt, Beschluss v. 11. 7. 2007 – 7 G 1872/07: Ungültigkeit eines nicht unterschriebenen Passes.

pflicht unterliegen Ausländer in gleicher Weise wie Deutsche nur für den Grenzübertritt (vgl. § 13 Abs. 1 Satz 2 AufenthG).

11 Der Begriff des Besitzes ist mit Blick auf Sinn und Zweck der gesetzlichen Passbesitzpflicht zu bestimmen. Der Pass soll es den deutschen Behörden ermöglichen, die Identität und Staatsangehörigkeit des Ausländers bestimmen zu können. Dieser Kontrollzweck kann auch dann erfüllt werden, wenn der Ausländer den Pass nicht mit sich führt, weil er ihn z. B. im Hotel oder seiner Wohnung gelassen hat. Ein Ausländer genügt daher der Passpflicht, wenn er in der Lage ist, den Pass innerhalb einer angemessenen Frist der Ausländerbehörde zur Verfügung zu stellen. Die Passbesitzpflicht erfüllt ein Ausländer daher nicht,

- wenn für ihn überhaupt kein Pass ausgestellt wurde,
- wenn er zwar mit einem Pass eingereist ist, dieser inzwischen aber abgelaufen oder abhandengekommen ist,
- wenn er den Pass unauffindbar verlegt hat.

Ein Ausländer besitzt aber auch dann einen Pass, wenn er diesen einer deutschen Ausländerbehörde oder der Behörde eines anderen Schengen-Staates überlassen hat.

Beispiel 1: Ein in Spanien wohnender Drittstaatsangehöriger reist über Frankreich nach Deutschland. Hier wird er von der Polizei kontrolliert. Es stellt sich heraus, dass er seinen Pass der spanischen Ausländerbehörde gegeben hat. Der Betroffene erfüllt die Passpflicht des § 3 Abs. 1 AufenthG und hat sich somit auch nicht nach § 95 Abs. 1 Nr. 1 AufenthG strafbar gemacht.[2]

12 **Unionsbürger** sind gemäß § 8 Abs. 1 Nr. 2 FreizügG/EU verpflichtet, „für die Dauer des Aufenthalts im Bundesgebiet den erforderlichen Pass oder Passersatz[3] zu besitzen". Bezüglich der Anforderungen an die Besitzpflicht kann auf die obigen Ausführungen (Rn. 11) verwiesen werden. Der vorsätzliche oder leichtfertige Verstoß gegen die Besitzpflicht stellt eine Ordnungswidrigkeit dar. Der Tatbestand ist erfüllt, wenn auf einen sich in Deutschland aufhaltenden Unionsbürger kein Pass (Personalausweis) ausgestellt ist oder wenn dieser bereits seit längerer Zeit abgelaufen ist und der Betroffene bereits von der zuständigen Behörde darauf aufmerksam gemacht worden ist. Auch die in Deutschland lebenden Unionsbürger müssen sich bei ihrem Konsulat um einen gültigen Personalausweis bemühen. Daneben sind Unionsbürger aber auch verpflichtet, ihren Pass (Personalausweis) bei der Einreise in das oder der Ausreise aus dem Bundesgebiet mit sich zu führen (§ 8 Abs. 1 Nr. 1 Buchst. a FreizügG/EU).

---

[2] Hessischer VGH, Beschluss v. 19. 11. 2003 – 12 TG 2668/03; ausführlich zur unerlaubten Einreise wegen Verstoßes gegen die Passbesitzpflicht: S. 34 f.

[3] Der Begriff des Passersatzes ist in § 3 Abs. 1 AufenthV geregelt. Insbesondere sind amtliche Personalausweise der Mitgliedstaaten der Europäischen Union amtliche Ausweise, die als Passersatz zugelassen sind, § 3 Abs. 3 Nr. 5 AufenthV.

Der vorsätzliche oder fahrlässige Verstoß gegen diese Bestimmung kann gemäß § 10 Abs. 3 FreizügG/EU als Ordnungswidrigkeit geahndet werden. Für vorsätzliches Handeln ist Voraussetzung, dass der Betroffene die Passmitführungspflicht kennt und wissentlich keinen Pass (Personalausweis) mit sich führt. Gemäß § 11 Abs. 2 OWiG fehlt es allerdings an der Vorwerfbarkeit, wenn im Falle einer Ordnungswidrigkeit dem Täter bei Begehung der Handlung die Einsicht fehlt, etwas Unerlaubtes zu tun, namentlich weil er das Bestehen oder die Anwendbarkeit einer Rechtsvorschrift nicht kennt, wenn er diesen **Irrtum nicht vermeiden konnte**. Angesichts abgeschaffter Binnengrenzkontrollen drängt sich die Mitführungspflicht nicht ohne Weiteres auf. Nach wie vor besitzen die EU-Mitgliedsstaaten aber eine eigene Nationalstaatlichkeit und trotz des „Raums der Freiheit, der Sicherheit und des Rechts ohne Binnengrenzen, in dem [...] der freie Personenverkehr gewährleistet ist" (vgl. Art. 3 Abs. 2 EUV), besitzt jeder Mitgliedsstaat sein eigenes Rechtssystem. Wer in ein anderes Land reist, hat sich dementsprechend über die im Zusammenhang mit der Einreise zu beachtenden Rechtsnormen zu informieren. Der Irrtum dürfte daher in aller Regel vermeidbar sein; der Betroffene handelt zumindest fahrlässig, weil er sich nicht entsprechend informiert hat. **13**

Der Passpflicht unterliegen auch **Minderjährige**. Gemäß § 80 Abs. 4 AufenthG sind die gesetzlichen Vertreter eines Ausländers, der das 16. Lebensjahr noch nicht vollendet hat, verpflichtet, für den Ausländer die erforderlichen Anträge auf Erteilung und Verlängerung des Aufenthaltstitels und auf Erteilung und Verlängerung des Passes, des Passersatzes und des Ausweisersatzes zu stellen. Kommen sie dem nicht nach, begehen sie eine Ordnungswidrigkeit nach § 98 Abs. 3 Nr. 6 AufenthG. **14**

Der Besitz eines gültigen Passes ist nicht nur Voraussetzung für die legale Einreise, sondern auch für die Erteilung eines Aufenthaltstitels (vgl. § 5 Abs. 1 AufenthG). Wird der Pass allerdings während des Aufenthalts im Bundesgebiet ungültig, kann der Aufenthaltstitel gemäß § 52 Abs. 1 Nr. 1 AufenthG widerrufen werden. Der Titel entfällt also nicht „automatisch"! **15**

Gemäß **§ 95 Abs. 1 Nr. 1 AufenthG** macht sich ein Ausländer strafbar, der sich, ohne im Besitz eines erforderlichen Passes, Passersatzes oder Ausweisersatzes zu sein, im Bundesgebiet aufhält.

Drittstaatsangehörige, die von der Visumpflicht befreit sind (sog. Anhang-II-Staater), dürfen sich gemäß Art. 5 Abs. 1 a) SGK nur im Schengener Vertragsgebiet aufhalten, wenn sie im Besitz eines gültigen Passes sind (vgl. S. 27 f.).

Die **Einreise**, ohne im Besitz eines erforderlichen Passes oder Passersatzes zu sein, stellt eine **unerlaubte Einreise** i. S. d. § 14 Abs. 1 Nr. 1 AufenthG dar (vgl. hierzu S. 34). Der Ausländer wird gemäß § 15 Abs. 1 AufenthG an der Grenze zurückgewiesen. Gelingt ihm gleichwohl die Einreise, besteht der Verdacht einer Straftat nach **§ 95 Abs. 1 Nr. 3 AufenthG** (vgl. hierzu S. 154).

3. Passersatz

16 Gemäß § 3 Abs. 2 AufenthV i. V. m. § 99 Abs. 1 Nr. 4 AufenthG kann das Bundesministerium des Innern durch Rechtsverordnung mit Zustimmung des Bundesrates amtliche Ausweise, die nicht von deutschen Behörden ausgestellt worden sind, allgemein als Passersatz zuzulassen. Ein Passersatz i. S. d. allgemeinen ausländerrechtlichen Sprachgebrauchs ist ein Papier, das nach der Bestimmung der ausstellenden Stelle zumindest auch zum Grenzübertritt geeignet und bestimmt ist, ohne dass es sämtliche Merkmale eines Passes aufweist (vgl. Nr. 3.0.5 AufenthG-VwV). Ein ausländischer Pass oder Passersatz ist nur dann für die Erfüllung der Passpflicht geeignet, wenn er anerkannt oder allgemein zugelassen ist.

Zuständig für die Anerkennung ist gemäß § 71 Abs. 6 AufenthG das BMI oder eine von ihm beauftragte Stelle im Benehmen mit dem Auswärtigen Amt. Nur wenn ein Pass anerkannt ist, kann der Besitzer des Passes der Passpflicht genügen.

17 Keiner (konstitutiven) Anerkennung bedarf es bei den zugelassenen Passersatzpapieren nach § 3 Abs. 1 und 3 AufenthV. Absatz 1 dieser Vorschrift regelt die abstrakte Zulassung von ausländischen Ausweisen, die die dort genannten Voraussetzungen erfüllen. Absatz 3 regelt Beispiele für die Zulassung von Passersatzpapieren.

Eine Aufzählung der von Deutschland für hier lebende Ausländer *eingeführten Passersatzpapiere* enthält § 4 AufenthV. Hierzu zählen z. B. der Reiseausweis für Ausländer (früher: „Reisedokument“) und der Reiseausweis für Flüchtlinge.

Zugelassene Passersatzpapiere sind z. B. die amtlichen Personalausweise der EU-Staaten und der EFTA-Staaten, sofern sie nach dem Recht des ausstellenden Staates auch für Auslandsreisen bestimmt sind (§ 3 Abs. 3 Nr. 5 AufenthV). Die italienische „Carta d'Identità“ ist deshalb nur für Italiener ein Passersatz. Sie wird allerdings auch an Drittstaatsangehörige ausgegeben. Für diese ist sie dann kein Passersatz.

II. Ausweispflicht

18 **Ausweispflicht** ist die Pflicht des Ausländers, sich – grundsätzlich mit dem Pass – über seine Person auszuweisen. Die **allgemeinen Ausweispflichten** von Ausländern regelt § 48 AufenthG. Ein Ausländer ist verpflichtet, seinen Pass, seinen Passersatz oder seinen Ausweisersatz und seinen Aufenthaltstitel oder eine Bescheinigung über die Aussetzung der Abschiebung auf Verlangen den mit der Ausführung dieses Gesetzes betrauten Behörden vorzulegen, auszuhändigen und vorübergehend zu überlassen, soweit dies zur Durchführung oder Sicherung von Maßnahmen *nach dem Aufenthaltsgesetz* erforderlich ist. Eine weitere Aushändigungspflicht ergibt sich aus § 56 Nr. 8 AufenthV. Danach ist der

Ausländer verpflichtet, der Polizei seinen Pass oder Passersatz zur Anbringung von Vermerken über Ort und Zeit des Antreffens im Bundesgebiet vorzulegen und entsprechende Einträge zu dulden.

Beim **Ausweisersatz** handelt es sich um die mit einem Lichtbild und Angaben zur Person versehene **Bescheinigung** über den Aufenthaltstitel oder die Aussetzung der Abschiebung (Duldung). Ein Ausländer genügt damit seiner Ausweispflicht, wenn er einen Pass weder besitzt noch in zumutbarer Weise erlangen kann (§ 48 Abs. 2 AufenthG, § 55 AufenthV). **19**

Der Ausländer ist nicht verpflichtet, die Dokumente stets bei sich zu haben. Die **Aushändigung** und die vorübergehende Überlassung müssen aber in einem **angemessenen Zeitraum** möglich sein. Gemäß § 98 Abs. 2 Nr. 3 AufenthG handelt ordnungswidrig, wer eine der in § 48 Abs. 1 oder Abs. 3 Satz 1 AufenthG genannten Urkunden, also seinen Pass, Ausweis oder entsprechende Ersatzdokumente, **nicht** oder **nicht rechtzeitig** vorlegt, aushändigt oder überlässt. Im Gegensatz zur früheren Regelung wurde jetzt ausdrücklich das Tatbestandsmerkmal „rechtzeitig" eingefügt. „Rechtzeitig" ist ein relativer Begriff, der vom Sinn und Zweck des Gesetzes her auszulegen ist. Voraussetzung der Überlassungspflicht ist die Erforderlichkeit für die Durchführung oder Sicherung von Maßnahmen nach dem Aufenthaltsgesetz. Die zeitliche Anforderung an die Zurverfügungstellung der Dokumente hängt somit von der durchzuführenden aufenthaltsrechtlichen Maßnahme ab. **20**

Die Polizei kann, gestützt auf § 48 Abs. 1 oder Abs. 3 Satz 1 AufenthG, die Herausgabe der Dokumente nur verlangen, wenn eine der in § 71 Abs. 5 AufenthG aufgeführten, im Zuständigkeitsbereich der Polizei liegenden Aufgaben zu erfüllen ist **und** die Dokumente **dafür benötigt** werden. Nur insoweit besteht gemäß § 71 Abs. 4 AufenthG eine polizeiliche Zuständigkeit. **21**

Adressaten des § 48 Abs. 1 AufenthG sind **Ausländer**. Die Vorschrift regelt *deren* ausweisrechtliche Pflichten. Sie ist **keine Ermächtigungsgrundlage für Identitätsfeststellungen bei mutmaßlichen Ausländern**. Die Ausländer-Eigenschaft darf nicht erst durch die Einsicht in die Papiere zutage treten. Angesichts der großen Zahl eingebürgerter deutscher Staatsangehöriger darf vor allem nicht lediglich aufgrund des äußeren Erscheinungsbildes auf die fremde Staatsangehörigkeit geschlossen werden. Erst recht ermächtigt die Vorschrift die Polizei nicht zur Durchführung verdachtsunabhängiger Personenkontrollen, in der Absicht, illegal aufhältige Personen aufzuspüren. Die Polizei kann die Ausweisdokumente herausverlangen, wenn dies zur Durchführung einer bestimmten in der Zuständigkeit der Polizei liegenden ausländerrechtlichen Maßnahme erforderlich ist. **22**

Darf die Polizei gemäß § 48 Abs. 1 AufenthG den Pass herausverlangen, dürfen auch gemäß § 49 Abs. 1 AufenthG die auf einem elektronischen Speichermedium gespeicherten **biometrischen und sonstigen Daten** ausgelesen, die benötigten biometrischen Daten beim Inhaber des Dokuments **erhoben** und die biometrischen Daten miteinander **verglichen** werden. Biometrische Daten sind nur die Fingerabdrücke, das Lichtbild und die Irisbilder. Eine auf § 49 Abs. 1 AufenthG gestützte Überprüfung anhand der biometrischen **23**

Daten kommt auch im Falle einer Identitätsfeststellung aufgrund des Polizeigesetzes in Betracht. Die Daten sind **unmittelbar nach Beendigung der Prüfung** der Echtheit des Dokumentes oder der Identität des Inhabers zu **löschen**.

24 Ein **Asylbewerber** genügt seiner Ausweispflicht gemäß § 64 AsylVfG mit der Bescheinigung über die Aufenthaltsgestattung (vgl. § 55 AsylVfG).

25 Polizeiliche Maßnahmen zur Feststellung und Sicherung der Identität von Ausländern werden auf S. 72 f. behandelt.

KAPITEL 3

Erfordernis eines Aufenthaltstitels

I. Grundsatz

Nach § 4 Abs. 1 AufenthG benötigen alle Ausländer grundsätzlich für die **Einreise und den Aufenthalt einen Aufenthaltstitel**. Ausnahmen können sich aus dem Europarecht oder der Aufenthaltsverordnung ergeben. Bei der polizeilichen Kontrolle von Ausländern muss daher in jedem Fall geklärt werden, ob ein Titel überhaupt erforderlich ist. Der Straftatbestand des § 95 Abs. 1 Nr. 2 AufenthG ist u. a. nur erfüllt, wenn sich ein Ausländer ohne einen nach § 4 Abs. 1 Satz 1 AufenthG *erforderlichen* Aufenthaltstitel im Bundesgebiet aufhält. Auch eine unerlaubte Einreise liegt u. a. nur dann vor, wenn der Ausländer ohne *erforderlichen* Titel einreist. Im Folgenden sollen zuerst die verschiedenen Aufenthaltstitel vorgestellt werden. Anschließend gehen wir auf die Fälle ein, in denen ein Titel nicht erforderlich ist. 26

Aufenthaltstitel ist ein **Sammelbegriff**. Die verschiedenen Arten von Aufenthaltstiteln werden in § 4 Abs. 1 AufenthG aufgezählt. Sie werden abhängig vom angestrebten **Aufenthaltszweck** erteilt. Wir unterscheiden folgende Aufenthaltstitel:

- Visum
- Aufenthaltserlaubnis
- Niederlassungserlaubnis
- Erlaubnis zum Daueraufenthalt-EG

Der Aufenthaltstitel ist ein begünstigender VA gemäß § 35 VwVfG (bzw. der entsprechenden landesgesetzlichen Regelung), der für den drittstaatsangehörigen Ausländer das Recht begründet, sich in Deutschland aufhalten zu dürfen. Immer wenn im Aufenthaltsgesetz von *Aufenthaltstitel* die Rede ist, sind die oben aufgeführten Titel gemeint – nicht jedoch die Gestattung für Asylbewerber oder die Duldung nach § 60a AufenthG. 27

Der Aufenthaltstitel wurde bisher in den Pass des Ausländers eingeklebt. Die EU hat ein einheitliches **EU-einheitlich gestaltetes Klebeetikett** für Aufenthaltstitel eingeführt.

Dies führte zu einer erheblichen Erleichterung der polizeilichen Überprüfung von Aufenthaltstiteln. Dies gilt umso mehr als auch die Aufenthaltstitel anderer EU-Staaten zu einem Aufenthalt in Deutschland berechtigen (vgl. S. 30).[1] Ab 1. September 2011 gibt es den neuen elektronischen Aufenthaltstitels (eAT) im Kreditkartenformat . Mit Einführung des eAT werden der bisherige Aufenthaltstitel (Klebeetikett), die Aufenthalts- und Daueraufenthaltskarte und der Ausweisersatz in Papierform abgelöst (vgl. § 78 AufenthG: Dokumente mit elektronischem Speicher- und Verarbeitungsmedium). Die bisherigen Aufenthaltstitel in den Reisepässen und Passersatzpapieren der Ausländer behalten allerdings bis 31. August 2021 ihre Gültigkeit. Der eAT kann unter der Voraussetzung des § 48 Absatz 2 oder 4 AufenthG als Ausweisersatz dienen. Der eAT enthält die üblichen zur Identifizierung des Inhabers erforderlichen personenbezogenen Daten (vgl. im Einzelnen § 78 AufenthG). Das in dem Dokument enthaltene elektronische Speicher- und Verarbeitungsmedium enthält außerdem eventuelle Nebenbestimmungen (Bedingungen und Auflagen) sowie zwei Fingerabdrücke, die Bezeichnung der erfassten Finger sowie die Angaben zur Qualität der Abdrücke. Auch das in den Kartenkörper eingedruckte Lichtbild wird im Chip gespeichert. Die Polizei ist im Rahmen einer Identitätsfeststellung (Polizeigesetz, StPO) berechtigt, die Daten auszulesen. Gemäß § 61f AufenthV darf die Polizei für die Aufgaben der Gefahrenabwehr und Strafverfolgung Dokumente mit elektronischem Speicher- und Verarbeitungsmedium auch zum **automatischen Abruf personenbezogener Daten** verwenden.

28 Mit den tatsächlichen und rechtlichen Voraussetzungen für die Erteilung eines Aufenthaltstitels muss sich die Polizei nicht auseinandersetzen. Von daher wird auch von einer ausführlichen Darstellung der §§ 16 ff. AufenthG abgesehen. Allenfalls das Thema Scheinehe könnte für die Polizei wegen der damit verbundenen Straftat (Legalitätsprinzip!) von Bedeutung sein. Die Polizei muss jedoch bei der Überprüfung eines Ausländers im Einzelfall feststellen können, ob der Ausländer einen Aufenthaltstitel benötigt. Ist dies der Fall, muss überprüft werden, ob der Betroffene einen Titel besitzt und ob der Titel auch den konkreten Aufenthalt legitimiert, insbesondere noch gültig ist.

II. Visum

1. Allgemein

29 Gemäß Art. 1 Abs. 1 EU-VisumVO (Verordnung (EG) Nr. 531/2001) müssen die Staatsangehörigen der Drittländer, die in der Liste in Anhang I der EU-VisumVO aufgeführt sind, **beim Überschreiten der Außengrenzen** der Mitgliedstaaten im **Besitz eines Visums**

[1] Verordnung (EG) Nr. 1030/2002 des Rates vom 13. Juni 2002 zur einheitlichen Gestaltung des Aufenthaltstitels für Drittstaatenangehörige (ABl. L 157 v. 15. 6. 2002 S. 1).

sein. Die Angehörigen der in Anhang II aufgeführten Staaten benötigen dagegen für einen beabsichtigten Aufenthalt von bis zu drei Monaten kein Visum.

Das Visum (oder auch „Sichtvermerk") ist in zweifacher Hinsicht von Bedeutung: Es ist eine Grenzübertrittsgenehmigung und ein Aufenthaltstitel. Letzteres ergibt sich für Deutschland aus § 4 Abs. 1 AufenthG, der das Visum ausdrücklich erwähnt. 30

Die Beachtung der Visabestimmungen ist auch Voraussetzung für die Erteilung einer längerfristigen Aufenthaltserlaubnis im Inland. Der Ausländer, der mit einem Visum einreist, um hier einen Aufenthalt zu begründen, muss die für die Erteilung der Aufenthaltserlaubnis maßgeblichen Angaben bereits im Visumantrag machen (§ 5 Abs. 2 Satz 1 Nr. 2 AufenthG), andernfalls darf die Ausländerbehörde ihm im Inland keine Aufenthaltserlaubnis erteilen. 31

Folgende **Visumkategorien** sind zu unterscheiden:

- **Kategorie A**: Visum für den Flughafentransit (Art. 2 Nr. 2 Buchst. b VK[2]).
- **Kategorie C**: Visum für den kurzfristigen Aufenthalt und die Durchreise (Art. 2 Nr. 2 Buchst. a VK), sog. „Schengen-Visum".
- **Kategorie D**: Nationales Visum (Art. 18 SDÜ, § 6 Abs. 4 AufenthG).

Alle Visumarten werden auf dem einheitlichen, fälschungssicheren Klebeetikett erteilt. Der Buchstabe für die jeweilige Kategorie befindet sich im Feld „Art des Visums" („Type of Visa").

Das Visum der Kategorie A benötigen Ausländer, die den Transitbereich des Flughafens durchqueren, aber nicht verlassen, weil sie zum Beispiel in ein anderes Flugzeug umsteigen müssen. 32

2. Schengen-Visum

Von praktischer Bedeutung für **Touristen** aus **Drittstaaten** ist das Visum der Kategorie C, das sogenannte **Schengen-Visum**. Visumpflichtige Drittstaatsangehörige[3] erhalten von der **Auslandsvertretung** dieses **einheitliche Visum** für den kurzfristigen Aufenthalt. Die Ausstellung erfolgt in der Regel durch den Mitgliedstaat, in dem das **(Haupt-)Reiseziel** liegt (Art. 5 VK). 33

Das **Durchreisevisum** nach Art. 2 Nr. 2 Buchst. a **1. Alt.** VK ist ebenfalls ein Visum der Kategorie C. Visa für die Durchreise durch das Hoheitsgebiet der Mitgliedstaaten 34

[2] Verordnung (EG) Nr. 810/2009 des Europäischen Parlaments und des Rates vom 13. Juli 2009 über einen Visakodex der Gemeinschaft (Visakodex).

[3] Drittstaatsangehöriger ist gemäß Art. 2 Nr. 1 VK jede Person, die nicht Unionsbürger i. S. v. Art. 17 Abs. 1 EG-Vertrag ist. Art. 17 EGV wurde inzwischen ersetzt durch Art. 20 AEUV. Nach dieser Bestimmung ist Unionsbürger, wer die Staatsangehörigkeit eines Mitgliedstaats besitzt.

enthalten den Vermerk „TRANSIT“ und entsprechen somit dem früheren Transitvisum der Kategorie B.

35 Die materiellen Voraussetzungen für die Erteilung eines Visums der Kategorie C oder A ergeben sich aus den Art. 21 ff. VK. Das zuständige Konsulat[4] prüft hier hauptsächlich, ob die Voraussetzungen des Art. 5 Abs. 1 Buchst. a, c, d und e des Schengener Grenzkodexes (SGK) erfüllt sind. Art. 5 SGK regelt die Voraussetzungen für einen Kurzaufenthalt im Schengener Vertragsgebiet. Die Vorschrift gilt gleichermaßen für visumpflichtige Drittstaatsangehörige als auch für solche, die gemäß Art. 2 EU-VisumVO von der Visumpflicht befreit sind. Die Tatbestandsmerkmale des Art. 5 Abs. 1 SGK werden unten (S. 27 ff.) beim Kurzaufenthalt behandelt. Daneben haben die Konsulate zu prüfen, ob das Risiko einer rechtswidrigen Einwanderung besteht.

36 Stellt sich nach der Einreise heraus, dass die nach Art. 21 VK, Art. 5 Abs. 1 SGK erforderlichen Erteilungsvoraussetzungen nicht oder nicht mehr erfüllt sind, muss die zuständige Ausländerbehörde das Visum nach Art. 34 VK **aufheben oder annullieren**.

Beispiel 2: Eine Russin reist mit einem für einen Tourismusaufenthalt erteilten Schengen-Visum ein und geht in Deutschland der Prostitution nach. Wenn es ernsthafte Gründe zu der Annahme gibt, dass das Visum durch arglistige Täuschung erlangt wurde, wird es annulliert, ansonsten aufgehoben (vgl. hierzu S. 43). Die Ausländerin wird dadurch ausreisepflichtig (§ 50 Abs. 1 AufenthG).

37 Der Inhaber eines Schengen-Visums darf sich während der Gültigkeitsdauer des Visums frei im Schengener Raum bewegen. Die **maximale Aufenthaltsdauer** im Schengener Raum beträgt mit diesem Visum **drei Monate in einem Zeitraum von sechs Monaten**.

38 Die einheitlichen Schengen-Visa können auch **räumlich** auf einen oder mehrere Staaten **begrenzt** werden (sog. räumlich beschränktes Visum nach Art. 2 Nr. 4, 25 VK). Ist dies nicht der Fall, kann sich auch ein Drittausländer, z. B. ein Nigerianer, mit seinem von der Französischen Republik ausgestellten Visum während dessen Geltungsdauer im Bundesgebiet oder einem anderen Vertragsstaat aufhalten.

39 Die **Verlängerung** eines Schengen-Visums nach Art. 33 VK berührt regelmäßig die Interessen der anderen Vertragsstaaten und kann nur ausnahmsweise erfolgen, wenn die Einreisevoraussetzungen des Art. 5 SGK weiterhin vorliegen. Eine Verlängerung kommt nur wegen wichtiger persönlicher Gründe in Betracht.

Beispiel 3: ärztliche Behandlung, besorgniserregende Ereignisse bei nahen Familienangehörigen, berufliche und humanitäre Gründe.

Die Interessen der anderen Vertragsstaaten werden freilich dann nicht berührt, wenn die Verlängerung auf das Gebiet der Bundesrepublik beschränkt wird. In diesem Fall wird

[4] In Deutschland: die zum Geschäftsbereich des Auswärtigen Amts gehörenden Auslandsvertretungen.

die Ausländerbehörde dem Betroffenen aber regelmäßig einen nationalen Aufenthaltstitel erteilen.

Die Verlängerung erfolgt ausschließlich durch ein spezielles **Verlängerungsetikett**, nicht durch Stempelaufdruck.

3. Nationales Visum (§ 6 Abs. 4 AufenthG)

Aufenthalte von mehr als drei Monaten oder für Erwerbszwecke werden gemäß § 6 Abs. 4 AufenthG als **nationale Visa** (Visa der Kategorie D) ausgestellt und berechtigen in erster Linie zum Aufenthalt auf nationalem Hoheitsgebiet. Gemäß Art. 21 Abs. 2a, 18 SDÜ genießen die Inhaber eines nationalen Visums aber dieselbe Reisefreiheit wie die Inhaber eines nationalen Aufenthaltstitels (vgl. hierzu S. 30). **40**

Nationale Visa sind nicht im Visakodex geregelt. Ihre Erteilung richtet sich gemäß Art. 18 SDÜ nach dem nationalen Aufenthaltsrecht, also in Deutschland nach dem Aufenthaltsgesetz. Das nationale Visum wird daher nur erteilt, wenn die gesetzlichen Voraussetzungen für den angestrebten Aufenthalt erfüllt sind. Im Falle eines Familiennachzugs müssen daher die Voraussetzungen der §§ 27 ff. AufenthG erfüllt sein. Die Erteilung eines nationalen Visums bedarf darüber hinaus der vorherigen Zustimmung der für den vorgesehenen Aufenthaltsort zuständigen Ausländerbehörde (§ 37 Abs. 1 AufenthV). Wegen der damit verbundenen hohen Hürden besteht eine gewisse Gefahr, dass Ausländer den Visumantrag nicht wahrheitsgemäß ausfüllen und sich ein Schengen-Visum erschleichen. Dieses ist deswegen zwar nicht unwirksam, kann aber gemäß Art. 34 Abs. 1 VK annulliert werden.

III. Aufenthalts- und Niederlassungserlaubnis

Die Aufenthaltserlaubnis ist ein befristeter Aufenthaltstitel. Sie wird zu dem in den §§ 16 ff. AufenthG genannten Zwecken erteilt. Danach gibt es den Aufenthalt zum Zweck der Ausbildung, der Erwerbstätigkeit, den Aufenthalt aus völkerrechtlichen, humanitären oder politischen Gründen sowie aus familiären Gründen. **41**

Der in der Praxis häufigste Fall ist die Aufenthaltserlaubnis zur Herstellung und Wahrung der familiären Lebensgemeinschaft. Die familiäre Lebensgemeinschaft ist eine **häusliche Gemeinschaft**. Sie findet daher grundsätzlich nicht statt, wenn die Familienmitglieder an verschiedenen Orten wohnen. Keine familiäre Lebensgemeinschaft wird auch im Fall der sog. „**Scheinehe**" hergestellt. Davon spricht man, wenn die Ehe ausschließlich zu dem Zweck geschlossen wurde, dem Nachziehenden die Einreise ins und den Aufenthalt im Bundesgebiet zu ermöglichen (§ 27 Abs. 1a Nr. 1 AufenthG), wobei die beteiligten Personen nie die Absicht hatten, eine eheliche Lebensgemeinschaft herzustellen. Sowohl **42** der Ausländer als auch derjenige, der sich als Ehegatte zur Verfügung stellt, kann sich gemäß § 95 Abs. 2 Nr. 2 AufenthG **strafbar** machen. Danach wird mit Freiheitsstrafe bis zu drei Jahren oder mit Geldstrafe bestraft, wer unvollständige oder unrichtige Angaben macht oder benutzt, um für sich oder einen anderen einen Aufenthaltstitel zu beschaffen, oder einen so beschafften Aufenthaltstitel wissentlich zur Täuschung im Rechtsverkehr gebraucht.

43 Anders ist die Rechtslage zu beurteilen, wenn ein sog. **Drittstaatsangehöriger** (also kein Unionsbürger) mit einem **EU-Staatsangehörigen verheiratet** ist. Hier zählt nur die Ehe im Rechtssinn. Keine Rolle spielt, ob die Ehegatten getrennt leben oder aus welchem Grund die Ehe geschlossen wurde.[5] Der Nachweis einer Scheinehe ist hier nahezu ausgeschlossen.

44 Bei allen Aufenthaltserlaubnissen zur Herstellung und Wahrung der familiären Lebensgemeinschaft müssen die **Voraussetzungen** des § 5 AufenthG und des § 29 AufenthG erfüllt sein: Der Ausländer, der bereits in Deutschland lebt (z. B. der Ehemann), muss eine Aufenthaltserlaubnis oder Niederlassungserlaubnis besitzen, also über einen **sicheren Aufenthaltsstatus** verfügen. Weiterhin muss **ausreichender Wohnraum** zur Verfügung stehen. Nachziehende Ehegatten müssen mindestens das 18. Lebensjahr vollendet haben und **Deutschkenntnisse** nachweisen. Eine Aufenthaltserlaubnis kann schließlich nur erteilt werden, wenn der **Lebensunterhalt gesichert** ist. Diese Anforderungen können bei Familienmitgliedern von Flüchtlingen abgemildert werden.

45 Liegt in der Person des nachziehenden Ausländers ein **Ausweisungsgrund** vor, muss die Erteilung der Aufenthaltserlaubnis abgelehnt werden, auch wenn ein Anspruch darauf bestünde (§ 5 Abs. 1 Nr. 2 AufenthG).

46 Ebenfalls eine Aufenthaltserlaubnis erhalten anerkannte Asylberechtigte sowie Flüchtlinge nach der Genfer Flüchtlingskonvention (§ 25 AufenthG).

47 Erstmals sieht das Aufenthaltsgesetz in beschränktem Umfang auch eine **Arbeitsmigration** vor (§§ 18 ff. AufenthG).

48 Die **Niederlassungserlaubnis** (§ 9 AufenthG) wird Ausländern erteilt, die auf Dauer im Bundesgebiet bleiben und hier ihren wirtschaftlichen und familiären Lebensmittelpunkt haben. Daher kann die Niederlassungserlaubnis nicht befristet werden. Die Niederlassungserlaubnis berechtigt „automatisch“ zur Ausübung einer Erwerbstätigkeit. Ein Ausländer, der sich seit fünf Jahren rechtmäßig mit einer Niederlassungserlaubnis im Bundesgebiet aufhält, kann nur aus schwerwiegenden Gründen der öffentlichen Sicherheit und Ordnung ausgewiesen werden (vgl. hierzu S. 105 f.). Drittstaatsangehörige mit langem Aufenthalt können eine **Erlaubnis zum Daueraufenthalt-EG** gemäß §§ 9a und 9b AufenthG erhalten.

[5] Vgl. auch: Entschließung des Rates der EU vom 4. 12. 1997 über Maßnahmen zur Bekämpfung von Scheinehen (Amtsblatt Nr. C 382 vom 16. 12. 1997 S. 1).

IV. Fiktionsbescheinigung

Beantragt ein Ausländer, der sich rechtmäßig im Bundesgebiet aufhält, ohne einen Aufenthaltstitel zu besitzen (z. B. ein Anhang-II-Staater), die Erteilung eines Aufenthaltstitels, **gilt** sein Aufenthalt bis zur Entscheidung der Ausländerbehörde **als erlaubt** (§ 81 Abs. 3 AufenthG). Die Erlaubnis wird also fingiert. Darüber erhält er eine Bescheinigung, die sogenannte **Fiktionsbescheinigung**. Die Ausstellung erfolgt auf dem Vordruckmuster nach Anlage D3 zur AufenthV, keinesfalls formlos! Ähnlich ist der Fall eines Ausländers, der sich bereits rechtmäßig mit einer (befristeten) Aufenthaltserlaubnis in Deutschland aufhält. Durch die Stellung eines Verlängerungsantrags gilt die Erlaubnis als fortbestehend. Auch darüber erhält der Ausländer auf dem Vordruck D3 eine Fiktionsbescheinigung. Für die Polizei stellt sich die Lage so dar, als hätte der Ausländer eine Aufenthaltserlaubnis. Er hält sich somit rechtmäßig in Deutschland auf. **49**

KAPITEL 4

Ausnahmen von der Titelpflicht

Der Grundsatz des § 4 Abs. 1 AufenthG („Ausländer bedürfen für die Einreise und den Aufenthalt im Bundesgebiet eines Aufenthaltstitels") ist einfach – schwierig sind dagegen die zahlreichen Ausnahmen. Diese sollen im Folgenden dargestellt werden. Die Kenntnis dieser Ausnahmen ist wichtig, wenn es darum geht, den aufenthaltsrechtlichen Status eines Ausländers korrekt zu bestimmen (vgl. hierzu auch das Prüfungsschema „Aufenthaltsrechtlicher Status" im Anhang B). 50

Keinen Aufenthaltstitel benötigen diejenigen Personen, auf die gemäß § 1 Abs. 2 AufenthG das **Aufenthaltsgesetz nicht anzuwenden** ist (u. a. in Deutschland akkreditierte Diplomaten, NATO-Truppenangehörige im Rahmen des NATO-Truppenstatuts). Dasselbe gilt u. a. für Ausländer, die nach Maßgabe völkerrechtlicher Verträge von gewissen Restriktionen des Ausländergesetzes befreit sind (vgl. § 1 Abs. 2 AufenthG).

Eine **bevorzugte Stellung** nehmen die Staatsangehörige von *Australien, Israel, Japan, Kanada*, der *Republik Korea*, von *Neuseeland* und der *Vereinigten Staaten von Amerika* ein. Sie können gemäß § 41 Abs. 1 AufenthV auch für einen Aufenthalt, der kein Kurzaufenthalt ist, visumfrei in das Bundesgebiet einreisen und sich darin aufhalten. Ein erforderlicher Aufenthaltstitel kann im Bundesgebiet eingeholt werden. Ein Japaner kann somit auch zu Erwerbszwecken ohne Visum nach Deutschland reisen. Die erforderliche Aufenthaltserlaubnis kann er dann innerhalb von drei Monaten bei der für ihn zuständigen Ausländerbehörde beantragen. Auch die Staatsangehörige von *Andorra, Honduras, Monaco* und *San Marino* dürfen ohne Visum einreisen und die Aufenthaltserlaubnis hier einholen. Die Befreiung gilt allerdings nur, wenn sie keine Erwerbstätigkeit mit Ausnahme der in § 17 Abs. 2 genannten Tätigkeiten ausüben wollen. 51

Keinen Aufenthaltstitel benötigen **heimatlose Ausländer** i. S. d. Gesetzes über die Rechtsstellung heimatloser Ausländer im Bundesgebiet (HAG).[1]

Das Aufenthaltsrecht der **Unionsbürger** (zur Unionsbürgerschaft vgl. Art. 20 AEUV[2]) 52

[1] Heimatloser Ausländer i. S. d. § 1 HAG ist ein fremder Staatsangehöriger oder Staatenloser, der
a) nachweist, dass er der Obhut der Internationalen Organisation u2ntersteht, die von den Vereinten Nationen mit der Betreuung verschleppter Personen und Flüchtlinge beauftragt ist, und

leitet sich unmittelbar aus dem Gemeinschaftsrecht ab. Unionsbürger benötigen deshalb keinen Aufenthaltstitel. Dieselben Rechte können nach dem Abkommen über den **Europäischen Wirtschaftsraum** auch die Staatsangehörigen einiger EFTA-Staaten (Island, Liechtenstein und Norwegen) für sich in Anspruch nehmen (§ 2 FreizügG/EU). Freizügigkeitsberechtigte Unionsbürger und ihre Familienangehörigen mit Staatsangehörigkeit eines Mitgliedstaats der Europäischen Union besitzen eine (deklaratorische) **Bescheinigung des Aufenthaltsrechts** (§ 5 Abs. 1 FreizügG/EU). Ihren Familienangehörigen, die nicht Unionsbürger sind, wird von Amts wegen eine **Aufenthaltskarte** für Familienangehörige von Unionsbürgern ausgestellt (§ 5 Abs. 2 FreizügG/EU).

53 Ein **Asylbewerber** benötigt keinen Aufenthaltstitel; er besitzt eine **Aufenthaltsgestattung** gemäß § 55 AsylVfG. Dies ist kein Aufenthaltstitel, sondern ein kraft Gesetzes bestehender legaler Aufenthaltsstatus, der auf die Durchführung eines Asylverfahrens beschränkt ist.

54 Ebenfalls **kein Aufenthaltstitel** ist die (nur kurzfristige) **Betretenserlaubnis** gemäß § 11 Abs. 2 AufenthG, sie ermöglicht es dem Ausländer, legal das Bundesgebiet zu betreten.

Weitere **Befreiungen** vom Erfordernis eines Aufenthaltstitels sehen die §§ 18 bis 30 AufenthV vor.

55 So benötigen z. B. türkische Staatsangehörige, die Inhaber eines in der Anlage B zur AufenthV bezeichneten **dienstlichen Passes** sind, gemäß § 19 AufenthV für Einreise und einen Kurzaufenthalt kein Visum (ohne Erwerbstätigkeit).

56 Die **Aussetzung der Abschiebung** (Duldung) nach § 60a AufenthG gewährt **kein Aufenthaltsrecht,** sondern verhindert lediglich die Abschiebung trotz weiterhin bestehender vollziehbarer Ausreisepflicht. Sie erlischt mit Ausreise des Ausländers und wird widerrufen, wenn die der Abschiebung entgegenstehenden Gründe entfallen sind. Der Geduldete hält sich **nicht rechtmäßig** im Bundesgebiet auf, aber auch **nicht in strafbarer Weise illegal** (vgl. die Tatbestandsvoraussetzungen des § 95 Abs. 1 Nr. 2 AufenthG!).

57 Auch wenn ein Ausländer keinen Aufenthaltstitel benötigt, kann sein Aufenthalt **zeitlich** und **räumlich beschränkt** sowie von Bedingungen und Auflagen abhängig gemacht werden (§ 12 Abs. 4 AufenthG). Hierbei handelt es sich nicht um Nebenbestimmungen zu Verwaltungsakten i. S. d. § 36 VwVfG, sondern um selbstständige Verwaltungsakte.

---

b) nicht Deutscher nach Artikel 116 des Grundgesetzes ist und

c) am 30. Juni 1950 seinen Aufenthalt im Geltungsbereich des Grundgesetzes oder in Berlin (West) hatte oder die Rechtsstellung eines heimatlosen Ausländers der Bestimmungen des § 2 Abs. 3 erwirbt.

(2) Wer seine Staatsangehörigkeit von einem heimatlosen Ausländer ableitet und im Zeitpunkt des Inkrafttretens des Gesetzes zur Neuregelung des Ausländerrechts rechtmäßig seinen gewöhnlichen Aufenthalt im Geltungsbereich dieses Gesetzes hatte, steht einem heimatlosen Ausländer im Sinne dieses Gesetzes gleich.

[2] AEUV – Vertrag über die Arbeitsweise der Europäischen Union. Der „Vertrag über die Arbeitsweise der Europäischen Union" hieß bis zum 1. 12. 2009 „Vertrag zur Gründung der Europäischen Gemeinschaft" (EGV) und hatte eine abweichende Artikelabfolge.

I. Befreiung für Kurzaufenthalte (Art. 20 SDÜ)

Die Titelfreiheit für Kurzaufenthalte beurteilt sich nach den gemeinschaftsrechtlichen Regelungen (§ 15 AufenthV). Die Befreiung vom Erfordernis eines Aufenthaltstitels für Kurzaufenthalte ergibt sich unmittelbar aus **Art. 20 SDÜ i. V. m. der EU-VisumVO** (Verordnung (EG) Nr. 539/2001). § 15 AufenthV enthält lediglich einen Hinweis auf diese Regelungen. Durch den Vertrag von Amsterdam wurde die außerhalb der Union entstandene sog. „Schengen-Kooperation" in den EU-Rahmen einbezogen. Die Schengen-Regelungen sind damit Bestandteil des Unionsrechts geworden. Damit haben EU-VisumVO und SDÜ Vorrang vor dem nationalen Recht. Nachfolgend sollen die Voraussetzungen für den titelfreien Kurzaufenthalt näher erläutert werden. **58**

1. Angehörige bestimmter Staaten

Art. 1 EU-VisumVO befreit bestimmte Drittstaatsangehörige für einen Aufenthalt bis zu drei Monaten von der Verpflichtung, beim Überschreiten der Außengrenzen im Besitz eines Visums sein zu müssen. Es handelt sich dabei um Personen, die Angehörige eines Staates sind, der im **Anhang II zur EU-VisumVO** aufgeführt ist. Deshalb kann man diese Drittstaatsangehörigen auch als „Anhang-II-Staater" bezeichnen. Aus Art. 1 Abs. 2 EU-VisumVO folgt zunächst die Befreiung von der Visumpflicht beim Grenzübertritt. Das Recht dieser Drittstaatsangehörigen, sich im Schengener Vertragsgebiet *aufzuhalten*, beurteilt sich dann nach Maßgabe des Art. 20 SDÜ. **59**

2. 3-Monats-Frist

Der Aufenthalt im Schengener Vertragsgebiet ist auf **drei Monate** innerhalb eines Zeitraums von **sechs Monaten (Bezugszeitraum**) von dem Zeitpunkt der ersten Einreise in das Hoheitsgebiet der Vertragsparteien des Schengener Durchführungsübereinkommens an beschränkt. Dies bedeutet, dass sich der Drittstaatsangehörige während des 6-Monate-Zeitraums nur maximal drei Monate im Bundesgebiet aufhalten darf. Aufenthalte in anderen Schengener Vertragsstaaten sind dabei anzurechnen. Die Befreiung vom Erfordernis des Aufenthaltstitels endet mit Ablauf der 3-Monats-Frist. Der Drittstaatsangehörige hält sich dann ohne erforderlichen Aufenthaltstitel im Bundesgebiet auf. **60**

Beispiel 4: Ein Anhang-II-Staater hält sich drei Monate in Frankreich auf und reist anschließend in die Bundesrepublik ein: Er ist nicht (mehr) vom Erfordernis eines Aufenthaltstitels befreit und somit vollziehbar ausreisepflichtig (§§ 50 Abs. 1, 58 Abs. 2 Satz 1 Nr. 2 AufenthG). Es besteht der Verdacht einer Straftat nach § 95 Abs. 1 Nr. 2 AufenthG. Der Betroffene hätte vor Ablauf der 3-Monats-Frist für einen sich unmittelbar anschließenden weiteren dreimonatigen Kurzaufenthalt gemäß § 40 AufenthV eine Aufenthaltserlaubnis (§ 7 AufenthG) beantragen können.

Der 6-Monats-Bezugszeitraum beginnt mit dem Tag der Einreise (§ 187 Abs. 1 BGB) und endet mit Ablauf desjenigen Tages des letzten Monats, der durch seine Zahl dem Tag der Einreise entspricht (§ 188 Abs. 2 und 3 BGB). Wird der Aufenthalt unterbrochen, wird der Monat zu dreißig Tagen gerechnet. Dies führt zu einem zulässigen Gesamtaufenthalt von neunzig Tagen (vgl. § 191 BGB).

Beispiel 5: Einreise 31. August 2010 – Fristende 28. Februar 2011, 24.00 Uhr.

61 Der Europäische Gerichtshof[3] hat den Bezugszeitraum großzügig ausgelegt. Der Begriff der „ersten Einreise" umfasst danach außer der zeitlich ersten Einreise in den Schengen-Raum auch die erste Einreise dorthin nach Ablauf einer Frist von sechs Monaten ab dieser zeitlich ersten Einreise sowie jede weitere erste Einreise, die nach Ablauf jeder neuen Frist von sechs Monaten ab einem vorangegangenen Datum der ersten Einreise erfolgt. Ein Jahr besteht somit theoretisch aus zwei Bezugszeiträumen. Somit ist bei unterbrochenem Aufenthalt grundsätzlich auch ein beide Bezugszeiträume berührender Aufenthalt von mehr als drei Monaten möglich.[4]

62 Der Bezugszeitraum gilt allerdings gemäß Art. 20 Abs. 2 SDÜ, § 16 AufenthV nicht für Ausländer, die Angehörige eines in der Anlage A zur AufenthV aufgeführten Staates sind. Es handelt sich hierbei um Staaten, mit denen die Bundesrepublik Deutschland **bilaterale Sichtvermerksabkommen** getroffen hat. Diese Abkommen gestatten den Angehörigen der betroffenen Staaten, ohne Visum in die Bundesrepublik einzureisen und sich hier bis zu drei Monaten aufzuhalten. Für diese Drittstaatsangehörigen gilt der Bezugszeitraum von sechs Monaten im Verhältnis zu allen Schengen-Staaten mit Ausnahme der Bundesrepublik Deutschland. Voraufenthalte in anderen Schengen-Staaten werden ihnen gegenüber auch nicht angerechnet.

Beispiel 6: Ein Kanadier (Anhang-II-Staater) hält sich drei Monate in Frankreich auf. Danach möchte er noch 3 Wochen Deutschland besuchen. Aufgrund eines Visaabkommens mit Kanada [5] dürfen sich Kanadier, die nicht im Verdacht stehen, einen Daueraufenthalt in Deutschland begründen zu wollen (sog. bona fide Nicht-Einwanderer) drei Monate ohne Visum in Deutschland aufhalten. Da sich der Kanadier aber ausweislich des Einreisestempels in seinem Pass bereits länger als drei Monate im Schengener Vertragsgebiet aufhält, spricht der erste Anschein für eine Überschreitung der 3-Monats-Frist. Es ist obliegt dem Kanadier nunmehr gemäß § 82 Abs. 1 AufenthG die für ihn günstigen Umstände, also den Voraufenthalt in Frankreich z. B. anhand von Hotelrechnungen nachzuweisen.

Die Angehörigen der in Anlage A aufgeführten Staaten verhalten sich grundsätzlich

[3] EuGH, Urteil v. 3. 10. 2006 – C-241/05.
[4] Vgl. bereits *Westphal/Stoppa*, NVwZ 1999, 1280.
[5] GMBl. 1953, S. 575.

legal, wenn sie kurz vor Ablauf der 3-Monats-Frist ausreisen und sogleich wieder in die Bundesrepublik einreisen. Stellt der Aufenthalt tatsächlich aber einen Daueraufenthalt dar und sind die Unterbrechungen lediglich formal, um der Form nach dem Aufenthaltsrecht zu genügen, handelt es sich nicht mehr um einen Kurzaufenthalt. Nach der Rechtsprechung des *BVerwG* hat eine Person ihren „dauernden Aufenthalt“ in Deutschland, wenn sie hier nicht nur vorübergehend, sondern auf unabsehbare Zeit lebt, sodass eine Beendigung ihres Aufenthalts ungewiss ist. Kinder und Jugendliche teilen in der Regel den Aufenthalt ihrer Eltern.[6] Sogenannte **Kettenaufenthalte** von jeweils bis zu drei Monaten Dauer, die mit der Verlagerung des gewöhnlichen Aufenthalts in das Bundesgebiet einhergehen, fallen deshalb nicht unter die Privilegierung des § 15 AufenthV.[7]

Probleme ergeben sich hier insbesondere bei der **Überwachung** der 3-Monats-Frist des Art. 20 Abs. 1 SDÜ. Aus diesem Grunde sind die **Grenzbehörden verpflichtet**, die Einreisedokumente eines Drittstaatsangehörigen sowohl bei der **Einreise** als **auch bei der Ausreise abzustempeln** (Art. 10 SGK).[8] Der Drittausländer sollte schon im Eigeninteresse auf Abstempelung seines Reisedokuments achten. Ist es nämlich nicht mit dem Einreisestempel versehen, kann angenommen werden, dass der Inhaber des Reisedokuments die Voraussetzungen hinsichtlich der Aufenthaltsdauer nicht oder nicht mehr erfüllt. Es wird dann gemäß Art. 11 Abs. 1 SGK **gesetzlich vermutet**, dass die 3-Monats-Frist des Art. 20 Abs. 1 SDÜ bereits abgelaufen ist. Der Drittstaatsangehörige kann die Vermutung allerdings widerlegen (Art. 11 Abs. 2 SGK). Er kann zu diesem Zweck Fahrkarten, Flugtickets u. Ä. vorlegen. Ist dies der Fall, werden der **Ort** und der **Zeitpunkt der Einreise** nachträglich im Reisedokument vermerkt. Zuständig für die Eintragung ist nach § 71 Abs. 1 AufenthG die Ausländerbehörde sowie nach § 71 Abs. 3 Nr. 8 AufenthG die Bundespolizei. Zumindest aus dem Aufenthaltsgesetz ergibt sich keine Zuständigkeit der Landespolizei. **63**

Wird ein Ausländer, der nicht von der Abstempelung ausgenommen ist, mit fehlendem Einreisestempel im anerkannten und gültigen Pass oder Passersatz angetroffen, kann die Polizei den Pass einbehalten (§ 48 AufenthG) und der Ausländerbehörde übermitteln. Dem Ausländer ist aufzugeben, sich unverzüglich bei der Ausländerbehörde zu melden. Für eine „Überstellung“ oder Vorführung wird allerdings keine Rechtsgrundlage gesehen. Kann der Ausländer bei der Kontrolle die ordnungsgemäße Einreise glaubhaft machen, genügt es, ihn zur Anbringung des Vermerks an die Ausländerbehörde zu verweisen. **64**

Grundsätzlich sollte auch für die Vollzugspolizei eine entsprechende Zuständigkeitsregelung eingeführt werden, denn schließlich verpflichtet § 56 Nr. 8 AufenthV den Ausländer, **65**

[6] BVerwG, Urteil v. 23. 2. 1993 – 1 C 45.90, InfAuslR 1993, 268.

[7] Hamburgisches OVG v. 24. 11. 1995 – Bs VII 253/95, ZAR 1996, 39; a. A.: VGH Baden-Württemberg, Urteil v. 4. 4. 1995 – 11 S 425/95.

[8] Ausnahmen ergeben sich aus Art. 2 Nr. 5, Art. 10 Abs. 2 und 3 und Art. 35 sowie in den Anhängen IV, VI und VII Schengener Grenzkodex.

seinen Pass oder Passersatz zur Anbringung von Vermerken über Ort und Zeit der Ein- und Ausreise u. a. den **Polizeibehörden** des Bundes und der **Länder** auszuhändigen.

66 Kann der Ausländer die Vermutung nicht nach Maßgabe des Art. 11 Abs. 2 SGK widerlegen, hält er sich rechtswidrig, weil ohne den nach § 4 AufenthG erforderlichen Aufenthaltstitel im Bundesgebiet auf und ist gemäß § 50 Abs. 1 AufenthG zur Ausreise verpflichtet. Hat der Drittstaatsangehörige noch keinen Antrag auf Erteilung eines Aufenthaltstitels gestellt, hat die Vermutungsregelung auch die Vollziehbarkeit der Ausreise zur Konsequenz (§ 58 Abs. 2 Satz 1 Nr. 2 AufenthG)! Der Betroffene ist zur unverzüglichen Ausreise aus der EU verpflichtet.

3. Keine Erwerbstätigkeit

67 Die **Befreiung** von der Titelpflicht bei Kurzaufenthalten gilt gemäß § 17 AufenthV **nur für Touristikaufenthalte**. Beginnt der Betroffene eine Erwerbstätigkeit, hält er sich von dem Moment an illegal im Bundesgebiet auf.[9] Gemäß Art. 4 Abs. 3 EU-VisumVO können die Mitgliedstaaten für Personen, die während ihres Aufenthalts einer Erwerbstätigkeit nachgehen, Ausnahmen von der Visumbefreiung vorsehen. Von dieser Möglichkeit hat die Bundesrepublik Deutschland Gebrauch gemacht.

68 Das **SDÜ** selbst enthält allerdings **kein ausdrückliches Verbot einer Erwerbstätigkeit** während eines Kurzaufenthalts. Art. 5 Abs. 1 Buchst. c SGK verlangt sogar, dass der Drittstaatsangehörige über ausreichende Mittel zur Bestreitung des Lebensunterhalts sowohl für die Dauer des Aufenthalts als auch für die Rückreise in den Herkunftsstaat verfügen oder in der Lage sein muss, diese Mittel auf legale Weise zu erwerben. Dies ist eine wichtige Einreise- und Aufenthaltsvoraussetzung für das Schengener Vertragsgebiet. Wann aber eine Erwerbstätigkeit *legal* ist, bestimmt sich ausschließlich nach nationalem Recht. In diesem Zusammenhang sind neben gewerberechtlichen Bestimmungen auch § 4 Abs. 3 AufenthG (Beschäftigung, nur wenn der Aufenthaltstitel dies erlaubt) und § 17 AufenthV zu beachten. Die Ausübung einer Beschäftigung, ohne dass der Aufenthaltstitel dies erlaubt, ist stets illegal und lässt die allgemeinen Einreise- und Aufenthaltsvoraussetzungen entfallen, weshalb Art. 20 SDÜ in diesem Fall keinen legalen Aufenthalt zumindest in der Bundesrepublik vermittelt. Ein Chilene etwa, der in der Bundesrepublik keiner Erwerbstätigkeit nachgehen darf, kann dies aber ohne Weiteres in Frankreich oder den Beneluxstaaten tun.

[9] Vgl. hierzu: *Fehrenbacher*, HTK-AuslR / § 18 AufenthG / Kurzaufenthalt 02/2007.

4. Allgemeine Voraussetzungen für den visumfreien Kurzaufenthalt gemäß Art. 5 SGK

Art. 5 SGK[10] regelt die für einen Drittstaatsangehörigen geltenden Einreisevoraussetzungen für einen Aufenthalt von bis zu drei Monaten je Sechsmonatszeitraum. Aufgrund der Bezugnahme in Art. 20 SDÜ gelten diese Voraussetzungen auch für den visumfreien Aufenthalt. Der Drittstaatsangehörige muss danach u. a. 69

- im Besitz eines oder mehrerer gültiger **Reisedokumente** sein, die ihn zum Überschreiten der Grenze berechtigen;
- er muss über ausreichende Mittel zur **Bestreitung des Lebensunterhalts** sowohl für die Dauer des beabsichtigten Aufenthalts als auch für die Rückreise in den Herkunftsstaat verfügen oder in der Lage sein, diese Mittel rechtmäßig zu erwerben;
- er darf **nicht** im SIS zur Einreiseverweigerung **ausgeschrieben** sein;
- er darf **keine Gefahr für die öffentliche Ordnung**, die **innere Sicherheit**, die öffentliche Gesundheit oder die internationalen Beziehungen eines Mitgliedstaats darstellen und darf insbesondere nicht in den nationalen Datenbanken der Mitgliedstaaten zur Einreiseverweigerung aus denselben Gründen ausgeschrieben worden sein.

Die Reisefreiheit gemäß Art. 20 SDÜ besteht nur, wenn die Voraussetzungen des Art. 5 Abs. 1 Buchst. a, c, d und e SGK erfüllt sind. Wurde ein Drittstaatsangehöriger etwa gemäß Art. 96 Abs. 3 SDÜ zur Einreiseverweigerung ausgeschrieben, sind die materiellen Voraussetzungen nach Art. 20 Abs. 1 SDÜ i. V. m. Art. 5 Abs. 1 Buchst. c SGK nicht erfüllt. Da der Bundesgesetzgeber die Beurteilung der Visumfreiheit für Kurzaufenthalte dem Regime des EU-Rechts unterstellt hat (vgl. den Wortlaut in § 4 Abs. 1 Satz 1 AufenthG und die weitere Konkretisierung in § 15 AufenthV) und dieses sowieso wegen des bestehenden Anwendungsvorrangs des EU-Rechts dem nationalen Recht vorgeht, entfällt im Falle des zur Einreiseverweigerung ausgeschriebenen Drittstaatsangehörigen somit die Befreiung vom Erfordernis des Aufenthaltstitels. Dasselbe gilt im Falle fehlender Mittel zur Bestreitung des Lebensunterhalts. Sind die Voraussetzungen des Art. 5 Abs. 1 Buchst. a, c, d und e SGK nicht (mehr) erfüllt, hält sich der Anhang-II-Staater rechtswidrig im Schengener Vertragsgebiet auf und ist gemäß §§ 50 Abs. 1, 58 Abs. 2 AufenthG vollziehbar ausreisepflichtig. 70

Trifft die Polizei eine entsprechende Feststellung, sollte sie dies der Ausländerbehörde mitteilen. Diese kann dann das Fehlen der Einreisevoraussetzungen des Art. 5 Abs. 1

[10] Verordnung (EG) 562/2006 des Europäischen Parlamentes und des Rates vom 15. März 2006 über einen Gemeinschaftskodex für das Überschreiten der Grenzen durch Personen (Schengener Grenzkodex). Art. 20 SDÜ bezieht sich zwar auf den Art. 5 SDÜ. Gemäß Art. 39 Abs. 3 SGK gelten Bezugnahmen auf die aufgehobenen Artikel des SDÜ als Bezugnahme auf den Schengener Grenzkodex.

Buchst. a, c, d und e SGK feststellen, den Betroffenen auf seine Ausreisepflicht hinweisen und ihm ggf. die Abschiebung androhen.

II. Sonderfall: Türken

1. Erbringer von Dienstleistungen, türkische Lkw-Fahrer

71 Durch das Abkommen vom 12. September 1963 zwischen der Türkei und der EWG erhielt die Türkei den Status eines mit der EWG assoziierten Landes mit dem Ziel einer Vollmitgliedschaft. Für die Übergangsphase wurde am 23. 11. 1970 ein Zusatzprotokoll unterzeichnet. Dessen Art. 41 Abs. 1 enthält für den Bereich der Niederlassungsfreiheit und des freien Dienstleistungsverkehrs eine sog. Standstillklausel oder Stillhalteklausel (oder auch: Verschlechterungsverbot).[11] Art. 41 Abs. 1 des Zusatzprotokolls ist dahin auszulegen, dass er es ab dem Zeitpunkt des Inkrafttretens dieses Protokolls (in Deutschland: 1. 1. 1973) verbietet, ein Visum für die Einreise türkischer Staatsangehöriger zu verlangen, die in Deutschland Dienstleistungen für ein in der Türkei ansässiges Unternehmen erbringen wollen, wenn ein solches Visum zu jenem Zeitpunkt nicht verlangt wurde.[12] Deshalb benötigen **türkische Lkw-Fahrer** mit Wohnsitz in der Türkei abweichend von Art. 1 Abs. 1 EU-VisumVO für den grenzüberschreitenden Güterverkehr – auch mit in Deutschland zugelassenen Lkw – **kein Visum**. Wenn sie sich nicht länger als 2 Monate in Deutschland aufhalten, sind sie somit von der Titelpflicht befreit.

In dem Fall wird der Pass des Betroffenen mit einem Einreisestempel versehen, anhand dessen im Rahmen einer späteren Kontrolle im Inland überprüft werden kann, ob die Aufenthaltsfrist von maximal zwei Monaten noch nicht ausgeschöpft ist. Die Befreiung kann allerdings im Falle einer rechtswidrigen Arbeitnehmerüberlassung (zu beurteilen nach dem Arbeitnehmerüberlassungsgesetz) entfallen.[13]

2. Empfänger von Dienstleistungen, türkische Touristen

Umstritten ist, ob auch die **Empfänger von Dienstleistungen** – hierzu wären auch türkische Touristen zu rechnen – sich ohne Visum im Bundesgebiet aufhalten dürfen.

72 In der Rechtsprechung des Europäischen Gerichtshofs ist zunächst geklärt, dass ein Aufent-

[11] Vgl. hierzu: *Armbruster*, HTK-AuslR / Die Standstillklausel des Art. 41 Zusatzprotokoll zum Assoziationsabkommen EWG/Türkei, 06/2011.

[12] EuGH, Urteil v. 19. 2. 2009 – C-228/06 (Soysal), InfAuslR 2009, 139, In dieser Entscheidung hat der EuGH für türkische Fernfahrer, die Dienstleistungen im grenzüberschreitenden Güterverkehr erbringen, entschieden, dass sie berechtigt sind, visumfrei nach Deutschland einzureisen.

[13] BVerwG, Urteil v. 13. 9. 2007 – 3 C 49.06.

halt zu touristischen Zwecken grundsätzlich der passiven Dienstleistungsfreiheit unterfällt.[14] Wer Restaurants besucht, nimmt ja Dienstleistungen in Anspruch! Ein türkischer Staatsangehöriger könnte sich daher prinzipiell wegen der Visumfreiheit für einen Touristenaufenthalt auf die Standstillklausel (Art. 41 Abs. 1 Zusatzprotokoll) berufen.

Voraussetzung für die Befreiung von der Aufenthaltsgenehmigungspflicht für türkische Touristen wäre jedoch, dass Art. 41 Abs. 1 Zusatzprotokoll auch die passive Dienstleistungsfreiheit umfasst. Dies wird allerdings von der Bundesregierung zum gegenwärtigen Zeitpunkt verneint. Zu bedenken ist auch, dass der EuGH die „passive Dienstleistungsfreiheit" erstmals im Jahre 1984, also nach Inkrafttreten des Zusatzprotokolls am 1. 1. 1973, anerkannt hat. Es spricht daher einiges dafür, dass die damaligen Vertragsparteien (EWG und Türkei) die passive Dienstleistungsfreiheit gar nicht regeln wollten.[15] **73**

Derjenige, der in erster Linie Verwandte besucht, gilt auf keinen Fall als Empfänger von Dienstleistungen.[16] Er benötigt stets ein Visum.

3. Türkische Arbeitnehmer

Das Aufenthaltsrecht türkischer Staatsangehöriger, die **erstmals** zu Erwerbszwecken in das Bundesgebiet reisen möchten, beurteilt sich (wie bei anderen Drittstaatsangehörigen auch) nach § 18 AufenthG. Für **türkische Arbeitnehmer** aber, die bereits hier leben und dem regulären Arbeitsmarkt angehören („ordnungsgemäß beschäftigt" sind), kann sich ein **eigenständiger Anspruch auf Verlängerung der Aufenthaltserlaubnis** unmittelbar aus dem **ARB 1/80** ergeben.[17] Hier folgt das Aufenthaltsrecht aus dem Beschäftigungsrecht. Den davon betroffenen türkischen Arbeitnehmern und ihren Familienangehörigen wird deshalb **nur für Nachweiszwecke** eine Aufenthaltserlaubnis nach § 4 Abs. 5 AufenthG erteilt. Der Aufenthalt in Deutschland ohne diese (deklaratorische) Aufenthaltserlaubnis stellt lediglich eine Ordnungswidrigkeit dar (§ 98 Abs. 2 Nr. 1 AufenthG), jedoch keinen strafbaren illegalen Aufenthalt! **74**

III. Legaler Aufenthalt aufgrund SDÜ und SGK

Auch wenn ein bei einer polizeilichen Kontrolle angetroffener Drittstaatsangehöriger keinen deutschen Aufenthaltstitel besitzt, kann er sich dennoch legal in Deutschland auf-

[14] EuGH, Urteil v. 31. 1. 1984 – Rs. 286/82 und 26/83 (Luisi und Carbone); Urteil v. 19. 1. 1999 – Rs. C-348/96 (Calfa).

[15] Armbruster, HTK-AuslR / Assoziationsabkommen EWG/Türkei / Art. 41 Zusatzprotokoll 06/2011.

[16] VG Berlin, Beschluss v. 25. 2. 2009 – 19 V 61.08.

[17] BVerwG InfAuslR 1993, 258 (259); BVerwG InfAuslR 1995, 223; BVerwG InfAuslR 1995, 265; zur Bedeutung des Art. 7 ARB 1/80 für volljährige Familienangehörige siehe Hess. VGH InfAuslR 1995, 279; ausführlich: *Armbruster*, HTK-AuslR / ARB 1/80 / Art. 6 / Allgemeines 08/2009.

halten. Entsprechende Tatbestände ergeben sich aus dem SDÜ und dem SGK. Sie sollen im Folgenden kurz dargestellt werden.

1. Nationaler Aufenthaltstitel (Art. 21 SDÜ)

75 Der sog. „nationale Aufenthaltstitel" wird im Gegensatz zum Visum nicht von der Auslandsvertretung (Konsulat) erteilt, sondern von der jeweils zuständigen Behörde im Inland. Ein deutscher nationaler Aufenthaltstitel ist z. B. die Aufenthaltserlaubnis; ein italienischer nationaler Aufenthaltstitel ist der „permesso di soggiorno". „Nationaler Aufenthaltstitel" ist ein schengenrechtlicher Begriff. Wir verwenden diesen Begriff hauptsächlich dann, wenn von einem Aufenthaltstitel die Rede ist, der von einem anderen Schengen-Staat ausgestellt wurde.

76 Drittausländer, die im Besitz eines gültigen nationalen Aufenthaltstitels eines Vertragsstaates sind, dürfen sich gemäß Art. 21 Abs. 1 SDÜ bis zu drei Monate in einem Zeitraum von sechs Monaten frei im Schengener Raum bewegen und sind somit auch gemäß § 4 Abs. 1 Satz 1 AufenthG vom Erfordernis eines deutschen Aufenthaltstitels befreit, wenn die Einreisevoraussetzungen des Art. 5 Abs. 1 Buchst. a, c und e SGK erfüllt sind.

Beispiel 7: Ein in Belgien lebender tunesischer Staatsangehöriger, der über eine gültige belgische Aufenthaltserlaubnis verfügt, kommt für drei Wochen nach Essen, um seinen Bruder zu besuchen. Er besitzt einen gültigen tunesischen Pass, eine Ausschreibung zur Einreiseverweigerung besteht weder national (INPOL, AZR) noch im SIS. Sein Aufenthalt im Bundesgebiet ist rechtmäßig.

77 Gemäß Art. 21 Abs. 3 SDÜ sind die Vertragsstaaten verpflichtet, die Liste der Dokumente, die sie als Aufenthaltstitel im Sinne dieses Artikels ausstellen, dem Schengener Exekutivausschuss (Rat für Justiz und Inneres) zu übermitteln. Allerdings gibt es bis heute keine verbindliche Liste der anerkannten Dokumente. Die Regelung des Art. 21 Abs. 3 SDÜ dürfte allerdings inzwischen **überholt** sein. Zu berücksichtigen ist nämlich in dem Zusammenhang die Legaldefinition in Art. 2 Abs. 15 a) SGK. „Aufenthaltstitel" sind danach alle Aufenthaltstitel – als Klebeetikett oder in Kartenform –, die die Mitgliedstaaten nach dem einheitlichen Muster gemäß der Verordnung (EG) Nr. 1030/2002 des Rates vom 13. 06. 2002 zur einheitlichen Gestaltung des Aufenthaltstitels für Drittstaatenangehörige ausstellen. Die Verwendung einheitlicher Vordrucke für nationale Aufenthaltstitel ist die zwingende Folge des Wegfalls der Binnengrenzkontrollen und der in Folge auch anerkannten Reisefreiheit der Drittstaatsangehörigen, die sich legal mit einem nationalen Aufenthaltstitel im Schengener Vertragsgebiet aufhalten. Ausweislich des 5. Erwägungsgrundes der Verordnung (EG) Nr. 1030/2002 soll der einheitliche Aufenthaltstitel „auch zur Verwendung durch alle Mitgliedstaaten geeignet sein und von jedermann erkennbare und mit bloßem Auge wahrnehmbare harmonisierte Sicherheitsmerkmale tragen". Die

Verwendung einheitlicher Titel macht nur Sinn, wenn diese auch im Ausland Verwendung finden sollen. Damit wird deutlich, dass der jeweils ausstellende Staat durch die Verwendung des schengeneinheitlichen Aufenthaltstitels i. S. d. Art. 2 Abs. 15 Buchst. a SGK zum Ausdruck bringt, dass dieser Titel im gesamten Vertragsgebiet gelten soll; mithin, dass es sich dabei um einen nationalen Aufenthaltstitel i. S. d. Art. 21 Abs. 1 SDÜ handelt.[18] Umgekehrt muss bei Verwendung nicht EU-konformer Vordrucke dem ersten Anschein nach davon ausgegangen werden, dass diese keine „Schengenwirksamkeit" besitzen. Die in Art. 2 Nr. 15 Buchst. b SGK angesprochenen Aufenthaltstitel berechtigen zur Einreise in das Schengener Vertragsgebiet und gemäß Art. 5 Abs. 4 Buchst. a SGK zur Durchreise.

Ein praktisches Problem stellt die **Überwachung** der zulässigen Aufenthaltsdauer und **78**
des Bezugszeitraums dar. Anders als beim Überschreiten der Außengrenzen kann ein Überschreiten der Binnengrenzen nicht kontrolliert und somit nicht nachvollzogen werden. Daher kommt auch eine entsprechende Anwendung der Vermutungsregelung des Art. 11 Abs. 1 SGK hier nicht in Betracht. Die einzige Möglichkeit bietet bei offensichtlichen Missbrauchsfällen die Anbringung eines Kontrollvermerks mit Antreffort und Antreffzeit. Wird der Betroffene nach drei Monaten abermals im Bundesgebiet angetroffen, besteht der Verdacht eines rechtswidrigen Aufenthalts. Im Rahmen seiner gesetzlichen Mitwirkungsverpflichtung aus § 82 Abs. 1 AufenthG ist der Betroffene dann gehalten, die Einhaltung des Art. 21 SDÜ nachzuweisen.

Das Aufenthaltsrecht aus Art. 18 SDÜ oder Art. 21 SDÜ gilt **nicht** im Verhältnis der Mit- **79**
gliedstaaten zu den **EU-Beitrittstaaten** und umgekehrt, sodass sich z. B. der Inhaber einer bulgarischen oder rumänischen Aufenthaltsgenehmigung nicht in Deutschland aufhalten darf.[19]

2. Nationales Visum (Art. 18 SDÜ)

Visa für den längerfristigen Aufenthalt (länger als drei Monate) werden als **nationale** **80**
Visa erteilt (vgl. S. 17). Das nationale Visum (Visum der Kategorie D) ist, wenn es von der deutschen Auslandsvertretung ausgestellt wurde zwar ein Aufenthaltstitel i. S. des § 4 Abs. 1 AufenthG (vgl. die dortige Aufzählung) aber kein nationaler Aufenthaltstitel i. S. d. SDÜ. Auch für die Inhaber von nationalen Visa gilt jedoch gemäß Art. 21 Abs. 2a SDÜ das Recht auf freien Personenverkehr im gleichen Umfang wie für die Inhaber nationaler Aufenthaltstitel. Dem Inhaber eines nationalen Visums darf die Einreise in das Hoheitsgebiet eines anderen als des Ausstellerstaats nur verweigert werden, wenn er die in Art. 5 Abs. 1 Buchst. a, c und e SGK aufgeführten Einreisevoraussetzungen nicht erfüllt oder auf der nationalen Ausschreibungsliste steht (Art. 21 Abs. 1 SDÜ). Bezüglich der

[18] Vgl. VG Augsburg, Beschluss v. 21. 12. 2009 – Au 1 E 09.1827.

[19] *Fehrenbacher*, HTK-AuslR / EU-Recht / EU-Erweiterung / Bulgarien und Rumänien 07/2009.

Überwachung der zulässigen Aufenthaltsdauer und des Bezugszeitraums gilt das selbe wie zu Art. 21 SDÜ ausgeführt.

3. Durchreise (Art. 5 Abs. 4 SGK)

81 Gemäß Art. 5 Abs. 4 Buchst. a SGK können Drittstaatsangehörige, die nicht alle Voraussetzungen des Art. 5 Abs. 1 SGK erfüllen, aber Inhaber eines von einem Mitgliedstaat ausgestellten Aufenthaltstitels, Visums für den längerfristigen Aufenthalt (D-Visum) oder Rückreisevisums oder erforderlichenfalls eines Aufenthaltstitels oder eines Visums für den längerfristigen Aufenthalt und eines Rückreisevisums sind, durch Deutschland durchreisen, um zum Ausstellerstaat zu gelangen. Etwas anderes gilt nur dann, wenn der Betreffende auf der nationalen Ausschreibungsliste des Mitgliedstaats, an dessen Außengrenzen er einreisen will, zur Einreise- oder Durchreiseverweigerung ausgeschrieben wurde. „Aufenthaltstitel" sind nach der Legaldefinition des Art 2 Nr. 15 SGK die einheitlichen Aufenthaltstitel nach der Verordnung (EG) Nr. 1030/2002 sowie alle sonstigen von einem Mitgliedstaat einem Drittstaatsangehörigen ausgestellten Aufenthaltsgenehmigungen mit Ausnahme von Erlaubnisfiktionen und Aufenthaltsgestattungen für Asylbewerber (bzw. die – für die deutsche Polizei relevanten – Entsprechungen der anderen EU-Staaten).

KAPITEL 5

Unerlaubte Einreise

I. Überblick und Konsequenzen

Die **Einreise** erfolgt gemäß § 14 Abs. 1 AufenthG materiell **unerlaubt**, wenn der Ausländer 82

- einen erforderlichen **Pass oder Passersatz** gemäß § 3 Abs. 1 AufenthG nicht besitzt,
- einen nach § 4 AufenthG erforderlichen **Aufenthaltstitel** nicht besitzt oder
- wenn ein **Einreiseverbot** besteht (z. B. wegen erfolgter Ausweisung, Abschiebung oder Zurückschiebung).

Tatbestandsvoraussetzung ist in allen Fällen die **Einreise in das Bundesgebiet**. Ein Ausländer ist eingereist, wenn er die **deutsche Grenze** überschritten hat. Im Fall der Einreise an einer zugelassenen Grenzübergangsstelle ist ein Ausländer erst eingereist, wenn er die Grenze überschritten und die Grenzübergangsstelle passiert hat (§ 13 Abs. 2 Satz 1 AufenthG). Der Ausländer hat eine Grenzübergangsstelle erst dann passiert, wenn er die Kontrollstationen der Grenzpolizei und des Zolls, soweit vorhanden, hinter sich gelassen hat und er sich frei in Richtung Inland bewegen kann (Nr. 13.2.1.1 AufenthG-VwV). 83

Die **Konsequenzen einer unerlaubten Einreise** regelt das Aufenthaltsgesetz an mehreren Stellen: 84

- Im Falle des Versuchs einer unerlaubten Einreise wird der Ausländer an der Grenze zurückgewiesen (§ 15 AufenthG).
- Ein Ausländer, der unerlaubt eingereist ist, soll gemäß § 57 Abs. 1 AufenthG innerhalb von sechs Monaten nach dem Grenzübertritt zurückgeschoben werden.
- Wird der Ausländer in Verbindung mit einer unerlaubten Einreise aus einem Drittstaat aufgegriffen, ist er gemäß Art. 8 Verordnung (EG) Nr. 2725/2000 (EURODAC-Verordnung), § 49 Abs. 8 AufenthG erkennungsdienstlich zu behandeln (10-Finger-Abdruck). „In Verbindung mit der unerlaubten Einreise“ muss nicht

unbedingt gleich nach dem Grenzübertritt sein. Erfasst werden auch Fälle, in denen ein Ausländer im Inland angetroffen wird und kein Zweifel daran besteht, dass er die Außengrenze unerlaubt überschritten hat. Dies könnte beispielsweise der Fall sein, wenn ein Ausländer nach dem Überschreiten der Außengrenze in einem Zug bei einer Kontrolle entdeckt wird oder wenn ein in einem versiegelten Nutzfahrzeug beförderter Ausländer beim Verlassen des Fahrzeugs aufgegriffen wird.[1]

- Wer entgegen § 14 Abs. 1 Nr. 1 und 2 AufenthG unerlaubt einreist, macht sich strafbar nach § 95 Abs. 1 Nr. 3 AufenthG (Freiheitsstrafe bis zu einem Jahr). Ein Deutscher kann hierzu Beihilfe leisten (§ 27 StGB). Qualifikationen für derartige Beihilfehandlungen enthalten die §§ 96 und 97 AufenthG.
- Mit Freiheitsstrafe bis zu drei Jahren oder mit Geldstrafe wird bestraft, wer entgegen § 11 Abs. 1 Satz 1 AufenthG unerlaubt in das Bundesgebiet einreist oder sich darin aufhält. Diese Qualifizierung betrifft Ausländer, die ausgewiesen, abgeschoben oder zurückgeschoben worden waren.
- Die Ausreisepflicht ist vollziehbar (§ 58 Abs. 2 Nr. 1 AufenthG), d. h., der Ausländer kann sofort abgeschoben werden.
- Der Ausländer ist gemäß § 62 Abs. 3 Nr. 1 AufenthG auf richterliche Anordnung in Haft zu nehmen.

II. Einreise ohne Passbesitz

85 Die Einreise ist gemäß § 14 Abs. 1 Nr. 1 AufenthG nur dann unerlaubt, wenn der Ausländer den erforderlichen Pass oder zugelassenen Passersatz (vgl. §§ 3 ff. AufenthG) tatsächlich **nicht besitzt**.[2] Hat er seinen Pass der Ausländerbehörde eines anderen Schengen-Staats überlassen, erfolgt die Einreise nicht unerlaubt.[3] Passbesitz ist gegeben, wenn der Ausländer in der Lage ist, innerhalb einer angemessenen Frist durch Vorlage seines Passes seine Identität und insbesondere seine Rückkehrberechtigung nachzuweisen.[4]

86 Befindet sich der Ausländer bereits längere Zeit in Deutschland, kann die Behauptung, der Pass sei *hier* gestohlen worden oder verloren gegangen, kaum widerlegt werden. Es gibt keine Beweislastumkehr dergestalt, dass im Falle der im Inland festgestellten Passlosigkeit stets von einer unerlaubten Einreise ausgegangen werden könnte. Eine Strafbarkeit nach § 95 Abs. 1 Nr. 3 AufenthG kommt daher nur dann in Betracht, wenn der Ausländer

---

[1] BT-Drucks.14/7386 S. 55, 56.

[2] Zur Passbesitzpflicht s. oben S. 7

[3] Ausführlich: *Zeitler*, HTK-AuslR / § 3 AufenthG / zu Abs. 1; ebenso: Hessischer VGH, Beschluss v. 19. 11. 2003 – 12 TG 2668/03; *Stoppa*, Münchner Anwaltshandbuch, § 50 Rn. 109 ff.; Nr. 95.1.1.3 AufenthG-VwV.

[4] *Stoppa*, Münchner Anwaltshandbuch Strafverteidigung, § 50 Rn. 109.

unmittelbar nach Überschreiten der Grenze kontrolliert und ihm dabei nachgewiesen werden kann, dass er keinen Pass mitgeführt hat und darüber hinaus keinen Pass besitzt. Dem Ausländer kann nicht der Nachweis aufgebürdet werden, er habe im Besitz eines Passes die Grenze überschritten, auch nicht unter Hinweis auf § 82 Abs. 1 AufenthG (Mitwirkungspflicht). Dies wäre ein Verstoß gegen den Grundsatz „in dubio pro reo“!

Besitzt der Ausländer zwar einen Pass, führt diesen aber beim Grenzübertritt nicht mit, erfüllt der Ausländer keinen Straftatbestand, sondern begeht lediglich eine Ordnungswidrigkeit nach § 98 Abs. 3 Nr. 3 AufenthG. 87

Beispiel 8: Ein in Straßburg lebender Tunesier reist nach Kehl, hat aber seinen Pass in seiner Wohnung in Straßburg vergessen. Der Passbesitz kann hier jederzeit über die Behörden des Schengen-Staats Frankreich geklärt werden. Anders liegt der Fall, wenn auf den Tunesier überhaupt kein Pass ausgestellt wurde oder er zwar einen Pass besitzt, diesen aber in seiner Wohnung in Tunesien vergessen hat. In beiden Fällen kann der mit dem Passbesitz verfolgte Zweck (zweifelsfreie Personalienfeststellung und gesicherte Rücknahme durch den Ausstellerstaat) nicht erreicht werden. Die Einreise wäre dann unerlaubt.

III. Einreiseverbot

Die Einreise entgegen einem Einreiseverbot betrifft den Fall des § 11 Abs. 1 Satz 1 AufenthG. Nach dieser Bestimmung darf nicht mehr in das Bundesgebiet einreisen, wer ausgewiesen, abgeschoben oder zurückgeschoben worden war (s. u. S. 85 ff., 109 ff.) und keine kurzfristige Betretenserlaubnis nach § 11 Abs. 2 AufenthG besitzt. Die Einreise entgegen einem Einreiseverbot erfüllt den Straftatbestand des § 95 Abs. 2 AufenthG. 88

§ 11 Abs. 1 AufenthG ist nicht in § 11 Abs. 1 FreizügG/EU aufgeführt. Das Einreiseverbot aus § 11 Abs. 1 Satz 1 AufenthG gilt daher **nicht für Unionsbürger und deren Familienangehörige** sowie über § 12 FreizügG/EU nicht für die Staatsangehörigen der EWR-Staaten und deren Familienangehörige. Ein vergleichbares Einreiseverbot kann sich für diesen Personenkreis aber aus § 7 Abs. 2 FreizügG/EU ergeben. Der Verstoß gegen § 7 Abs. 2 FreizügG/EU stellt zwar keine unerlaubte Einreise i. S. d. § 14 Abs. 1 AufenthG dar, ist aber gemäß § 9 FreizügG/EU mit Freiheitsstrafe bis zu einem Jahr oder mit Geldstrafe bedroht. 89

Im Falle der **Ausschreibung zur Einreiseverweigerung durch einen anderen Schengen-Staat** liegt kein Verstoß gegen das Einreiseverbot vor. Dies ergibt sich aus dem Wortlaut des § 14 Abs. 1 Nr. 3 AufenthG, der sich nur auf den § 11 Abs. 1 AufenthG bezieht und nicht generell auf die Ausschreibung zur Einreiseverweigerung (Art. 96 SDÜ). Reist ein Drittausländer in die Bundesrepublik ein, obwohl er von einem anderen Schengen-Staat zur Einreise ausgeschrieben wurde, führt dies deshalb nicht zu den 90 oben aufgeführten Konsequenzen. Der Betroffene kann aber gemäß § 15 Abs. 2 Nr. 3 AufenthG an der Grenze zurückgewiesen werden. Im Falle eines Kurzaufenthalts würde die Einreise gegen Art. 5 Abs. 1 Buchst. d SGK verstoßen. Ein (von der Visumpflicht befreiter) Anhang-II-Staater könnte sich somit nicht auf die Befreiung nach Art. 20 SDÜ berufen und würde somit nach § 14 Abs. 1 Nr. 2 AufenthG unerlaubt einreisen (s. nachfolgend). Ein Anhang-I-Staater mit einem einheitlichen Visum (Art. 25 VK) besäße zwar einen Aufenthaltstitel, die Voraussetzungen für dessen Erteilung wären jedoch infolge der Ausschreibung zum Ausstellungszeitpunkt nicht erfüllt gewesen. Das Visum ist gemäß Art. 34 Abs. 1 VK aufzuheben bzw. zu annullieren. Ein derartiges Visum ist zwar rechtswidrig, da die Erteilungsvoraussetzungen nicht oder nicht mehr erfüllt sind (vgl. Art. 21 Abs. 1 VK i. V. m. Art. 5 Abs. 1 Buchstaben a, c, d und e SGK). Es ist jedoch nicht nichtig und bleibt bis zu seiner Aufhebung/Annullierung wirksam. Der Ausländer hält sich bis dahin legal in Deutschland auf. Die Annullierungs- und Aufhebungsbestimmung in Art. 34 VK macht deutlich, dass es keinen „automatischen" Wegfall des Visums gibt, vielmehr immer eine Behördenentscheidung erforderlich ist.[5] Zuständig dafür sind die Ausländerbehörden (§ 71 Abs. 1 AufenthG) und die Bundespolizei nach Maßgabe des § 71 Abs. 3 Nr. 3 AufenthG. Der Landespolizei bleibt in diesem Fall nichts anders übrig, als der Ausländerbehörde die Daten zu übermitteln. Die Polizei könnte zwar den Pass heraus verlangen, um diesen der Ausländerbehörde zu übersenden. Für die erforderlichen Maßnahmen nach § 48 AufenthG sind die Polizeibehörden der Länder gemäß § 71 Abs. 4 Satz 1 AufenthG jedoch nur soweit zuständig, als es zur Erfüllung ihrer Aufgaben nach Absatz 5 erforderlich ist, also nur im Zusammenhang mit Zurückschiebung, Durchführung der Abschiebung, Durchsetzung der Verlassenspflicht nach § 12 Abs. 5 AufenthG und der Festnahme.

IV. Einreise ohne Aufenthaltstitel

1. Visumpflichtige Drittstaatsangehörige

91 Ein nach Art. 1 Abs. 1 EU-VisumVO visumpflichtiger Drittstaater (Anhang-I-Staater) reist erlaubt ein, wenn er einen Aufenthaltstitel, also ein Visum, eine Aufenthaltserlaubnis oder eine Niederlassungserlaubnis, besitzt. Durch den Verweis in § 14 Abs. 1 Nr. 2 AufenthG auf die *Erforderlichkeit des Aufenthaltstitels nach § 4* sollte angesichts der unterschiedlichen Auffassung in Rechtsprechung und Lehre[6] klargestellt werden, dass sich die Erforderlichkeit des Aufenthaltstitels nach objektiven Kriterien und nicht nach dem beabsichtigten Aufenthaltszweck bemisst.[7] Der Anhang-I-Staater reist deshalb nur dann

[5] Ausführlich zum Thema „Ausschreibung zur Einreiseverweigerung": *Zeitler*, Die Polizei 2010, 123.

[6] Vgl. Hessischer VGH InfAuslR 2005, 304; 1993, 69; 1996, 142; VGH Baden-Württemberg InfAuslR 1992, 168; *Renner*, NVwZ 1993, 729; Überblick über den Meinungsstand bei *Ott*, Zur Abgrenzung von unerlaubter Einreise und der Einreise ohne erforderliches Visum, ZAR 1994, 76; *Kloesel/Christ/Häuser*, § 58 AuslG Rn. 5, 7.

unerlaubt ein, wenn er überhaupt keinen Aufenthaltstitel besitzt. Die Einreise mit dem „falschen“ Titel (Touristenvisum, obwohl der Ausländer einen Daueraufenthalt anstrebt) ist dennoch **keine unerlaubte** Einreise. Diese Rechtsauffassung bringt für die kontrollierenden Behörden den Vorteil der Einfachheit mit sich. Die Belange des Arbeitsmarkts werden gleichwohl geschützt: Der Inhaber eines Schengen-Visums kann nämlich an der Grenze zurückgewiesen werden, wenn er beabsichtigt, im Bundesgebiet eine Erwerbstätigkeit auszuüben (§ 15 Abs. 2 Nr. 2a AufenthG). Der Anhang-I-Staater, der nur mit einem Schengen-Visum einreist, kann auch im Bundesgebiet wegen § 5 Abs. 2 Satz 1 Nr. 2 AufenthG keine Aufenthaltserlaubnis bekommen.

Drittstaatsangehörige, die im Besitz eines nationalen Aufenthaltstitels nach Art. 21 SDÜ oder eines nationalen Visums nach Art. 18 SDÜ sind, reisen nicht unerlaubt ein, wenn sie beabsichtigen, sich länger als drei Monate in Deutschland aufzuhalten.[8] **92**

2. Von der Visumpflicht befreite Drittstaatsangehörige

Ein gemäß Art. 1 Abs. 2 EU-VisumVO von der Visumpflicht befreiter Drittstaatsangehöriger (Anhang-II-Staater) kann, nur weil er kein Visum besitzt, nicht unerlaubt einreisen, selbst dann nicht, wenn er von Anfang an beabsichtigt, länger als drei Monate im Bundesgebiet zu bleiben oder hier eine Erwerbstätigkeit auszuüben[9]. Diese Rechtsansicht ist ebenfalls nicht unbestritten. Einige Oberverwaltungsgerichte[10] beurteilen die Einreise eines Drittstaatsangehörigen, der von Anfang an plant, sich länger als drei Monate im Bundesgebiet aufzuhalten, als unerlaubt. Auch hier sei jedoch auf die Absicht des Gesetzgebers, wie sie in der Entwurfsbegründung zum Ausdruck gebracht wird, hingewiesen, wonach die Frage der Erlaubtheit der Einreise eingedenk des früheren Meinungsstreits nunmehr ausschließlich nach objektiven Kriterien zu beurteilen sein soll.[11] Der Anhang-II-Staater kann aber an der Grenze zurückgewiesen werden (§ 15 Abs. 2 Nr. 2, 2a AufenthG). **93**

3. Asylbewerber

Die **Einreise eines grundsätzlich visumpflichtigen Ausländers, der im Bundesgebiet um Asyl nachsucht**, aus dem Verfolgungsland ohne den sonst erforderlichen Sichtvermerk soll nach einer in der Rechtsprechung vertretenen Auffassung nicht als unerlaubt i. S. d. § 14 AufenthG gewertet werden.[12] **94**

[7] BT-Drucks. 15/420 S. 73.

[8] *Westphal/Stoppa*, AuslR, 3. A. 2007, S. 340.

[9] OVG Lüneburg, Urteil v. 31. 7. 1997 – 4 M 3063/97; OVG Bremen InfAuslR 1995, 107; *Renner*, § 8 AuslG Rn. 8; Hessischer VGH EZAR 622 Nr. 20.; ausführlich: *Zeitler*, HTK-AuslR / § 14 AufenthG / zu Abs. 1.

[10] OVG Rheinland-Pfalz v. 11. 5. 1994 – 7 B 11196/94 – InfAuslR 1994, 352; OVG NRW InfAuslR 1994, 138; OVG Schleswig-Holstein, Urteil v. 4. 1. 1996 – 4 M 123/95 – jeweils noch zur alten Rechtslage.

[11] BT-Drucks 15/420 S. 73.

95 Aus den §§ 13 Abs. 3, 18, 19 Abs. 3 AsylVfG ergibt sich allerdings, dass auch bei **Asylsuchenden** eine unerlaubte Einreise grundsätzlich möglich ist. Ein Ausländer, der nicht im Besitz der erforderlichen Einreisepapiere ist, hat gemäß § 13 Abs. 3 Satz 1 AsylVfG an der Grenze um Asyl nachzusuchen. Ein Asylsuchender, der Anhang-I-Staater ist, kein Visum besitzt und nicht an der Grenze um Asyl nachsucht, ist somit unerlaubt eingereist. Davon geht auch § 13 Abs. 3 AsylVfG seinem eindeutigen Wortlaut nach aus. Auch § 18 Abs. 3 AsylVfG, der die Zurückschiebung von Asylsuchenden, die aus einem sicheren Drittstaat eingereist sind, ermöglicht, geht von einer unerlaubten Einreise aus. Die Umstände der Flucht, insbesondere die Abhängigkeit von Fluchthelfern und Schleppern, kann dazu führen, dass ein Nachsuchen an der Grenze nicht möglich ist. Der Betroffene hat dann aber die Möglichkeit, sich unverzüglich bei der Polizei oder Ausländerbehörde zu melden (§ 13 Abs. 3 Satz 2 AsylVfG). Unverzüglich ist die Meldung aber nur dann, wenn sie ohne schuldhaftes Zögern erfolgt (vgl. § 121 BGB). Regelmäßig ist hierfür eine Meldung in den ersten Tagen nach der unerlaubten Einreise erforderlich.[13] Das Gesetz gibt dem Betroffenen gewissermaßen eine **zweite Chance**. Kommt der Ausländer dieser Verpflichtung nach, ist die unerlaubte Einreise nach § 95 Abs. 5 i. V. m. Art. 31 Abs. 1 GFK nicht strafbar.

96 Ein Ausländer, der die Zeit verstreichen lässt und erst dann um Asyl nachsucht, wenn er von der Polizei aufgegriffen wird, kann sich nicht auf den persönlichen Strafaufhebungsgrund des Art. 31 Abs. 1 GFK berufen.

97 Der Strafaufhebungsgrund betrifft im Übrigen nur den Straftatbestand des § 95 Abs. 1 Nr. 3 AufenthG, also die unerlaubte Einreise. Gebraucht der Asylbewerber falsche Ausweispapiere kommt eine Bestrafung wegen § 267 StGB in Betracht.[14] Eine Rechtfertigung nach § 34 StGB scheidet hier aus.[15]

4. Unionsbürger

Unionsbürger können nicht unerlaubt nach Deutschland einreisen. Dies ergibt sich eindeutig aus § 11 Abs. 1 FreizügG/EU. Danach sind die §§ 14 Abs. 1 und 11 Abs. 1 AufenthG auf freizügigkeitsberechtitgte Unionsbürger und deren Familienangehörige nicht anwendbar.

---

[12] BVerwG v. 15. 5. 1984 – 1 C 59/81 –; OVG NRW NVwZ 1992 = DÖV 1992, 540, 704; OVG Berlin v. 10. 11. 1992 – 8 B 100.92 –; OVG Koblenz InfAuslR 1992, 365; OVG Berlin, v. 10. 11. 1992 – 8 B 100.92 –; VGH Baden-Württemberg, v. 12. 2. 1992 – 11 S 3104/91 –; die Visumsbestimmungen sind allerdings zu beachten, wenn der Ausländer nach erfolglosem Asylverfahren im Bundesgebiet einen Aufenthaltstitel will.

[13] Nr. 95.5.5 AufenthG-VwV.

[14] *Senge* in: Erbs/Kohlhaas, Strafrechtliche Nebengesetze, AufenthG – Stand: März 2008 – § 95 Rn. 25 m. w. N.

[15] OLG München, Beschluss v. 29. 3. 2010 – 5St RR II 79/10.

Es gibt im Freizügigkeitsrecht aber eine Entsprechung zur unerlaubten Einreise nach § 14 Abs. 1 Nr. 3 AufenthG: Gemäß § 6 Abs. 1 Satz 1 FreizügG/EU kann die Ausländerbehörde aus Gründen der öffentlichen Ordnung, Sicherheit oder Gesundheit durch Verwaltungsakt den Verlust der Freizügigkeit feststellen (vgl. Rn. **??** f.). Eine derartige **Verlustfeststellung** führt nach § 7 Abs. 1 Satz 1 FreizügG/EU zur Ausreisepflicht und gemäß § 7 Abs. 2 Satz 1 FreizügG/EU zu einem Einreise- und Aufenthaltsverbot. Die Regelung des § 7 Abs. 2 Satz 1 FreizügG/EU entspricht der oben dargestellten Regelung des § 11 Abs. 1 Satz 1 AufenthG. Ein Verstoß gegen dieses Verbot ist strafbewehrt, § 9 FreizügG/EU.

KAPITEL 6

Erwerbstätigkeit

I. Begriff

Erwerbstätigkeit ist nach der Legaldefinition des § 2 Abs. 2 AufenthG die **selbstständige Tätigkeit** und die **Beschäftigung** i. S. v. § 7 des Vierten Buches Sozialgesetzbuch. Der Begriff der Erwerbstätigkeit setzt eine auf **Gewinnerzielung gerichtete Verrichtung von gewisser Dauer und Intensität** voraus. Gefälligkeitsdienste erfüllen daher nicht den Begriff der Erwerbstätigkeit. Etwas anderes gilt allerdings im Fall von sich wiederholenden Gelegenheitsarbeiten. Die Erwerbstätigkeit kann jedoch durchaus in einer einmaligen Aktion gesehen werden (der Ausländer verkauft an einem Tag eigene Erzeugnisse auf einem Markt). **98**

1. Beschäftigung

§ 7 Abs. 1 SGB IV versteht unter Beschäftigung „die nicht selbstständige Arbeit, insbesondere in einem Arbeitsverhältnis. Anhaltspunkte für eine Beschäftigung sind eine **Tätigkeit nach Weisungen** und eine **Eingliederung in die Arbeitsorganisation des Weisungsgebers**". **99**

Beschäftigte sind auch erwerbstätige Personen, die aufgrund der tatsächlichen Ausgestaltung des Beschäftigungsverhältnisses zu den abhängigen Beschäftigten zählen, aber als Selbstständige auftreten. Rechtlich gesehen sind sie Arbeitnehmer, sodass für sie Beiträge zur Sozialversicherung (Kranken-, Renten-, Pflege- und Arbeitslosenversicherung) zu entrichten sind. Sogenannte **Scheinselbstständigkeit** kann somit angenommen werden, wenn der Ausländer in Verträgen als „Unternehmer" oder „freier Mitarbeiter" bezeichnet wird, seine Arbeit von ihrem typischen Erscheinungsbild jedoch derjenigen eines Angestellten entspricht.

Indizien für Scheinselbstständigkeit[1] sind:

- Der „Unternehmer" arbeitet selbst
- Er führt Weisungen des Auftraggebers insbesondere im Hinblick auf die Anwesenheit aus
- generell keine freie Arbeitsgestaltung (Arbeitszeit, Arbeitsort, Arbeitsumfang)
- Es gibt nur einen Auftraggeber
- Es gibt keine Angestellten

2. Selbstständige Erwerbstätigkeit

100 Selbstständige Erwerbstätigkeit ist Erwerbstätigkeit, die nicht unter den Beschäftigungsbegriff fällt (Negativ-Definition).

Ein **Straßenmusiker**, der durch Aufstellen eines Hutes oder sonstigen Behältnisses die Passanten um einen Geldbetrag bittet, tut dies regelmäßig in Gewinnerzielungsabsicht. Es handelt sich um **selbstständige Erwerbstätigkeit**.[2]

Führungskräfte in der Wirtschaft sind nur dann selbstständig, wenn sie das Unternehmen beherrschen (vgl. hierzu §§ 1, 4 BeschV).

Prostitutionsausübung ist als eine auf Gewinnerzielung gerichtete Betätigung und somit eine Erwerbstätigkeit.[3] Prostitution kann selbstständige Erwerbstätigkeit („Zimmermieterin") oder eingeschränkte Beschäftigung[4] sein.

II. Erlaubnispflicht

101 § 4 Abs. 3 AufenthG ist die **zentrale Regelung der Ausländererwerbstätigkeit**. Nach Satz 1 dieser Bestimmung dürfen Ausländer eine Erwerbstätigkeit (selbstständig oder unselbstständig) nur ausüben, **wenn der Aufenthaltstitel sie dazu berechtigt**. Nach Satz 2 dürfen Ausländer nur beschäftigt oder mit anderen entgeltlichen Dienst- oder Werkleistungen beauftragt werden, wenn sie einen solchen Aufenthaltstitel besitzen. Satz 1 wendet sich somit an den Ausländer; Satz 2 an den potenziellen Arbeitgeber bzw. Auftraggeber. Diese Regelungstechnik entspricht somit dem „präventiven Verbot mit Erlaubnisvorbehalt".

[1] Vgl. hierzu: Hamburgisches OVG, Beschluss v. 7. 9. 1995 – Bs IV 150/95.

[2] Vgl. hierzu: *Fehrenbacher*, ZAR 2002, 58.

[3] Prostitution ist seit dem Gesetz zur Regelung der Rechtsverhältnisse der Prostituierten (Prostitutionsgesetz vom 20. 12. 2001 (BGBl I 2001, 3983) nicht mehr als sittenwidrige Tätigkeit anzusehen.

[4] Vgl. §§ 1, 3 ProstG, prakt. ohne Bedeutung.

Die bedeutet: Die Ausübung einer Erwerbstätigkeit ist grundsätzlich verboten, kann aber erlaubt werden.

Wann die Ausübung einer Erwerbstätigkeit erlaubt ist, regelt § 4 Abs. 2 Satz 1 AufenthG. **102**
Danach ergibt sich das Recht zur Ausübung einer Erwerbstätigkeit für den Inhaber einer Aufenthaltserlaubnis entweder direkt aus dem Aufenthaltsgesetz oder die Aufenthaltserlaubnis erlaubt auch die Erwerbstätigkeit. Der Ausländer bekommt damit mit einer einzigen Behördenentscheidung sowohl die Erlaubnis für den Aufenthalt als auch die Erlaubnis für die Erwerbstätigkeit.

Beispiel 9: Im Falle einer Aufenthaltserlaubnis für die ausländische Ehefrau eines Deutschen ergibt sich das Recht der Ehefrau zur Ausübung einer Erwerbstätigkeit unmittelbar aus dem Gesetz. § 28 Abs. 5 AufenthG lautet: „Die Aufenthaltserlaubnis berechtigt zur Ausübung einer Erwerbstätigkeit." Die Ausländerbehörde muss hier keine Entscheidung treffen, ob der Ehefrau die Erwerbstätigkeit gestattet werden soll oder nicht.

Beispiel 10: Ist die Ausübung einer Erwerbstätigkeit der Hauptaufenthaltszweck, darf die für diesen speziellen Aufenthaltszweck erforderliche Aufenthaltserlaubnis gem. § 18 AufenthG nur mit Zustimmung der Arbeitsagentur erteilt werden. Der Inhaber einer Aufenthaltserlaubnis nach § 18 AufenthG darf arbeiten, weil die Ausländerbehörde ihm dies ausdrücklich erlaubt hat.

Für beide Fälle gilt der § 4 Abs. 2 Satz 2 AufenthG. Danach muss die Berechtigung **103**
zur Ausübung einer Erwerbstätigkeit aus dem Titel ersichtlich sein. Diese Bestimmung richtet sich an die Behörde und verpflichtet diese, in der jeweiligen Aufenthaltserlaubnis zu vermerken: „Erwerbstätigkeit erlaubt." So kann die Polizei im Falle einer Kontrolle stets feststellen, ob der Ausländer zur Ausübung einer Erwerbstätigkeit berechtigt ist oder nicht.[5]

Beispiel 11: Auf einer Baustelle wird ein weißrussischer Staatsangehöriger mit einem Schengen-Visum angetroffen. Das Visum enthält keinen Eintrag. Die Erwerbstätigkeit ist rechtswidrig.

III. Konsequenzen eines Verstoßes

Ein Ausländer, der nur über ein **Schengen-Visum** verfügt oder für einen kurzfristigen **104**
Aufenthalt von der Visumpflicht befreit ist (Anhang-II-Staater gemäß Art. 1 Abs. 2 EU-VisumVO) und beabsichtigt, entgegen § 4 Abs. 3 Satz 1 AufenthG eine Erwerbstätigkeit auszuüben, kann gemäß § 15 Abs. 2 Nr. 2a AufenthG bereits an der Grenze zurückgewiesen werden. Die Grenzpolizei muss aufgrund äußerer Umstände auf die entsprechende Absicht

[5] Ergibt sich allerdings das Recht zur Ausübung direkt aus dem Gesetz und die Ausländerbehörde hat – rein hypothetisch – den Eintrag vergessen, wäre eine gleichwohl erfolgte Erwerbstätigkeit nicht rechtswidrig!

schließen können. Derartige Umstände können sich aus einer Befragung ergeben oder aus sonstigen Modalitäten der Einreise, z. B. wenn der Ausländer Werkzeuge mitführt oder sich in dem Fahrzeug mehrere Männer in Arbeitskleidung befinden (Bautrupp). Das Visum wird aufgehoben (s. u. Rn. 106).

105 Wenn ein **Anhang-II-Staater** im Bundesgebiet eine Erwerbstätigkeit aufnimmt, entfällt für ihn gemäß § 17 Abs. 1 AufenthV die Befreiung vom Erfordernis eines Aufenthaltstitels. Der Ausländer hält sich dann entgegen § 4 Abs. 1 AufenthG ohne erforderlichen Aufenthaltstitel im Bundesgebiet auf. Der Betroffene ist nach den §§ 50 Abs. 1, 58 Abs. 2 Nr. 2 AufenthG vollziehbar ausreisepflichtig. Der Ausländerbehörde ist darüber Meldung zu machen (§ 87 Abs. 2 AufenthG).

106 Anders ist die Rechtslage im Falle eines **Anhang-I-Staaters**. Besitzt er einen gültigen Aufenthaltstitel, hält er sich stets rechtmäßig im Bundesgebiet auf. Dies gilt auch dann, wenn er eine Erwerbstätigkeit ausübt, ohne aus dem Titel dazu berechtigt zu sein. Die verbotswidrige Erwerbstätigkeit führt nicht zum Wegfall des Aufenthaltstitels. Handelt es sich um einen Ausländer, der sich mit einem Schengen-Visum (Art. 2 Nr. 1, 21 VK) im Bundesgebiet aufhält, *muss* die zuständige Behörde (Ausländerbehörde oder Bundespolizei) das Visum gem. Art. 34 Abs. 2 VK[6] **aufheben**, da die Erteilungsvoraussetzungen wegen des Verstoßes gegen § 4 Abs. 3 AufenthG weggefallen sind. Gibt es ernsthafte Gründe zu der Annahme, dass das Visum durch arglistige Täuschung erlangt wurde, ist es gemäß Art. 34 Abs. 1 VK zu **annullieren**. Im zuletzt genannten Fall ist das Visum dann als von Anfang an nichtig anzusehen. Mangels Vorsatz dürfte in diesen Fällen aber eine Straftat nach § 95 Abs. 1 Nr. 1 und 2 AufenthG nicht gegeben sein. Die Polizei sollte die Ausländerbehörde über das Vorliegen der Voraussetzungen des Art. 34 VK in Kenntnis setzen.

107 Ein Ausländer, der eine **Beschäftigung ohne Erlaubnis** ausübt, erfüllt den **Bußgeld-Tatbestand** des § 404 Abs. 2 Nr. 4 SGB III[7]; die unerlaubte selbstständige Erwerbstätigkeit verstößt gegen § 98 Abs. 3 Nr. 1 AufenthG. Beide Bußgeldbestimmungen sind praktisch nur für die unerlaubte Erwerbstätigkeit von Anhang-I-Staatern relevant, da sich der eine Erwerbstätigkeit aufnehmende Anhang-II-Staater ohne erforderlichen Aufenthaltstitel (§ 4 Abs. 1 AufenthG) vollziehbar ausreisepflichtig (§§ 50 Abs. 1, 58 Abs. 2 Satz 1 Nr. 2 AufenthG) im Bundesgebiet aufhält. Besitzt der Anhang-II-Staater keine Duldung, erfüllt er den Straftatbestand des § 95 Abs. 1 Nr. 2 AufenthG.

108 Ein **Anhang-I-Staater**, der sich mit einem **Schengen-Visum** im Bundesgebiet aufhält und **vorsätzlich** den Tatbestand des § 404 Abs. 2 Nr. 4 SGB III bzw. § 98 Abs. 3 Nr. 1 AufenthG erfüllt, macht sich ebenfalls **strafbar** nach § 95 Abs. 1a AufenthG.

[6] Die bundesgesetzliche Widerrufsregelung in § 52 Abs. 7 AufenthG wird durch die europarechtliche und damit höherrangige Regelung des Art. 34 VK verdrängt.

[7] Sozialgesetzbuch (SGB) Drittes Buch (III) – Arbeitsförderung – (Artikel 1 des Gesetzes vom 24. März 1997, BGBl. I S. 594).

Das an den Ausländer adressierte Verbot der Ausübung einer Erwerbstätigkeit wird in § 4 Abs. 3 Satz 2 AufenthG ergänzt durch ein präventives **Beauftragungs- und Beschäftigungsverbot**. Dieses richtet sich an den potenziellen **Arbeitgeber** oder **Auftraggeber**.[8] Ein Verstoß gegen das *Beauftragungsverbot* wird sanktioniert durch den Bußgeldtatbestand in § 98 Abs. 2a AufenthG. Die vorsätzliche oder fahrlässige *Beschäftigung* eines Ausländers entgegen § 4 Abs. 3 AufenthG erfüllt den Bußgeldtatbestand des § 404 Abs. 2 Nr. 3 SGB III. Gleiches gilt, wenn bekannt ist, dass ein Subunternehmer gegen diese Bestimmungen verstößt (§ 404 Abs. 1 SGB III). Gemäß § 11 Abs. 1 SchwarzArbG wird mit Freiheitsstrafe bis zu einem Jahr oder mit Geldstrafe bestraft, wer **gleichzeitig mehr als fünf Ausländer** entgegen § 284 Abs. 1 des Dritten Buches Sozialgesetzbuch *beschäftigt* oder entgegen § 4 Abs. 3 Satz 2 AufenthG beschäftigt oder mit Dienst- oder Werkleistungen *beauftragt*. 109

IV. Ausnahmen

Die obigen Ausführungen gelten nur, wenn es sich bei der auf Gewinnerzielung gerichteten Tätigkeit des Ausländers auch um eine *Erwerbstätigkeit i. S. d. Gesetzes* handelt. Bezüglich der Beschäftigung ergeben sich Ausnahmen zu § 4 Abs. 3 Satz 1 AufenthG aus § 16 BeschV. Danach gelten Tätigkeiten nach den §§ 2 und 4 bis 13 BeschV **nicht als Beschäftigung** i. S. d. Aufenthaltsgesetzes, wenn sie lediglich **bis zu drei Monaten innerhalb eines Zeitraumes von zwölf Monaten** im Inland ausgeübt werden. Gleiches gilt für Tätigkeiten von Personen, die nach den §§ 23 bis 30 AufenthV vom Erfordernis eines Aufenthaltstitels befreit sind (Flugpersonal). Nachfolgend sollen ein paar Ausnahmeregelungen vorgestellt werden. 110

Gemäß § 17 Abs. 2 Satz 1 AufenthV gelten die **Ausnahmeregelungen auch für selbstständige Tätigkeiten**, wenn diese den §§ 2 und 4 bis 13 BeschV **entsprechen**.

Liegt einer der Ausnahmetatbestände vor, hat dies folgende Konsequenzen: 111

Der *Anhang-I-Staater* kann die Tätigkeit auch ausüben, wenn er sich mit einem Schengen-Visum im Bundesgebiet aufhält. Die Berechtigung muss sich nicht aus dem Aufenthaltstitel ergeben. Der *Anhang-II-Staater* verliert nicht seine Befreiung vom Erfordernis eines Aufenthaltstitels. Er benötigt trotz Erwerbstätigkeit keinen Aufenthaltstitel (vgl. § 17 Abs. 2 Satz 3 AufenthV).

1. Ausnahmen nach §§ 16, 6 BeschV (Aufkäufer)

Wer für einen Arbeitgeber mit Sitz im Ausland in Deutschland Waren aufkauft (dies 112

[8] Arbeitgeber ist derjenige (Deutsche oder Ausländer), der den Ausländer beschäftigt; Auftraggeber ist derjenige, der den Ausländer zur Ausübung einer selbstständigen Erwerbstätigkeit beauftragt.

können auch Kraftfahrzeuge sein), tut dies zwar in Gewinnerzielungsabsicht. Gleichwohl handelt es sich dabei nicht um eine Erwerbstätigkeit i. S. d. Aufenthaltsgesetzes, wenn der Ausländer sich maximal drei Monate während eines Zeitraums von zwölf Monaten im Bundesgebiet aufhält und seinen „gewöhnlichen Aufenthalt" im Ausland beibehält, also seinen Lebensmittelpunkt nicht nach Deutschland verlagert. Der gemäß § 15 AufenthV, Art. 1 Abs. 1 EU-VisumVO von der Visumpflicht befreite Aufkäufer kann sich somit trotz Erwerbstätigkeit ohne Aufenthaltstitel in Deutschland aufhalten.

Beispiel 12: Der russische Staatsangehörige R. hält sich mit einem Schengen-Visum einen Monat in Deutschland auf, um hier im Auftrag seines russischen Arbeitgebers gebrauchte Maschinen zu kaufen, die nach Russland exportiert werden sollen. Gemäß § 6 Nr. 2 BeschV i. V. m. § 16 BeschV gilt diese Tätigkeit nicht als Erwerbstätigkeit, weshalb sich R. rechtmäßig verhält und keine OWi begeht.

2. Ausnahmen nach §§ 16, 13 BeschV (Fahrer)

Danach können Fahrer im Rahmen des grenzüberschreitenden Verkehrs trotz Erwerbstätigkeit gemäß § 15 AufenthV vom Erfordernis eines Aufenthaltstitels befreit sein. § 13 BeschV unterscheidet zwei Fälle: Das ausländische Unternehmen hat seinen **Sitz im europäischen Wirtschaftsraum**[9] (1. Alternative) oder **außerhalb des EWR** (2. Alternative).

113 **1. Alternative:** Im ersten Fall ist die Befreiung gegeben, wenn der Aufenthalt und die Beschäftigung des Ausländers im Sitzstaat des Unternehmens rechtmäßig sind und er dort auch tatsächlich einer Beschäftigung nachgehen darf. Die Rechtmäßigkeit des Aufenthalts und der Beschäftigung wird durch die sog. **EU-Fahrerbescheinigung** nachgewiesen, die eine Bestätigung der nationalen Zulassung zum Aufenthalt und zum Arbeitsmarkt enthält (Verordnung (EWG) Nr. 881/92 des Rates vom 26. 3. 1992).

Soweit die Beschäftigung, die in Deutschland ausgeübt werden soll, in dem Sitzstaat des Unternehmens rechtmäßig ohne Aufenthalts- und/oder Arbeitsgenehmigung zulässig ist und sich die Befreiung nicht nur darauf beschränkt, dass das Personal keinen Wohnsitz im Sitzstaat des Unternehmens begründet oder die Beschäftigung ausschließlich außerhalb des Sitzstaats des Unternehmens erfolgt, kann die Befreiung durch ein entsprechendes **Negativattest i. S. v. § 7b GüKG** (Güterkraftverkehrsgesetz) nachgewiesen werden.

114 **2. Alternative:** Wenn das Unternehmen seinen Sitz außerhalb des EWR hat und das Fahrzeug dort auch zugelassen ist, besteht die Befreiung für drei Monate innerhalb eines Zeitraums von sechs Monaten.

Beispiel 13: U. ist ukrainischer Staatsangehöriger. Er ist als Fahrer bei einer kroatischen Spedition beschäftigt. Das Unternehmen hat seinen Sitz außerhalb des EWR, der Lkw

[9] EU sowie Island, Norwegen und Liechtenstein.

ist dort zugelassen. Als visumpflichtiger Anhang-I-Staater benötigt U. für Einreise und Aufenthalt stets einen Aufenthaltstitel, z. B. ein Visum. Aus § 13 Abs. 1 Nr. 2 BeschV ergibt sich, dass dieser Aufenthaltstitel, obwohl für Beschäftigungszwecke erteilt, ohne Zustimmung der *Bundesagentur* erteilt werden kann. Aus § 16 BeschV i. V. m. § 13 Abs. 1 Nr. 2 BeschV ergibt sich, dass der grenzüberschreitende Güterverkehr für 3/12 Monate nicht als Beschäftigung anzusehen ist. U. darf die Tätigkeit ausüben, obwohl sich aus dem Aufenthaltstitel (Visum) keine Beschäftigungserlaubnis ergibt. Dies stellt eine Ausnahme zu § 4 Abs. 3 Satz 1 AufenthG dar. Der Betroffene begeht demzufolge auch keine OWi nach § 404 SGB III und hält sich legal im Bundesgebiet auf.

Für die Annahme eines grenzüberschreitenden Verkehrs genügt es, wenn eine Landesgren- **115**
ze überschritten wird. Zum grenzüberschreitenden Verkehr gehört auch der Transitverkehr einschließlich des Verkehrs von Deutschland in die EU-/EWR-Staaten. Die **Kabotage**, d. h. die Erbringung von Beförderungsleistungen innerhalb von Deutschland, ist **unzulässig**, innerhalb des EWR ist sie zulässig. Die zeitliche Beschränkung gilt nicht für Kraftfahrer im grenzüberschreitenden Straßenverkehr, die lediglich Güter oder Personen durch das Bundesgebiet **hindurchbefördern**, ohne dass die Güter oder Personen das Transportfahrzeug wechseln (§ 17 Abs. 2 Satz 2 AufenthV).

3. Ausnahmen nach §§ 16, 7 Nr. 1 BeschV (Künstler)

Eine **künstlerische Betätigung** von besonderem Wert ist unter den Voraussetzungen des **116**
§ 7 Nr. 1 BeschV grundsätzlich keine Erwerbstätigkeit i. S. d. § 17 AufenthV, und zwar auch dann nicht, wenn sie gegen Entgelt ausgeübt wird. Eine künstlerische Tätigkeit übt nach einer Entscheidung des *Bundesfinanzhofs* aus, wer „eine eigenschöpferische Leistung vollbringt, in der seine individuelle Anschauungsweise und Gestaltungskraft zum Ausdruck kommt und die über eine hinreichende Beherrschung der Technik hinaus grundsätzlich eine gewisse künstlerische Gestaltungshöhe erreicht.“[10]

Darüber hinaus verlangt § 7 Nr. 1 BeschV eine künstlerische Betätigung **von besonderem Wert**. Die Unterscheidung künstlerischer Darbietungen mit und ohne besonderen Wert ist sehr schwierig und für den kontrollierenden Polizeibeamten, der in kürzester Zeit eine Entscheidung treffen muss, fast unmöglich. Hier hilft nur ein ganz grobes Raster:

Eine künstlerische Betätigung ist nur dann von besonderem Wert, wenn sie gleichartige Betätigungen deutlich überragt. Dem entscheidenden Beamten muss hierbei ein Beurteilungsspielraum eingeräumt werden. Bei Auftritten auf Theaterbühnen und in Konzertsälen spricht der erste Anschein für eine künstlerische Betätigung von besonderer Bedeutung. Im Fall von Straßenmusik deutet der erste Anschein auf eine künstlerische Betätigung hin, die keine besondere Bedeutung aufweist. Allerdings kann es auch hier

[10] BFH, Urteil v. 23. 9. 1998 – XI R 71/97.

Ausnahmen geben. Keine besondere Bedeutung dürfte den Auftritten der in allen größeren deutschen Städten anzutreffenden peruanischen Volksmusikgruppen beizumessen sein.

4. Ausnahmen nach §§ 16, 7 Nr. 3 BeschV (Tagesdarbietungen)

117 Keine Erwerbstätigkeit gemäß § 17 AufenthV ist gegeben bei Personen, die in **Tagesdarbietungen** bis zu fünfzehn Tage im Jahr auftreten.

Beispiel 14: DJ, Models bei Modenschau, Zauberer, Artist.

Um eine Tagesdarbietung handelt es sich, wenn außerhalb des üblichen Geschäftsablaufes eine besondere Veranstaltung, die auch nach außen hin als solche erkennbar ist, durchgeführt wird. Eine Tagesdarbietung wird grundsätzlich z. B. durch Annoncen in der Presse oder Plakate besonders angekündigt.

Nach Ansicht des *BayObLG München* benötigen deshalb Ausländer, die im Bundesgebiet mehrere Tage hintereinander als Straßenmusikanten auftreten, einen Aufenthaltstitel.[11]

Nicht von der Titelpflicht befreit sind deshalb auch **Tabledance**- sowie **Striptease-Darbietungen** (keine Kunst von besonderer Bedeutung und keine Tagesdarbietungen).

V. Auflagen der Bundesagentur

118 Gemäß § 39 Abs. 4 AufenthG kann die *Bundesagentur* die Dauer und die berufliche Tätigkeit festlegen sowie die Beschäftigung auf bestimmte Betriebe oder Bezirke **beschränken**. Gemäß § 4 Abs. 2 Satz 4 AufenthG sind Beschränkungen bei der Erteilung der Zustimmung durch die *Bundesagentur* in den Aufenthaltstitel zu übernehmen. Das Gesetz sagt nichts darüber aus, in welcher Form diese Übernahme zu erfolgen hat. Sinnvollerweise wird die Ausländerbehörde die eingeschränkte Zustimmung zur Beschäftigung und die Aufenthaltserlaubnis durch Beifügung einer Bedingung oder einer Auflage (§ 36 VwVfG) verbinden.

Beispiel 15: „*Gilt nur für die Beschäftigung als ..., bis zum ... bei ... (Arbeitgeber/Betrieb)!*“

119 Trifft die Polizei anlässlich einer Kontrolle den Ausländer bei einem anderen Arbeitgeber an, stellt sich die Frage, wie der Verstoß gegen die Beschränkung zu werten ist. Wenn dem Ausländer der Aufenthaltstitel ausschließlich für die Beschäftigung entsprechend dem Eintrag erteilt wurde, handelt es sich aus der Sicht des Adressaten um eine **Bedingung** mit

[11] BayObLG München DVBl 1997, 193 (nur Leitsatz).

der Konsequenz, dass er sich im Falle eines Arbeitgeberwechsels nicht mehr rechtmäßig in der Bundesrepublik aufhält (vgl. auch S. 57 ff.).

VI. Staatsangehörige der EU-Beitrittsstaaten

Wegen des auf absehbare Zeit fortdauernden Lohn- und Einkommensgefälles zwischen den **120** EU-Mitglieds- und den Beitrittsländern wurden für die Freizügigkeit von Arbeitnehmern Übergangsfristen vereinbart, nach deren Ablauf erst die volle Freizügigkeit eintritt. Die Übergangsfristen gelten nicht für Malta und Zypern.

Staatsangehörige aus den Beitrittsstaaten sind aufenthaltsrechtlich grundsätzlich gleich- **121** zubehandeln wie die Staatsangehörigen aus den bisherigen Mitgliedstaaten. Lediglich Arbeitnehmer haben erst dann die Rechte aus § 2 Abs. 1 FreizügG/EU, wenn die Arbeitsagentur für arbeitsgenehmigungspflichtige Beschäftigungen eine Arbeitsgenehmigung-EU erteilt hat (§ 284 SGB III).

Die Bundesregierung hat sowohl gegenüber den am 1. Mai 2004 als auch den am 1. Januar 2007 (Bulgarien und Rumänien) beigetretenen Staaten von den Übergangsregelungen Gebrauch gemacht und den Arbeitsmarktzugang bis zum 30. April 2011 beschränkt. Für Bulgarien und Rumänien gelten die Beschränkungen bis zum 31. Dezember 2011 und – sofern die Bundesregierung die Beschränkungen auch in der sog. 3. Phase aufrechterhält – noch bis zum 31. Dezember 2013.[12]

Ausländer, die entgegen § 284 SGB III eine Beschäftigung ausüben, erfüllen den Bußgeldtatbestand des § 404 Abs. 2 Nr. 4 SGB III.

Niedergelassene Selbstständige aus den Beitrittsstaaten genießen Freizügigkeit. Bezüglich **122** der Dienstleistungsfreiheit in den Bereichen Baugewerbe einschließlich verwandter Wirtschaftszweige, der Gebäude-, Inventar- und Verkehrsmittelreinigung sowie der Innendekoration sind die für Deutschland (und Österreich) vereinbarten „Schutzklauseln" zu beachten. Hier ist die Dienstleistungsfreiheit, wenn sie mit der Entsendung von Arbeitnehmern einhergeht, vorläufig eingeschränkt.

[12] Vgl. hierzu: *Fehrenbacher*, ZAR 2004, 240; *ders.*, HTK-AuslR / EU-Recht / EU-Erweiterung / Bulgarien und Rumänien; *ders.*: HTK-AuslR / EU-Recht / EU-Erweiterung 06/2009.

VII. Übersicht Erwerbstätigkeit

Erwerbstätigkeit

- Begriff: Selbstständige Tätigkeit und Beschäftigung (§ 2 Abs. 2 AufenthG)
- Recht zur Ausübung muss sich aus dem Titel ergeben (§ 4 Abs. 3 AufenthG)

Anhang-I-Staater mit Schengen-Visum:

- Erwerbstätigkeit nicht gestattet, § 4 Abs. 3 Satz 1 AufenthG
- Visum erlischt nicht mit Aufnahme der Erwerbstätigkeit
- aber: Aufhebung od. Annullierung gem. Art. 34 VK
- Beschäftigung: § 404 Abs. 2 Nr. 4 SGB III (OWi)
- Selbstständig: § 98 Abs. 3 Nr. 1 AufenthG (OWi)
- Straftat: § 95 Abs. 1a AufenthG

Anhang-I-Staater mit AE ohne Erlaubnis für Erwerbstätigkeit:

- Erwerbstätigkeit nicht gestattet, § 4 Abs. 3 Satz 1 AufenthG
- AE erlischt nicht mit Aufnahme der Erwerbstätigkeit
- kein Widerruf, da in § 52 AufenthG nicht vorgesehen
- Beschäftigung: § 404 Abs. 2 Nr. 4 SGB III (OWi)
- Selbstständig: § 98 Abs. 3 Nr. 1 AufenthG (OWi)

Anhang-II-Staater:

- Erwerbstätigkeit nicht gestattet, § 4 Abs. 3 Satz 1 AufenthG
- Befreiung (Art. 20 SDÜ, Art. 1 Abs. 2 EU-VisumVO, § 17 AufenthV) erlischt mit Aufnahme einer Erwerbstätigkeit
- Ausreisepflicht gem. § 50 AufenthG; ggf. Ausweisung § 55 Abs. 2 Nr. 2 AufenthG
- § 95 Abs. 1 Nr. 1 AufenthG

Arbeitgeber/Auftraggeber:

- Beauftragungs- und Beschäftigungsverbot gemäß § 4 Abs. 3 Satz 2 AufenthG
- Auftraggeber: § 98 Abs. 2a AufenthG (OWi)
- Arbeitgeber: § 404 Abs. 2 Nr. 1 SGB III (OWi)
- Generalunternehmer: § 404 Abs. 2 Nr. 2 SGB III (OWi)
- Straftat nach § 11 SchwarzArbG: mehr als 5 Ausländer od. beharrliche Wiederholung

Ausnahmeregelungen:

- Anhang-II-Staater: § 17 Abs. 2 AufenthV i. V. m. § 16 BeschV (Beschäftigung und selbstständige Tätigkeit)
- Anhang-I-Staater: § 4 Abs. 3 Satz 3 AufenthG i. V. m. § 16 BeschV (Beschäftigung)
- vollziehbar Ausreisepflichtiger (§ 60a AufenthG, Duldung): § 10 BeschVerfV: Erlaubnis zur Ausübung einer Beschäftigung (Ausnahme zu § 4 Abs. 3 AufenthG, da Duldung kein Aufenthaltstitel)

KAPITEL 7

Nebenbestimmungen

Die Nebenbestimmungen zum Verwaltungsakt sind allgemein in § 36 VwVfG geregelt. Es handelt sich dabei um Belastungen, die einem begünstigenden Verwaltungsakt beigefügt werden. Um echte Nebenbestimmungen handelt es sich dabei aber nur, wenn der Ausländer im Besitz eines Aufenthaltstitels (Visum, Aufenthaltserlaubnis) ist. Bedingungen, Auflagen sowie zeitliche und räumliche Beschränkungen sind jedoch auch möglich, wenn ein Ausländer vom Erfordernis des Aufenthaltstitels befreit ist (§ 12 Abs. 4 AufenthG). Bedingungen und Auflagen können auch gegenüber einem **vollziehbar ausreisepflichtigen Ausländer** verfügt werden (§ 61 Abs. 1 Satz 2 AufenthG). Auch hier handelt es sich eindeutig um selbstständige Verwaltungsakte.[1] **123**

Die Niederlassungserlaubnis darf bis auf die Einschränkung der politischen Betätigung nicht mit Nebenbestimmungen versehen werden (§ 9 Abs. 1 AufenthG). **124**

Nebenbestimmungen dienen der **Verhaltenssteuerung** zur Sicherung und Durchsetzung wichtiger öffentlicher Belange. Insoweit stehen die Nebenbestimmungen in gewisser Hinsicht in Konkurrenz zu den nach § 46 AufenthG möglichen **Ordnungsverfügungen**. **125**

I. Auflagen

Gemäß § 12 Abs. 2 Satz 2 AufenthG kann das Visum oder die Aufenthaltserlaubnis auch nachträglich mit Auflagen, insbesondere einer räumlichen Beschränkung, verbunden werden.

Beispiel 16: „*Jeder Arbeitsplatz- oder Wohnsitzwechsel ist der Ausländerbehörde mitzuteilen.*“

Von besonderer Bedeutung war bis zum 1. 1. 2005 die Auflage „unselbstständige Erwerbstätigkeit nicht gestattet“. Damit wurde angesichts der hohen Arbeitslosigkeit **126**

[1] *Armbruster*, HTK-AuslR / § 61AufenthG / zu Abs. 1 06/2011 Nr. 2.

im Bundesgebiet der heimische Arbeitsmarkt geschützt. Ein Verbot jeglicher Erwerbstätigkeit ergibt sich nunmehr aber unmittelbar aus dem Gesetz (§ 4 Abs. 3 Satz 1 AufenthG). Entsprechende Auflagen besitzen deshalb nur noch deklaratorische Bedeutung.

Beispiel 17: Die Polizei trifft in einer Gaststätte einen visumpflichtigen Drittstaatsangehörigen (Anhang-I-Staater), der dort als Kellner arbeitet. Sein Schengen-Visum ist gültig und enthält keine die Erwerbstätigkeit verbietende Auflage. Gemäß § 4 Abs. 3 Satz 1 AufenthG darf er die Beschäftigung nicht ausüben, weil der Titel sie nicht erlaubt (s. Rn. 98 ff.).

127 Auflagen sind auch denkbar zur **Weitergabe von Beschränkungen der Bundesagentur für Arbeit**.

Beispiel 18: Eva aus Ecuador möchte sich bei der Familie Schmitz als Au-pair-Mädchen aufhalten. Eva benötigt dafür eine Aufenthaltserlaubnis. Diese darf nur mit Zustimmung der Bundesagentur erteilt werden (§ 39 Abs. 1 AufenthG). Die *Bundesagentur* erteilt aber nur eine eingeschränkte Zustimmung: Eva darf nur als Au-pair arbeiten. Sie bekommt keinen freien Zugang zum Arbeitsmarkt. Diese Beschränkung taucht als Auflage wieder im Aufenthaltstitel auf: „*Beschäftigung nur gemäß § 20 BeschV erlaubt als Au-pair bei Familie … in …!*“

128 Insbesondere gegenüber vollziehbar ausreisepflichtigen, aber geduldeten Ausländern (§ 60a AufenthG) kommt eine sog. **Wohnsitzauflage** in Betracht. Hierbei wird dem Ausländer aufgegeben, seinen Wohnsitz in einer bestimmten Gemeinde zu nehmen. Eine derartige Auflage dient der gleichmäßigen Belastung der Länder und Gemeinden.

129 ***Wichtig***: Eine derartige Auflage ist **keine räumliche Beschränkung des Aufenthalts** (dazu siehe unten).

Der Ausländer kann den Wohnsitz also durchaus verlassen; er darf ihn nur nicht aufgeben. Wird ein Ausländer mit Wohnsitzauflage also von der Polizei außerhalb des zugewiesenen Bereichs angetroffen, liegt kein Auflagenverstoß vor! Die Wohnsitzauflage, ebenso wie z. B. eine sog. „Sparauflage“, mit der dem vollziehbar ausreisepflichtigen Ausländer aufgegeben wird, den Betrag für seine Rückreise anzusparen, kann genauso gut als selbstständige Ordnungsverfügung nach § 46 AufenthG angeordnet werden.

130 Auf **Schengen-Visa** eingetragene Auflagen können immer nur im Hoheitsgebiet der ausstellenden Behörde Rechtswirkungen entfalten. Französische Auflagen sind daher auf deutschem Hoheitsgebiet grundsätzlich unbeachtlich. Hier zeigt sich die mit dem Nebeneinander von nationalem und supranationalem Recht verbundene Problematik.

131 Wird gegen die Auflage verstoßen, bleibt das Aufenthaltsrecht grundsätzlich bestehen. Die **Ausländerbehörde** ist im Falle eines Auflagenverstoßes gemäß § 87 AufenthG zu **unterrichten**, da die Zuwiderhandlung einen Ausweisungsgrund darstellen kann. Der vorsätzliche oder fahrlässige Verstoß gegen eine vollziehbare Auflage erfüllt darüber hinaus den Ordnungswidrigkeitstatbestand in § 98 Abs. 3 Nr. 2 AufenthG. Vollziehbar ist die Auflage allerdings nur, wenn entweder die sofortige Vollziehbarkeit schriftlich angeordnet wurde (§ 80 Abs. 2 Satz 2 Nr. 4 VwGO) oder mit Eintritt der Bestandskraft. Letzteres ist bei ordnungsgemäßer schriftlicher Rechtsbehelfsbelehrung nach einem Monat, ansonsten nach einem Jahr der Fall. Besitzt der Ausländer nur ein Schengen-Visum für den kurzfristigen Aufenthalt, ist eine Auflage aus den genannten Gründen praktisch meist nicht vollziehbar.

Weitere mögliche Konsequenzen eines Auflagenverstoßes:

Wird gegen die Auflage verstoßen, bleibt das Aufenthaltsrecht bestehen. Da es sich bei Auflagen um Verwaltungsakte i. S. d. § 35 VwVfG handelt, können auch ausländerrechtliche Auflagen grundsätzlich mit den Mitteln des Verwaltungsvollstreckungsrechts durchgesetzt werden. In Betracht käme hier etwa die Festsetzung eines Zwangsgeldes. **132**

Gemäß § 49 Abs. 2 Nr. 2 VwVfG stellt die Nichtbefolgung einer Auflage einen Widerrufsgrund dar. Der Widerruf eines Aufenthaltstitels ist jedoch in § 52 AufenthG spezialgesetzlich und abschließend geregelt. Da der Auflagenverstoß dort nicht erfasst ist, scheidet ein Widerruf des Aufenthaltstitels in diesem Fall aus. **133**

Die Nichtbefolgung einer Auflage stellt aber einen Verstoß gegen eine behördliche Verfügung dar. Handelt es sich um einen wiederholten Verstoß oder um einen nicht geringfügigen Verstoß, so erfüllt dies den Ausweisungstatbestand des § 55 Abs. 2 Nr. 2 AufenthG. **134**

II. Räumliche Beschränkung

1. Begriff und Voraussetzung

Gemäß § 12 Abs. 1 Satz 1 AufenthG wird der Aufenthaltstitel grundsätzlich für das ganze Bundesgebiet erteilt. Gemäß § 12 Abs. 2 Satz 2 AufenthG kann die Behörde den Aufenthaltstitel mit einer räumlichen Beschränkung verbinden. Die räumliche Beschränkung ist damit eine gesetzlich ausdrücklich genannte **Auflage**. Dies bedeutet, dass sich ein Ausländer, der dagegen verstößt, **nicht** in strafbarer Weise **illegal im Bundesgebiet aufhält**. Die räumliche Beschränkung verbietet dem Ausländer, sich außerhalb des Teils des Bundesgebiets aufzuhalten, auf den der Aufenthalt beschränkt wurde.[2] § 12 Abs. 2 Satz 2 AufenthG enthält keine weiteren Tatbestandsvoraussetzungen. Die Anordnung muss aber insbesondere dem Zweck des Aufenthaltsgesetzes (Gefahrenabwehr) und dem Verhältnismäßigkeitsgrundsatz entsprechen. **135**

Beispiel 19: die räumliche Beschränkung eines Aufenthaltstitels auf das Land Baden-Württemberg zur Verhinderung eines potenziellen Mehrfachbezugs von Sozialhilfe. Nach

[2] VGH Baden-Württemberg InfAuslR 1994, 21.

Ansicht der Rechtsprechung ist diese räumliche Beschränkung nicht willkürlich oder unverhältnismäßig.[3]

136 Der Aufenthalt eines **vollziehbar ausreisepflichtigen Ausländers** (zur Vollziehbarkeit der gesetzlichen Ausreisepflicht s. u. S. 111 ff.) ist gemäß § 61 Abs. 1 Satz 1 AufenthG bereits **gesetzlich** räumlich auf das Gebiet eines Landes **beschränkt**. Der Ausländer darf sich also im Augenblick des Eintritts der Vollziehbarkeit seiner Ausreisepflicht nur noch in dem Bundesland aufhalten, in dem er gerade seinen gewöhnlichen Aufenthalt hat.[4] Der Aufenthalt eines Ausländers, gegen den eine vollziehbare Ausweisungsverfügung nach § 54 Nr. 5, 5a AufenthG oder eine vollziehbare Abschiebungsanordnung nach § 58a AufenthG besteht („Top-Gefährder"), ist ebenfalls gesetzlich auf den Bezirk der Ausländerbehörde beschränkt.

137 Gemäß § 56 AsylVfG ist Ausländern, die einen **Asylantrag** gestellt haben, der Aufenthalt beschränkt auf den Bezirk der Ausländerbehörde gestattet.

138 Die behördlich angeordnete (§ 12 Abs. 2 Satz 2 AufenthG) sowie die kraft Gesetzes bestehenden räumlichen Beschränkungen werden ergänzt durch die in § 12 Abs. 3 AufenthG geregelte **Verlassenspflicht**. Diese beinhaltet die Verpflichtung des Ausländers, den Teil der Bundesrepublik zu verlassen, in dem er sich einer räumlichen Beschränkung zuwider aufhält. Die Verlassenspflicht besteht nicht, wenn der Ausländer den Bereich **mit Erlaubnis der Ausländerbehörde** verlassen hat (§ 12 Abs. 5 AufenthG). Sucht der Ausländer bei der Ausländerbehörde um eine Erlaubnis nach, hat sie seine Interessen angemessen zu berücksichtigen. Für Asylbewerber bestimmen die §§ 57 und 58 AsylVfG, unter welchen Voraussetzungen der Bereich der Aufenthaltsgestattung verlassen werden darf.

139 Erlangt eine öffentliche Stelle Kenntnis von dem Verstoß gegen eine räumliche Beschränkung, kann gemäß § 87 Abs. 2 Satz 1 2. Halbs. AufenthG statt der Ausländerbehörde auch die **zuständige Polizeibehörde** (das ist der **Polizeivollzugsdienst**) unterrichtet werden. Die Polizei hat dann unverzüglich die Ausländerbehörde zu unterrichten. Die Unterrichtung der Polizei soll ermöglichen, dass unverzüglich die erforderlichen Maßnahmen gegen den Ausländer getroffen werden können.[5]

2. Durchsetzung der räumlichen Beschränkung

140 Verstößt ein Ausländer gegen die räumliche Beschränkung bzw. die gesetzliche Verlassenspflicht, stellt sich die Frage nach deren **zwangsweiser Durchsetzung**. Hierbei ist zu **unterscheiden**, ob es sich dabei um

- eine behördlich angeordnete räumliche Beschränkung,

[3] VGH Baden-Württemberg, a. a. O. (Fn. 2); BVerwG v. 19. 3. 1996 – 1 C 34.93.

[4] *Armbruster*, HTK-AuslR / § 61 AufenthG / zu Abs. 1 06/2011.

[5] BT-Drucks. 11/6321, S. 83.

- eine gemäß § 61 AufenthG für vollziehbar Ausreisepflichtige (Geduldete) bestehende räumliche Beschränkung oder
- eine räumliche Beschränkung der Aufenthaltsgestattung (§ 56 AsylVfG)

handelt.

Zuständig für die Durchsetzung der Verlassenspflicht ist neben der Ausländerbehörde (Parallelzuständigkeit) gemäß § 71 Abs. 5 AufenthG die Polizei. Im Falle von Asylbewerbern ergibt sich die spezialgesetzliche Zuständigkeit aus § 59 Abs. 3 Nr. 1 AsylVfG. Berücksichtigt man die regelmäßige Notwendigkeit unmittelbaren Zwangs in diesen Fällen, ist von einer **primären Zuständigkeit der Polizei** auszugehen. Die Grenzbehörde besitzt ausweislich der Zuständigkeitsregelung in § 71 Abs. 3 AufenthG keine Zuständigkeit.

a) Räumliche Beschränkung nach §§ 12 Abs. 2 Satz 2 und 61 Abs. 1 Satz 1 AufenthG

Im Falle eines Verstoßes gegen eine behördlich angeordnete räumliche Beschränkung (§ **141**
12 Abs. 2 Satz 2 AufenthG) oder die gesetzliche räumliche Beschränkung vollziehbar ausreisepflichtiger bzw. geduldeter Ausländer nach § 61 Abs. 1 AufenthG enthält das Aufenthaltsgesetz keine Vollstreckungsregelungen.

Damit bleibt es bei den allgemeinen vollstreckungsrechtlichen Grundsätzen, wonach vor Anwendung unmittelbaren Zwangs ein Grundverwaltungsakt zu erlassen ist oder zumindest eine Androhung erfolgen muss. Die Polizei kann den Betroffenen daher allenfalls – gestützt auf die polizeiliche Generalklausel – auffordern, der Verlassenspflicht des § 12 Abs. 3 AufenthG nachzukommen, also dorthin zu gehen, wo er sich aufhalten darf. Für den Fall der Nichtbefolgung kann ihm die Anwendung unmittelbaren Zwangs angedroht werden. Bei dieser Verfügung handelt es sich zwar um eine unaufschiebbare Maßnahme eines Polizeivollzugsbeamten nach § 80 Abs. 2 Satz 1 Nr. 2 VwGO, die somit auch sofort vollstreckt werden könnte. Dem Betroffenen ist aber zumindest Gelegenheit zu geben, der Verfügung freiwillig nachzukommen. Nur bei offenkundiger Nichtbefolgung, weil der Betroffene nicht will (er macht vor dem Bahnhof gleich wieder kehrt) oder mittellos ist, kommt eine zwangsweise Zurückverbringung in Betracht. Mangels einer gesetzlichen Regelung sind freiheitsentziehende Maßnahmen jedoch nicht zulässig.

b) Asylbewerber (§ 56 Abs. 1 Satz 1 AsylVfG)

Im Gegensatz zum Aufenthaltsgesetz enthält das **Asylverfahrensgesetz** in seinem § **142**
59 eine ausdrückliche **Ermächtigungsgrundlage** zur **Durchsetzung** der gesetzlichen Verlassenspflicht (§ 12 Abs. 3 AufenthG) eines Asylbewerbers. **Zuständig** sind gemäß §

59 Abs. 3 Nr. 1 AsylVfG die **Polizeien** der Länder (neben Grenzbehörde, Ausländerbehörde und Aufnahmeeinrichtung).

143 Bei Anwendung des § 59 Abs. 1 und 2 AsylVfG ist unter Berücksichtigung des Grundsatzes der Verhältnismäßigkeit eine abgestufte Vorgehensweise notwendig. Nach Feststellung der Personalien (wegen der begangenen Ordnungswidrigkeit) ist der Betroffene aufzufordern, in den von der Aufenthaltsgestattung erfassten Teil des Bundesgebietes zurückzukehren. Dabei sollen der Reiseweg und das Beförderungsmittel vorgeschrieben werden. Weigert sich der Betroffene oder handelt es sich um einen Wiederholungsfall, kommt eine zwangsweise Zurückverbringung in Betracht. Die in § 59 Abs. 2 AsylVfG vorgesehene Festnahme und Zurückverbringungshaft ist notwendig, wenn der Zeitraum zwischen Sistierung des Ausländers und der Abfahrt des nächsten Beförderungsmittels so lang ist, dass die Maßnahme insgesamt nicht mehr nur unmittelbarer Zwang, sondern schon Freiheitsentziehung ist. Auch im Fall einer notwendigen Verschubung wird eine richterliche Haftanordnung notwendig. Für das Verfahren wird auf die Ausführungen zur Abschiebungshaft (unten, S. 129 f.) verwiesen.

In der Praxis kann schon aus organisatorischen und finanziellen Gründen ein flächendeckendes Transportsystem nicht eingerichtet werden. Im Falle eines außerhalb des genehmigten Bereiches aufgegriffenen Ausländers wird daher regelmäßig der Ausweis einbehalten. Polizei oder Ausländerbehörde sendet diesen an die örtlich zuständige Ausländerbehörde. Dem Ausländer wird aufgegeben, zurückzukehren und den Ausweis dort abzuholen. Die **Einbehaltung des Ausweises** dient somit der Sicherung der gesetzlichen Verlassenspflicht. Die Maßnahme findet ihre Rechtsgrundlage in § 48 Abs. 1 AufenthG. Dem Ausländer ist in diesem Fall eine Bescheinigung über die Einbehaltung des Ausweises auszustellen.

144 Wird ein Asylbewerber wiederholt ohne eine Ausnahmegenehmigung nach § 57 AsylVfG angetroffen, kommt die Verfügung eines **präventiv-polizeilichen Betretungsverbots** in Betracht. Rechtsgrundlage hierfür ist das polizeigesetzlich geregelte Aufenthaltsverbot (Platzverweis). Die Regelung in § 59 AsylVfG steht einer Anwendung des Polizeigesetzes nicht entgegen, da dort, ein Verstoß gegen die räumliche Beschränkung vorausgesetzt, die Polizei also nur zu einem repressiven Handeln ermächtigt wird. Das Betretungsverbot verfolgt im Gegensatz dazu die Abwehr einer Gefahr weiterer Rechtsverstöße (§§ 56 AsylVfG, 12 Abs. 3 AufenthG) im Zuständigkeitsbereich der jeweiligen Polizeibehörde. Unter dem Vorbehalt entsprechender Erlaubnisse nach § 57 AsylVfG (Verhältnismäßigkeitsgrundsatz!) kann somit einem Asylbewerber untersagt werden, bis zu seiner Anerkennung das Gebiet der verfügenden Behörde zu betreten.

Beispiel 20: Einem Asylbewerber, dessen Aufenthaltsgestattung auf den Ortenaukreis in Baden-Württemberg beschränkt ist, wird ein Betretungsverbot für die Landeshauptstadt Stuttgart erteilt.[6]

[6] VGH Baden-Württemberg, Beschluss v. 8. 7. 1997 – 1 S 1409/97.

Mit derartigen Verfügungen beabsichtigt die Behörde, der gesetzlichen Verlassenspflicht in besonderem Maße Nachdruck zu verleihen. Sie bilden darüber hinaus die Rechtsgrundlage für ein im Falle der Nichtbefolgung festgesetztes Zwangsgeld bzw. der Anordnung von Ersatzzwangshaft. Derartige Betretungsverbote stellen daher nicht bloß einen Hinweis auf die gesetzliche Verlassenspflicht dar. Sie enthalten vielmehr eine eigene Regelung. **145**

3. Sanktionen bei Verstoß gegen die räumliche Beschränkung

Die Zuwiderhandlung gegen eine räumliche Beschränkung in den Fällen der §§ 12 Abs. 2 Satz 2, 61 Abs. 1 Satz 1 und 54a Abs. 2 AufenthG erfüllt den **Ordnungswidrigkeitstatbestand** des § 98 Abs. 3 Nr. 2 AufenthG.

Im Falle von ausgewiesenen Ausländern, die **aus Gründen der inneren Sicherheit der Überwachung** unterliegen (§ 54a AufenthG), sowie geduldeten Ausländern (§ 61 AufenthG) erfüllt der wiederholte Verstoß gegen die räumliche Beschränkung den Straftatbestand des § 95 Abs. 1 Nr. 6a und 7 AufenthG. **146**

Unter Strafe gestellt ist auch der wiederholte Verstoß gegen eine räumliche Beschränkung durch einen **Asylbewerber** in § 85 Nr. 2 AsylVfG. Der erstmalige Verstoß stellt gemäß § 86 AsylVfG eine Ordnungswidrigkeit dar. Wohl aus Gründen der Verhältnismäßigkeit verlangt das *BVerfG*, dass der erstmalige Verstoß als OWi geahndet wurde, wobei auch eine jugendgerichtliche Ermahnung und Verpflichtung zur Ableistung gemeinnütziger Arbeit als Ahndung genügt.[7] **147**

III. Bedingungen

Die Möglichkeit von Bedingungen sieht § 12 Abs. 1 AufenthG vor. Tritt eine auflösende **Bedingung** ein, erlischt der Aufenthaltstitel. Konsequenz: Der Ausländer ist gemäß § 50 Abs. 1 AufenthG zur unverzüglichen Ausreise verpflichtet. Die Bedingung greift daher wesentlich intensiver in die Rechte des Ausländers ein. Die richtige Einordnung einer Nebenbestimmung ist daher von großer Bedeutung. Leider bezeichnen Behörden ihre Nebenbestimmungen meist nie. Oftmals ist ihnen auch selbst die Art der Nebenbestimmung nicht ganz klar, und es gibt – das darf man nicht vergessen – auch Fälle, die nicht ganz eindeutig zuordenbar sind. Für die Annahme einer Bedingung kommt es darauf an, ob der Empfänger nach Sinn und Zweck der Regelung und den Gesamtumständen davon ausgehen muss, dass die Erfüllung der Nebenbestimmung für das Fortbestehen des Aufenthaltstitels essenziell sein soll.[8] Unklarheiten gehen zulasten der anordnenden Behörde. **148**

[7] BVerfG, Beschluss vom 10. 4. 1997 – 2 BvL 45/92.
[8] *Zeitler*, HTK-AuslR / § 12 AufenthG / zu Abs. 2 08/2005 Nr. 2.

Beispiel 21: *„Aufenthaltstitel erlischt im Falle der Beendigung des Arbeitsverhältnisses“; „gilt nur für die Beschäftigung als ..., bis zum ... bei ... (Arbeitgeber/Betrieb); erlischt bei Wechsel des Arbeitgebers.“*

Das zweite Beispiel kommt in Betracht, wenn der Ausländer als sog. **Werkvertragsarbeitnehmer** nach § 39 BeschV für die Arbeit bei einem bestimmten Arbeitgeber oder an einem bestimmten Gewerk in die Bundesrepublik kommt. In beiden Beispielen wird dem Ausländer deutlich gemacht, dass es sich bei den Einträgen auf seinem Aufenthaltstitel um Bedingungen und nicht um Auflagen handelt, also im Falle der Zuwiderhandlung das Aufenthaltsrecht erlischt. Für die Polizei heißt das: Wird ein Werkvertragsarbeitnehmer bei einem anderen als dem im Aufenthaltstitel genannten Arbeitgeber beschäftigt, hält er sich unrechtmäßig im Bundesgebiet auf.

149 Eine weitere Ermächtigungsgrundlage für Bedingungen und Auflagen enthält § 61 Abs. 1 Satz 2 AufenthG (Duldung). Soll die Abschiebung allerdings für bestimmte Personengruppen generell ausgesetzt werden (Fall des § 60a Abs. 1 AufenthG) oder stehen der Abschiebung tatsächliche oder rechtliche Hindernisse entgegen, *wird* die Duldung erteilt. Der Ausländer hat dann also einen Rechtsanspruch auf die Duldung, deren Erteilung nicht von einer Bedingung abhängig gemacht werden kann.

IV. Verbot und Beschränkung der politischen Betätigung

150 § 47 AufenthG ist eine Norm, die der Gefahrenabwehr dient. Darauf gestützte Maßnahmen haben Eingriffscharakter, denn sie beschränken die durch Art. 2 Abs. 1 GG geschützte allgemeine Handlungsfreiheit des Ausländers sowie sein Grundrecht aus Art. 5 Abs. 1 GG. Dagegen werden die Grundrechte aus Art. 8 und 9 GG, die als sog. „Deutschenrechte“ Ausländern nicht zustehen, nicht berührt. Allerdings ergibt sich ein Recht von Ausländern zur Teilnahme an Versammlungen aus Art. 11 EMRK und § 1 VersG (bzw. den Versammlungsgesetzen der Länder).

Die Zulässigkeit der Reglementierung der politischen Betätigung von Ausländern wird auch durch Art. 16 EMRK anerkannt. Auflagen gemäß § 47 AufenthG sind die einzigen, die einer Niederlassungserlaubnis beigefügt werden können. Wer einer vollziehbaren Anordnung nach § 47 Abs. 1 Satz 2 oder Abs. 2 AufenthG zuwiderhandelt, kann sich gemäß § 95 Abs. 1 Nr. 4 AufenthG strafbar machen.

KAPITEL 8

Verfolgungsschutz

I. Überblick

Zuständig für die Entscheidung, ob einem Ausländer in Deutschland Schutz vor Verfolgung gewährt wird, ist das **Bundesamt für Migration und Flüchtlinge (BAMF)**. Auf der Internetpräsenz des BAMF werden die jeweils aktuellen Zahlen zu den Migrationsbewegungen und Asylanerkennung veröffentlicht.[1] Die Entscheidung des BAMF ist für alle Behörden verbindlich (§ 4 AsylVfG). Stellt ein Ausländer **keinen Asylantrag**, braucht die **Ausländerbehörde** in einem ausländerrechtlichen Verfahren evtl. vorgetragene Asylgründe und **politische Verfolgung nicht zu berücksichtigen**. Es ist nicht Aufgabe der Ausländerbehörde, angebliche asylrechtlich relevante Verfolgung im Heimatland als Abschiebungshindernis zu überprüfen. Im Bundesgebiet ist das Asylverfahren das einzige Verfahren zur Prüfung und Feststellung der Flüchtlingseigenschaft.[2] **151**

II. Möglichkeiten der Schutzgewährung

1. Asyl

Mit der Aufnahme des Satzes „Politisch Verfolgte genießen Asylrecht" in den Grundrechtskatalog des Grundgesetzes (Art. 16a Abs. 1 GG) ist das Asylrecht in Deutschland als vorbehaltloser, einklagbarer Rechtsanspruch (Art. 19 Abs. 4 GG) mit Verfassungsrang ausgestaltet worden. **Politische Verfolgung** ist der Missbrauch hoheitlicher Herrschaftsmacht durch Ausgrenzung Einzelner aus der übergreifenden Friedensordnung wegen unverfügbarer persönlicher Merkmale wie Rasse, Religion, Staatsangehörigkeit, Zugehörigkeit zu einer bestimmten sozialen Gruppe oder politischer Überzeugung. Da der Einzelne ohne den **152**

[1] http://www.bamf.de; Überblick zum Thema: http://www.zuwanderung.de, Auswahl: Asyl, Flüchtlingsschutz und subsidiärer Schutz.

[2] BVerwG v. 21. 1. 1992 – 1 C 21.87, BVerwGE 89, 296.

Schutz einer staatlichen Ordnung nicht menschenwürdig existieren kann, bietet ihm das Asylrecht im Falle seiner Verfolgung durch den Heimatstaat eine subsidiäre Zuflucht.[3] Die Anerkennung als Asylberechtigter verlangt darüber hinaus einen Kausalzusammenhang zwischen Verfolgung und Flucht. Im Fall von sogenannten **Nachfluchtgründen** scheidet daher eine Anerkennung als Asylberechtigter aus.

Beispiel 22: Der Ausländer schließt sich im Bundesgebiet einer regimekritischen politischen Bewegung an und wird deshalb in seinem Heimatstaat als Staatsfeind betrachtet.

153 Kann der Ausländer aber nicht abgeschoben werden, weil ihm mit hoher Wahrscheinlichkeit politische Verfolgung droht, kommt ein Abschiebungsschutz nach § 60 Abs. 1 AufenthG in Betracht (sog. „kleines Asyl“, s. u.).

154 Kein Asylrecht bekommt auch derjenige, der aus einem **sicheren Herkunftsstaat** stammt oder auf seiner Flucht in einem **sicheren Drittstaat** hätte Schutz vor Verfolgung finden können. Welche Staaten **sichere Herkunftsstaaten** sind, ist in § 29 AsylVfG gesetzlich bestimmt. Eine Liste der **sicheren Drittstaaten** enthält § 26a AsylVfG bzw. die Anlage I zum Asylverfahrensgesetz. Danach wird deutlich, dass **Deutschland von einem Netz sicherer Drittstaaten umgeben** ist, ein Ausländer, der Deutschland auf dem Landweg erreicht, somit kein Asylrecht erhalten kann. Dabei muss nicht einmal der genaue Reiseweg festgestellt werden.[4] Nicht vorausgesetzt wird auch, dass der Ausländer sich eine bestimmte Zeit in dem sicheren Drittstaat aufgehalten hat; er muss nur die Grenze des Staates überschritten haben. Das bloße Überfliegen des sicheren Drittstaates genügt allerdings nicht. Im Fall eines Zwischenhalts in einem sicheren Drittstaat hat der Flüchtling jedoch die Möglichkeit, dort Schutz zu suchen.[5] Der Ausschluss des Asylgrundrechts ist auch unabhängig von der Rückführbarkeit des Flüchtlings in den sicheren Drittstaat.[6] Dem aus einem sicheren Drittstaat einreisenden Ausländer **ist** nach Maßgabe des § 18 Abs. 2 AsylVfG die **Einreise** zum Bundesgebiet **zu verweigern** (betrifft Grenzpolizei). Dasselbe gilt, wenn offensichtlich die Voraussetzungen des § 27 Abs. 1, 2 AsylVfG (anderweitige Verfolgungssicherheit) vorliegen.

2. Flüchtlingsschutz nach der GFK

155 Wird ein Ausländer, der über einen sicheren Drittstaat eingereist ist, in seinem Herkunftsstaat politisch verfolgt, bekommt er zwar kein Asyl, kann aber gleichwohl nicht dorthin

[3] BVerfG, Urteil v. 10. 7. 1989 – 2 BvR 502/86, BVerfGE 80, 315.

[4] BVerwG NVwZ 1996, 197 = DÖV 1996, 290; ebenso: *Wollenschläger/Schraml*, JZ 1994, 65; *Hailbronner* ZAR 1993, 114; gegen eine derartige Wahlfeststellung: *Renner*, § 26 AsylVfG Rn. 6; GK-AsylR, § 26a Rn. 15; *Renner*, ZAR 1993, 119.

[5] Dies ist umstritten. Vgl. zu dieser Problematik: *Renner*, ZAR 1996, 103; *Göbel-Zimmermann/Masuch*, InfAuslR 1996, 404 [408] m. w. N.

[6] BVerfG NVwZ 1996, 700.

abgeschoben werden. Dies verbietet schon der Art. 33 des Abkommens über die Rechtsstellung der Flüchtlinge (Genfer Flüchtlingskonvention – GFK[7]). An diese Regelung der GFK knüpft § 60 Abs. 1 AufenthG an. Die Vorschrift verbietet die Abschiebung politisch Verfolgter in den Verfolgerstaat. Abschiebungsschutz nach § 60 Abs. 1 AufenthG anstatt einer förmlichen Asylanerkennung bezeichnet man auch als das sogenannte „**kleine Asyl**“. Der Schutzumfang ist weiter als bei Art. 16a Abs. 1 GG, da auch Fälle nichtstaatlicher Verfolgung, geschlechtsspezifische Verfolgung (z. B. im Zusammenhang mit der Genitalverstümmelung von Frauen und der Verfolgung Homosexueller) oder Bürgerkriegsflüchtlinge (Verfolgung durch nichtstaatliche Akteure, § 60 Abs. 1 Satz 4 Buchst. c AufenthG) erfasst werden.

Hat das Bundesamt festgestellt, dass der Ausländer in dem Staat, dessen Staatsange- **156**
hörigkeit er besitzt, den Bedrohungen nach § 60 Abs. 1 AufenthG ausgesetzt ist, besitzt er – vorbehaltlich der in § 3 Abs. 2 AsylVfG normierten Ausschlussgründe – den Status eines Flüchtlings nach der Genfer Flüchtlingskonvention. Der Betroffene hat gemäß § 25 Abs. 2 AufenthG einen Anspruch auf Erteilung einer Aufenthaltserlaubnis. Im Endergebnis ist es also für den Betroffenen gleichgültig, ob er Abschiebungsschutz nach § 60 Abs. 1 AufenthG genießt oder anerkannter Asylberechtigter ist.

Formellen Flüchtlingsstatus besitzt auch, wer bereits im Besitz eines Reiseausweises nach Art. 28 GFK ist.

3. Subsidiärer Schutz

Als **dritte Säule des Flüchtlingsschutzes** dient der sogenannte „**subsidiäre Schutz**“ nach **157**
der Richtlinie 2004/83/EG (sogenannte Qualifikationsrichtlinie – QRL). Diese Richtlinie wurde national mit § 60 Abs. 2, Abs. 3 und Abs. 7 Satz 2 AufenthG umgesetzt. Die Bestimmungen gewähren Schutz vor erniedrigender oder unmenschlicher Behandlung, Folter und Todesstrafe sowie Gefahren infolge bewaffneter Konflikte.

4. Europäische Menschenrechtskonvention

Die **vierte Säule des Flüchtlingsschutzes** ist der § 60 Abs. 5 EMRK. Dieser dient der **158**
Umsetzung der **Konvention zum Schutze der Menschenrechte und Grundfreiheiten** (EMRK) vom 4. 11. 1950.[8] Voraussetzung für die Schutzgewährung ist, dass dem Aus-

[7] Die GFK ist ein völkerrechtlicher Vertrag zwischen – inzwischen 134 – Staaten und wurde 1953 in der Bundesrepublik innerstaatliches (nationales) Recht; sie gilt als einfaches Gesetz unmittelbar. Die in der GFK noch getroffene Beschränkung auf vor dem 1. 1. 1951 eingetretene Fluchtgründe wurde durch ein Zusatzprotokoll vom 31. 1. 1967 aufgehoben.

[8] Die EMRK wurde mit Zustimmungsgesetz vom 7. 8. 1952 (BGBl. II S. 685) in innerstaatliches Recht transformiert und besitzt somit den Rang eines (einfachen) Bundesgesetzes. Vgl. VGH Baden-Württemberg,

länder in dem Drittstaat eine Behandlung droht, die – würde er sie in einem Vertragsstaat erleiden – der EMRK zuwider liefe. § 60 Abs. 5 AufenthG überschneidet sich z. T. mit den Absätzen 2 und 3.

Die vier Säulen des Flüchtlingsschutzes im Überblick:

1. **Asyl**
   - Art. 16a GG;
   - der anerkannte Asylberechtigte erhält eine Aufenthaltserlaubnis nach § 25 Abs. 1 AufenthG.
2. **Flüchtlingsschutz**
   - Der Abschiebungsschutz nach § 60 Abs. 1 AufenthG wird der Flüchtlingsschutz der Genfer Flüchtlingskonvention umgesetzt.
   - Wem das Bundesamt für Migration und Flüchtlinge unanfechtbar die Flüchtlingseigenschaft zuerkannt hat, erhält eine Aufenthaltserlaubnis nach § 25 Abs. 2 AufenthG.
3. **subsidiärer Schutz**
   - Umsetzung europarechtlicher Regelungen (QRL) durch Gewährung von Abschiebungsschutz nach § 60 Abs. 2, 3 7 Satz 2 AufenthG;
   - dem Betroffenen soll nach § 25 Abs. 3 AufenthG eine Aufenthaltserlaubnis erteilt werden.
4. **Gefahr i.S. d. EMRK**
   - Abschiebungsschutz nach § 60 Abs. 5 AufenthG;
   - die Aufenthaltserlaubnis soll nach § 25 Abs. 3 AufenthG erteilt werden.

159 § 60 AufenthG regelt **zielstaatsbezogene Abschiebungshindernisse**, d. h., der Grund für die rechtliche oder tatsächliche Unmöglichkeit der Abschiebung liegt im Zielstaat. Daneben gibt es aber auch **inlandsbezogene Abschiebungshindernisse** und sonstige **Vollstreckungshindernisse** (z. B. Zielflughafen ist zurzeit gesperrt). Diese sind nicht vom BAMF, sondern von der Ausländerbehörde zu berücksichtigen. Dem Ausländer, der nicht abgeschoben werden kann, ist eine Duldung zu erteilen.[9]

---

v. 15. 10. 1996 – A 16 S 1/96, InfAuslR 1997, 124; BVerwG, Urteil vom 17. 10. 1995 – 9 C 56.95, InfAuslR 1996, 254; BVerwG v. 15. 4. 1997 – 9 C 38.96, NVwZ 1997, 1127 m. w. N.

[9] BVerwG, Urteile v. 11. 11. 1997 – 9 C 13.96 und 9 C 54.96.

III. Abschiebung trotz Verfolgung

Die politische Verfolgung (§ 60 Abs. 1 AufenthG) steht einer Abschiebung nicht entgegen, wenn der Ausländer aus **schwerwiegenden Gründen** als eine **Gefahr für die Sicherheit der Bundesrepublik Deutschland** anzusehen ist oder eine Gefahr für die Allgemeinheit bedeutet, weil er wegen eines Verbrechens oder besonders schweren Vergehens rechtskräftig zu einer Freiheitsstrafe von mindestens drei Jahren verurteilt worden ist (§ 60 Abs. 8 AufenthG). Die Vorschrift entspricht dem Art. 33 Abs. 2 GFK. Nach der Rechtsprechung des *Bundesverwaltungsgerichts*[10], allerdings noch zu § 51 Abs. 3 AuslG a. F., reicht die rechtskräftige Verurteilung wegen eines besonders schweren Verbrechens alleine nicht aus; es muss vielmehr eine **Wiederholungsgefahr** hinzukommen. Daran fehle es in der Regel, so das *BVerwG*, wenn im Hinblick auf eine günstige Sozialprognose nach § 57 Abs. 1 StGB ein Strafrest zur Bewährung ausgesetzt worden ist.[11]

Für die Abschiebungsverbote nach § 60 Abs. 2, 3 und 5 AufenthG gibt es **keine Ausnahmeregelung** aus Gründen der öffentlichen Sicherheit, wie im Falle der politischen Verfolgung. Bezogen auf das jeweilige Zielland, stellen diese Abschiebungsverbote somit absolute Sperren für die Abschiebung dar. Der *EGMR*[12] betont die **absolute** und **ausnahmslose** Geltung des **Art. 3 EMRK**. Besteht in einem bestimmten Staat die begründete Gefahr der Folter, unmenschlicher oder erniedrigender Behandlung oder Strafe, kann danach eine Abschiebung in diesen Staat auch dann nicht in Betracht kommen, wenn die weitere Anwesenheit des Ausländers eine schwerwiegende Gefahr für die öffentliche Sicherheit darstellt.

IV. Asylverfahren

1. Asylantrag

Sowohl mit der Asylantragstellung beim Bundesamt als auch mit dem Nachsuchen um Asyl **160**
bei Grenzbehörde, Polizei oder Ausländerbehörde beginnt das Asylverfahren. Von dem Zeitpunkt an kommt dem Ausländer gegenüber neben dem Aufenthaltsgesetz das Asylverfahrensgesetz zur Anwendung. Wo dieses speziellere Regelungen enthält, verdrängt es das Aufenthaltsgesetz. Da die Polizei im Asylverfahren besondere Aufgaben wahrzunehmen hat und dafür auch entsprechende Rechtsgrundlagen zur Verfügung stehen, markiert die Antragstellung somit einen wichtigen Punkt. Der Begriff des Asylantrags ist definiert in § 13 Abs. 1 AsylVfG. Ein **Asylantrag** im materiellen Sinne liegt danach vor, „wenn

[10] Beschluss v. 20. 10. 1994 – 1 B 84.94, Buchholz 402.24 § 51 AuslG Nr. 7.
[11] BVerwG a. a. O.; VGH Baden-Württemberg, InfAuslR 1996, 328.
[12] EGMR (Chahal ./. Vereinigtes Königreich) Urteil v. 15. 11. 1996 – Nr. 70/1995/576/662, InfAuslR 1997, 97.

sich dem schriftlich, mündlich oder auf andere Weise geäußerten Willen des Ausländers entnehmen lässt, dass er im Bundesgebiet Schutz vor politischer Verfolgung sucht oder dass er Schutz vor Abschiebung oder einer sonstigen Rückführung in einen Staat begehrt, in dem ihm die in § 60 Abs. 1 AufenthG bezeichneten Gefahren drohen". Im Hinblick auf die Modalität der Antragstellung unterscheiden wir den **förmlichen Asylantrag** und das **Nachsuchen um Asyl** bei Grenzbehörde, Polizei und Ausländerbehörde. Der **förmliche Asylantrag** ist beim Bundesamt für Migration und Flüchtlinge in Nürnberg (BAMF.) bzw. einer Außenstelle des Bundesamtes bei der jeweiligen Aufnahmeeinrichtung zu stellen (§ 14 AsylVfG). Der förmliche Asylantrag wird in der Regel nach Aufnahme in einer Aufnahmeeinrichtung persönlich bei der Außenstelle des Bundesamts gestellt (vgl. § 23 Abs. 1 AsylVfG).

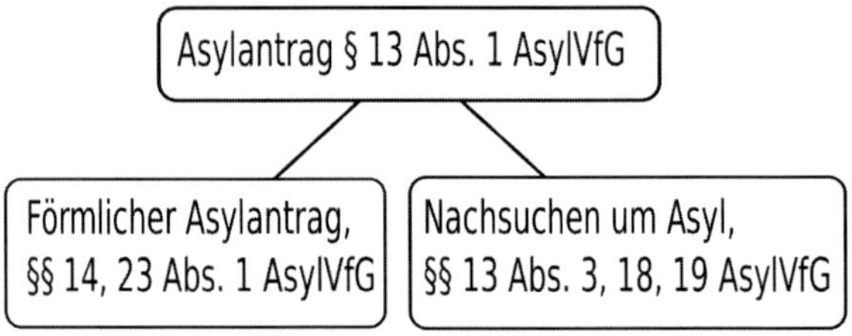

Abbildung 8.1: Der Asylantrag

2. Nachsuchen um Asyl

Vom förmlichen Asylantrag ist das **Nachsuchen um Asyl** zu unterscheiden, wenn der Ausländer einer Behörde zu erkennen gibt, dass er einen **Asylantrag stellen will**.

161 Im Idealfall reist ein Ausländer unter Beachtung der Einreisebestimmungen, insbesondere des SDÜ, der EU-VisumVO und des Schengener Grenzkodex ein und beantragt dann direkt beim BAMF oder einer Außenstelle Asyl. Ein Ausländer, der **nicht im Besitz der erforderlichen Einreisepapiere** ist, hat gemäß § 13 Abs. 1 Satz 1 AsylVfG **an der Grenze** um Asyl **nachzusuchen**. Die Vorschrift verweist auf § 18 AsylVfG. Dieser regelt die Aufgaben der Grenzbehörde im Fall eines Asylgesuchs. Ein Ausländer, der **unerlaubt eingereist** ist, ohne an der Grenze um Asyl nachzusuchen, kann dies im Landesinnern bei der **Polizei** oder der **Ausländerbehörde** tun. Er muss sich jedoch **unverzüglich**, also ohne schuldhaftes Zögern, an diese Behörden wenden, da er andernfalls eine Bestrafung wegen unerlaubter Einreise riskiert (vgl. hierzu Rn. 94 f.).

Ein das Asylverfahren eröffnendes Nachsuchen muss jedoch den Anforderungen des § 13 Abs. 1 AsylVfG entsprechen. Weder ausreichend noch erforderlich ist, dass der Ausländer das Wort „Asyl“ gebraucht. **Aus seinem gesamten Vorbringen** muss sich aber ergeben, dass er im Bundesgebiet Schutz vor politischer Verfolgung sucht. Die Polizei darf allerdings keine Vorprüfung der materiellen Asylberechtigung vornehmen. Zur Entscheidung über die Asylberechtigung ist ausschließlich das BAMF zuständig. Deshalb sind auch scheinbar widersprüchliche und – zumindest aus Sicht der Polizei – offenkundig missbräuchliche Asylgesuche als ein Nachsuchen zu werten. Ob das Asylgesuch Erfolg versprechend ist oder nicht, hat die Polizei nicht zu entscheiden. Sie muss aber zumindest in formaler Hinsicht differenzieren, ob der Betroffene in Deutschland Schutz sucht oder einen anderen Zweck verfolgt. **162**

Interessant ist in diesem Zusammenhang die Entscheidung des BGH v. 21. 11. 2002.[13] In dem vom V. Zivilsenat entschiedenen Fall machte der Betroffene gegenüber der Polizei folgende Aussage: „*Jetzt bin ich hier und jetzt bleib ich auch hier. Wo ich genau hinwollte, ist mir egal. Wenn ich Arbeit bekomme, dann arbeite ich auch. Nadim hat mir gesagt, wenn ich in Deutschland bin, dann bekomme ich auch Asyl. Deshalb bin ich jetzt hier.*“ Der BGH verneint hier zu Recht ein Asylgesuch. Ein Asylgesuch setze, so der BGH, **mehr als die bloße Verwendung des Wortes „Asyl“** voraus; hinzutreten müssten Erklärungen des Betroffenen oder sonstige tatsächliche Umstände, die erkennen ließen, dass er Schutz vor einer aus seiner Sicht gegebenen politischen Verfolgung suche. Daran fehlte es in dem vom BGH entschiedenen Fall. **163**

Die Entscheidung der Polizei für oder gegen das Vorliegen eines Asylgesuchs ist natürlich umso problematischer, als mit der Entscheidung vollendete Tatsachen geschaffen werden. Dies gilt insbesondere für Maßnahmen der Grenzbehörde. Entscheidet sich diese für die Zurückschiebung eines Ausländers, weil ein Asylgesuch nicht als solches gewertet wird, kann dies für den Betroffenen zu irreversiblen Rechtsverlusten und Benachteiligungen führen. Dies ist aber nicht der Fall, wenn ein unerlaubt eingereister Drittstaatsangehöriger bei der Polizei, die ihn festgenommen hat, um Asyl nachsucht. Verneint die Polizei das Asylgesuch und nimmt den Betroffenen auf richterliche Anordnung in Sicherungshaft, kann er immer noch[14] beim Bundesamt einen Asylantrag einreichen.

3. Aufenthaltsgestattung

Einem Ausländer, der um Asyl nachsucht, ist **zur Durchführung des Asylverfahrens** der Aufenthalt im Bundesgebiet gestattet (§ 55 Abs. 1 Satz 1 AsylVfG). Die Aufenthaltsgestattung ist räumlich auf den Bezirk der Ausländerbehörde beschränkt, in dem die für die Aufnahme des Ausländers zuständige Aufnahmeeinrichtung liegt (§ 56 Abs. 1 **164**

[13] BGH, Beschluss v. 21. 11. 2002 – V ZB 49/02.

[14] ... und muss er auch! Vgl. hierzu Rn. 386 f.

Satz 1 AsylVfG). Hält sich ein Asylbewerber der räumlichen Beschränkung zuwider im Bundesgebiet auf, ist er verpflichtet, diesen Teil des Bundesgebiets sofort zu verlassen (vgl. hierzu Rn. 137).

165 Der Ausländer erhält über die Gestattung eine **Bescheinigung** (§ 63 AsylVfG).[15] Mit dieser genügt er auch seiner **Ausweispflicht** (§ 64 Abs. 1 AsylVfG). Die Aufenthaltsgestattung kann darüber hinaus mit **Auflagen** versehen werden. Der Ausländer kann z. B. verpflichtet werden, in einer bestimmten Unterkunft zu wohnen. Die Nichtbeachtung dieser Auflage stellt eine Straftat dar (§§ 85 Abs. 1 Nr. 3 i. V. m. § 60 Abs. 1 AsylVfG).

166 Die einzelnen Tatbestände, die zu einem Erlöschen der Aufenthaltsgestattung führen, werden in § 67 AsylVfG aufgezählt. Erlischt die Aufenthaltsgestattung, führt dies zum Entstehen der gesetzlichen Ausreisepflicht nach § 50 Abs. 1 AufenthG.

167 Bei einem **Erstantrag** führt bereits das **Nachsuchen um Asyl bei Polizei, Verwaltungsbehörde** oder einem Gericht zum Entstehen der Aufenthaltsgestattung (vgl. § 55 AsylVfG). Das Aufenthaltsrecht des Asylbewerbers entsteht also nicht erst mit förmlicher Antragstellung beim Bundesamt.

168 Etwas anderes gilt allerdings dann, wenn der Ausländer aus einem **sicheren Drittstaat** i. S. d. § 26a AsylVfG **einreist**. Dies ergibt sich aus § 55 Abs. 1 Satz 3 AsylVfG. In diesem Fall entsteht die Aufenthaltsgestattung erst mit der Stellung des förmlichen Antrags nach §§ 13, 14, 23 AsylVfG bei dem zuständigen Bundesamt.[16] Ein Nachsuchen um Asyl bei der Polizei oder Grenzbehörde führt in diesem Fall nicht zur Entstehung einer Aufenthaltsgestattung. Da die Asylgewährung nach Art. 16a GG bei Einreise aus einem sicheren Drittstaat ausgeschlossen ist, bedarf es hier auch keiner Vorverlagerung des zur Durchführung des Asylverfahrens notwendigen Aufenthaltsrechts. Das Asylgesuch steht dann auch einer Einreiseverweigerung (§ 18 Abs. 2 AsylVfG) sowie einer Zurückschiebung (§ 18 Abs. 3 AsylVfG) durch die Grenzbehörde nicht entgegen. Hat der Ausländer bei der Polizei oder der Ausländerbehörde um Asyl nachgesucht, kann die Ausländerbehörde gemäß § 19 Abs. 3 AsylVfG die Zurückschiebung anordnen (vgl. hierzu auch: Rn. 389).

169 Trotz Einreise aus einem sicheren Drittstaat kann gleichwohl die Bundesrepublik Deutschland für die Durchführung des Asylverfahrens zuständig sein. Welcher Staat der EU für die Durchführung eines Asylverfahrens zuständig ist, ergibt sich aus der **Dublin-II-Verordnung**[17]. Dies im Einzelfall zu bestimmen ist Sache des Bundesamts für Migration und Flüchtlinge und nach Maßgabe des § 3 AsylZBV der Bundespolizei, nicht aber der

[15] Vgl. Anlage D12 zur AufenthV. Alle Klebeetikette sind abgebildet im BGBl. Nr. 62 vom 25. 11. 2004 S. 2945 (www.bgbl.de).

[16] BGH, Beschluss v. 6. 5. 2010 – V ZB 213/09; Beschluss v. 21. 11. 2002 – V ZB 49/02, BGHZ 153, 18; Beschluss v. 25. 2. 2010 – V ZB 172/09; BayObLG München, Beschluss v. 2. 10. 1998 – 4St RR 131.98.

[17] Verordnung (EG) Nr. 343/2003 des Rates vom 18. Februar 2003 zur Festlegung der Kriterien und Verfahren zur Bestimmung des Mitgliedstaats, der für die Prüfung eines von einem Drittstaatsangehörigen in einem Mitgliedstaat gestellten Asylantrags zuständig ist (ABl. L 50 vom 25. 2. 2003 S. 1).

Ausländerbehörde oder der Landespolizei[18]. Die Dublin-II-Verordnung überlagert somit die deutsche Drittstaatenregelung. Dies führt dazu, dass der Ausländer bis zur endgültigen Klärung der Zuständigkeit für die Durchführung des Asylverfahrens auch bei Einreise aus einem sicheren Drittstaat nicht zurückgeschoben werden kann.

4. Polizeiliche Maßnahmen im Asylverfahren

Voraussetzung für die nachfolgenden Maßnahmen ist, dass ein **Schutzersuchen** im oben dargestellten Sinne vorliegt; andernfalls finden die allgemeinen ausländerrechtlichen Regelungen Anwendung.

Die Aufgaben der Polizei, wenn ein Ausländer um Asyl nachsucht, im Überblick: **170**

- Inverwahrungnahme der Unterlagen (§§ 15 Abs. 2 Nr. 4 und 5, 21 Abs. 1 AsylVfG); ggf. Durchsuchung (§ 15 Abs. 4 AsylVfG)
- ED-Behandlung (Lichtbild, Zehnfingerabdruck, § 19 Abs. 2 Satz 1 i. V. m. § 16 Abs.1 AsylVfG); Ausnahme: Kinder unter vierzehn Jahren
- schriftlicher Hinweis gemäß § 20 Abs. 2 Satz 2 AsylVfG
- Weiterleitung an Aufnahmeeinrichtung (§§ 19 Abs. 1, 20 AsylVfG)
- Unterrichtung der Aufnahmeeinrichtung über die Weiterleitung (§ 20 Abs. 1 AsylVfG)
- Weiterleitung der einbehaltenen Unterlagen sowie der ED-Unterlagen an die Aufnahmeeinrichtung (§ 21 Abs. 1 AsylVfG)

Einen Ausländer, der Schutz vor politischer Verfolgung sucht, treffen zunächst umfang- **171**
reiche **Mitwirkungspflichten** (vgl. § 15 AsylVfG). Er muss bei der Aufklärung des Sachverhalts mitwirken. Er ist insbesondere auch verpflichtet, den Behörden sämtliche Ausweispapiere und sonstigen Unterlagen auszuhändigen, bei der Beschaffung von Identitätspapieren mitzuwirken, die vorgeschriebenen erkennungsdienstlichen Maßnahmen zu dulden.

Weigert sich der Ausländer, mitgeführte Unterlagen, die für die Feststellung der Asylberechtigung von Bedeutung sind, herauszugeben, kann er sowie die von ihm mitgeführten Sachen **durchsucht** werden. Zu beachten ist, dass der Ausländer nur von einer Person gleichen Geschlechts durchsucht werden darf. Zuständig für eine Durchsuchung ist neben den Grenzbehörden auch der Polizeivollzugsdienst.

Polizei und Ausländerbehörde haben den Ausländer, wenn er älter als vierzehn Jahre ist, **erkennungsdienstlich zu behandeln** (§§ 19 Abs. 2 Satz 1, 16 Abs. 1, 22 AsylVfG).

[18] Dies regelt die Asylzuständigkeitsbestimmungsverordnung (AsylZBV).

Es besteht eine gesetzliche Verpflichtung und somit kein Ermessensspielraum. Die ED-Behandlung dient in erster Linie der Identitätssicherung. Sie muss deshalb auch dann erfolgen, wenn die Identität bekannt ist.

172 Der Ausländer hat die ED-Behandlung (Lichtbild und Zehnfingerabdruck) zu dulden (§ 15 Abs. 2 Nr. 7 AsylVfG). Weigert er sich, kann eine entsprechende Verfügung erlassen und mit unmittelbarem Zwang durchgesetzt werden. Zur Feststellung der Identität oder Staatsangehörigkeit des Ausländers können gemäß § 16 Abs. 4a AsylVfG die nach § 16 Abs. 1 Satz 1 AsylVfG gewonnenen Daten (Lichtbild und Fingerabdrücke) an das Bundesverwaltungsamt übermittelt werden, um sie mit der **Fundpapier-Datenbank** (§ 49b AufenthG) abzugleichen (vgl. hierzu S. 75 f.).

173 Der Pass des Ausländers sowie alle sonstigen Unterlagen, die sich in seinem Besitz befinden, sind in Verwahrung zu nehmen und unverzüglich der Aufnahmeeinrichtung zuzuleiten (§ 21 Abs. 1 AsylVfG). Der Schutzsuchende ist unverzüglich an die nächstgelegene Außenstelle weiterzuleiten, damit er dort seinen förmlichen Asylantrag stellen kann (§ 19 Abs. 1 AsylVfG).

174 Eine Weiterleitung unterbleibt, wenn der Ausländer aus Gründen der öffentlichen Sicherheit in **Polizeigewahrsam** oder aus **strafprozessualen Gründen** (§§ 127 Abs. 2 oder 163b StPO) **festgenommen** wird. § 19 Abs. 4 AsylVfG bestimmt, dass die „Vorschriften über eine Festnahme oder Inhaftnahme" unberührt bleiben.[19]

175 Gemäß § 20 Abs. 1 AsylVfG ist der Ausländer verpflichtet, der Weiterleitung unverzüglich oder bis zu einem ihm von der Behörde genannten Zeitpunkt zu folgen. Kommt er dieser Verpflichtung **vorsätzlich oder grob fahrlässig** nicht nach, so gilt für einen später gestellten Asylantrag § 71 AsylVfG entsprechend. Dies bedeutet, sein förmlicher beim Bundesamt zu stellender Antrag ist dann zu behandeln wie ein sogenannter Folgeantrag (vgl. Rn. 183). Ein Asylverfahren ist dann nur durchzuführen, wenn die Voraussetzungen des § 51 Abs. 1 bis 3 VwVfG (Wiederaufnahmegründe) vorliegen.

Wichtig: Über diese Konsequenzen *ist* der Ausländer **vor der Weiterleitung gemäß § 20 Abs. 2 Satz 2 AsylVfG schriftlich zu belehren** (vgl. das Muster in **Anhang B**).

176 In einem vom BGH entschiedenen Fall hatte der Betroffene sich nicht innerhalb der angeordneten Frist bei der Aufnahmeeinrichtung gemeldet. Sein wenig später gestellter Asylantrag wurde als Folgeantrag gewertet, der gem. § 71 Abs. 8 AsylVfG einer Haft grundsätzlich nicht entgegensteht. Das Amtsgericht hatte antragsgemäß Abschiebungshaft angeordnet. Der Betroffene hatte sich jedoch dahin gehend eingelassen, er habe seine Belehrung durch die Bundespolizei aufgrund einer Stresssituation nicht verstanden und alles unterschrieben, was ihm vorgelegt worden sei. Wenn dies zuträfe, so der BGH, könnte es durchaus sein, dass der Verstoß gegen die Anordnung nach § 20 Abs. 1 AsylVfG nicht als vorsätzlich oder grob fahrlässig zu beurteilen wäre und der Betroffene daher

[19] Vgl. hierzu S. 149 ff. – Haft und Asyl.

nicht vollziehbar ausreisepflichtig wäre.[20] Der Asylantrag wäre dann nämlich nicht als Folgeantrag zu werten, führte zum Entstehen der Aufenthaltsgestattung und würde somit der Anordnung von Haft entgegenstehen. Das Problem in dem Zusammenhang ist die zwar juristisch korrekte, aber gleichwohl für den Laien nur schwer verständliche Erklärung auf der Rückseite des Formulars zu § 20 Abs. 2 AsylVfG (vgl. Anhang B). Die Polizei sollte sich deshalb für die Belehrung Zeit nehmen und die Konsequenzen unter Zuziehung eines Dolmetschers mit dem Betroffenen erörtern. In den Akten ist zu vermerken, dass die Konsequenzen des Verstoßes mit dem Betroffenen erörtert wurden.

Ein Ausländer, der innerhalb einer Woche nach der Weiterleitung nicht in der Aufnahmeein- **177**
richtung eintrifft, an die er weitergeleitet worden ist, kann, wenn sein Aufenthaltsort unbekannt ist, zur Aufenthaltsermittlung im Ausländerzentralregister und in den Fahndungshilfsmitteln der Polizei **ausgeschrieben** werden (§ 66 Abs. 2 Nr. 1 AsylVfG). Seine **Aufenthaltsgestattung erlischt**, wenn er innerhalb von zwei Wochen, nachdem er um Asyl nachgesucht hat, noch keinen Asylantrag (§ 23 Abs. 1 AsylVfG) gestellt hat (§ 67 Abs. 1 Nr. 2 AsylVfG).

Weiterleiten heißt grundsätzlich: **hinschicken**, auf den Weg bringen. Weiterleiten heißt grundsätzlich nicht: festnehmen und hintransportieren. Ein zwangsweises Verbringen zur Aufnahmeeinrichtung kommt allenfalls ausnahmsweise unter den Voraussetzungen des § 59 AsylVfG in Betracht. Dann muss aber durch das Nachsuchen bereits eine Aufenthaltsgestattung entstanden sein, und es muss klar sein, welche Aufnahmeeinrichtung die zuständige ist.

5. Überblick über die grenzbehördlichen Maßnahmen

Ein Ausländer, der bei der Grenzbehörde um Asyl nachsucht, ist unverzüglich an die zuständige oder, sofern diese nicht bekannt ist, an die nächstgelegene Aufnahmeeinrichtung zur Meldung weiterzuleiten (§ 18 Abs. 1 AsylVfG). Insofern gelten die obigen Ausführungen.

Im Fall der Einreise aus einem sicheren Drittstaat oder der Zuständigkeit eines anderen **178**
Dublin-II-Staates zur Durchführung des Asylverfahrens nach den Bestimmungen der Verordnung (EG) Nr. 343/2003 (Dublin-II-Verordnung) ist dem Asylsuchenden **die Einreise zu verweigern** (§ 18 Abs. 2 AsylVfG).

Konnte der Betroffene, bei dem die Voraussetzungen von Absatz 2 vorliegen, unerlaubt **179**
einreisen, ohne an der Grenze (wozu auch der Flughafen zu zählen ist) zurückgewiesen worden zu sein, kann er von der Grenzbehörde zurückgeschoben werden (§ 18 Abs. 3 AsylVfG). Wird der Ausländer im **grenznahen Raum** in **unmittelbarem zeitlichem**

[20] BGH, Beschluss v. 8. 4. 2010 – V ZB 51/10.

Zusammenhang mit einer **unerlaubten Einreise** angetroffen, hat die Grenzbehörde ihn trotz des Asylgesuchs zurückzuschieben.

180 Mit der polizeilichen Kontrolle des grenzüberschreitenden Verkehrs beauftragte Behörde ist gemäß § 2 BPolG die Bundespolizei. Die sachliche Zuständigkeit der Bundespolizei für Maßnahmen nach § 18 AsylVfG ergibt sich unmittelbar aus der Befugnisnorm.

181 Der Begriff des grenznahen Raums wird im Asylverfahrensgesetz nicht definiert. Nach anderen Vorschriften reicht der **grenznahe Raum** an der Landgrenze 30 km, von der seewärtigen Begrenzung an bis zu einer Tiefe von 50 km ins Landesinnere hinein (vgl. § 2 Nr. 3 BPolG; § 14 Abs. 1 ZollVG). Damit werden allerdings keine Verkehrsflughäfen außerhalb des 30-km-Raums erfasst.

182 Das Tatbestandsmerkmal „grenznaher Raum" ist daher nicht in einem räumlich-gegenständlichen, sondern in einem funktionalen Sinn zu verstehen. Ein Ausländer, der um Asyl nachgesucht hat, muss und darf bei Vorliegen der Zurückweisungsvoraussetzungen nur dann zurückgeschoben werden, wenn er unmittelbar nach dem Grenzübertritt angetroffen wurde. Von der Sache her macht es keinen Unterschied, ob der Betroffene in unmittelbarem Zusammenhang mit einem Überschreiten der Grenze auf dem Landwege angetroffen oder ob seine unerlaubte Einreise nach dem Überfliegen der Grenze am Flughafen festgestellt wird. Der vom Gesetz geforderte unmittelbare zeitliche Zusammenhang mit der unerlaubten Einreise besteht eher bei einem Antreffen im Flughafen als im Falle eines Antreffens im 30-km-Raum! Antreffort i. S. d. § 18 Abs. 3 AsylVfG kann daher auch ein Flughafen außerhalb des 30-km-Raums sein.[21]

6. Folgeantrag

183 Stellt der Ausländer nach Rücknahme oder unanfechtbarer Ablehnung eines früheren Asylantrages erneut einen Asylantrag (**Folgeantrag**), so ist ein weiteres Asylverfahren nur durchzuführen, wenn die Voraussetzungen des § 51 Abs. 1 bis 3 des Verwaltungsverfahrensgesetzes vorliegen (vgl. § 71 AsylVfG). Die Prüfung obliegt dem Bundesamt. Der Folgeantrag muss persönlich bei der Außenstelle gestellt werden. Die Einreichung eines Schriftsatzes durch einen Rechtsanwalt genügt nicht.

184 Im Fall eines **Folgeantrags** ist § 71 Abs. 8 AsylVfG zu beachten: Danach steht der Folgeantrag der Anordnung von Abschiebungshaft zunächst einmal nicht entgegen. Der Betroffene kann somit trotz seines Folgeantrags in Polizeigewahrsam genommen und dem Richter zwecks Anordnung von Abschiebungshaft vorgeführt werden.

[21] Auch der BGH geht hier von einer Anwendbarkeit des § 18 Abs. 3 AsylVfG aus, ohne dies weiter zu problematisieren; vgl. BGH, Beschluss v. 25. 2. 2010 – V ZB 172/09.

KAPITEL 9

Polizeiliche Maßnahmen gegenüber Ausländern

I. Feststellung und Sicherung der Identität

1. Allgemeines Polizeirecht

§§ 48 und 49 AufenthG enthalten **keine Rechtsgrundlage** für eine „**verdachtsunabhängige**", routinemäßige **Kontrolle** von Personen durch die Polizei, um deren Staatsangehörigkeit zu überprüfen. Es genügt daher nicht die bloße *Absicht,* einen Ausländer zu kontrollieren. **Einstiegsmaßnahme** ist stets eine Identitätsfeststellung aufgrund des **Polizeigesetzes**. 185

In Betracht kommt hier insbesondere die Personenfeststellung an einem milieuspezifischen Ort bzw. an einem Ort, an dem sich erfahrungsgemäß Ausländer illegal aufhalten. Die „Erfahrung" muss allerdings belegt werden können. Auch diese Maßnahme richtet sich gegen jedermann (sog. **Ortshaftung**). Diese Rechtsgrundlage gestattet allerdings nur die Feststellung der Personalien, nicht jedoch das Betreten von Wohnungen. Sie ist damit keine Rechtsgrundlage für die Durchführung von Razzien in Ausländerwohnheimen. Das Betreten von Wohnräumen ist nur möglich, wenn **Tatsachen** die Annahme rechtfertigen, dass sich darin Personen aufhalten, die in Gewahrsam genommen werden konnen (etwa Personen, die sich illegal im Bundesgebiet aufhalten). Ein polizeiliches Erfahrungswissen, dass sich in einem Ausländerwohnheim auch „Illegale" aufhalten, rechtfertigt zwar die Identitätsfeststellung, nicht aber das Betreten und die Durchsuchung von Wohnräumen. 186

Zu einem anderen Ergebnis kommt man nur, wenn man die Wohnungsinhaberschaft nicht beim Bewohner, sondern beim Träger der Einrichtung sieht und dieser sein Einverständnis erklärte. Eine derartige Sichtweise ist jedoch (obwohl sie gängiger Praxis entspricht!) mit Art. 13 GG nicht zu vereinbaren. Keine Bedenken bestehen allerdings im Hinblick auf Kontrollen in den Gemeinschaftsräumen. 187

Die Polizei in *Baden-Württemberg* und *Bayern* kann an Bundesautobahnen sowie an Verkehrseinrichtungen, die von Bedeutung sind, für die grenzüberschreitende Kriminalität 188 sog. verdachtsunabhängige Personenkontrollen durchführen. Diese polizeirechtlichen Maßnahmen richten sich gegen jedermann und nicht nur gegen Ausländer.

189 Speziell zur Verhinderung oder Unterbindung unerlaubter Einreisen in das Bundesgebiet kann die *Bundespolizei* gemäß § 22 Abs. 1a BPolG auf Bahngelände und auf Flughäfen Personen befragen und die Herausgabe von Ausweisdokumenten verlangen, soweit aufgrund von Lageerkenntnissen oder grenzpolizeilicher Erfahrung anzunehmen ist, dass diese Verkehrseinrichtungen zur unerlaubten Einreise genutzt werden.[1] Im Grenzgebiet bis zu einer Tiefe von dreißig Kilometern kann die Bundespolizei gemäß § 23 Abs. 1 Nr. 3 BPolG zur Verhinderung oder Unterbindung von unerlaubter Einreise in das Bundesgebiet oder zur Verhütung von Straftaten i. S. d. § 12 Abs. 1 Nr. 1 bis 4 BPolG (Straftaten nach dem PassG, AufenthG, AsylVfG) die Identität jeder dort angetroffenen Person feststellen. Dabei ist die Maßnahme der förmlichen Identitätsfeststellung weitergehend als die lagebildabhängige Befragung nach § 22 Abs. 1a BPolG, da hier unter den Voraussetzungen des § 23 Abs. 3 BPolG auch eine Sistierung sowie die Durchsuchung des Betroffenen möglich ist.

190 Bei der Anwendung dieser Befugnisnormen, insbesondere derjenigen, die zu einer verdachtsunabhängigen Identitätsfeststellung im grenznahen Raum ermächtigen, ist zu berücksichtigen, dass Grenzkontrollen an den Binnengrenzen gemäß Art. 20 SGK grundsätzlich unzulässig sind. Gemäß Art. 21 Buchst. a SGK sind polizeiliche Maßnahmen allerdings zulässig, wenn sie **nicht die gleiche Wirkung wie Grenzübertrittskontrollen** haben. Sie müssen insbesondere

- auf allgemeinen polizeilichen Informationen und Erfahrungen in Bezug auf mögliche Bedrohungen der öffentlichen Sicherheit beruhen;
- auf die Bekämpfung der grenzüberschreitenden Kriminalität abzielen;
- in einer Weise konzipiert sein und durchgeführt werden, die sich eindeutig von systematischen Personenkontrollen an den Außengrenzen unterscheidet;
- auf der Grundlage von Stichproben durchgeführt werden.

Nach einer Entscheidung des Europäischen Gerichtshofs müssen bereits die Befugnisnormen den polizeilichen Handlungsspielraum entsprechend einschränken![2]

2. Aufenthaltsgesetz

Hat sich im Rahmen einer polizeilichen Maßnahme ergeben, dass es sich bei dem Betroffenen um einen Ausländer handelt, ist dieser gemäß § 49 Abs. 2 AufenthG verpflichtet, auf

[1] Vgl. hierzu: Gemeinsames Lagebild Schleusungskriminalität 2009, Jahresbericht der Bundespolizei und des baden-württembergischen LKA.
[2] EuGH, Urteil v. 22. 6. 2010 – Rs. C-188/10, C-189/10 (Melki und Abdeli).

Verlangen die erforderlichen Angaben zu seinem Alter, seiner Identität und Staatsangehörigkeit zu machen. Gestützt auf § 48 Abs. 1 AufenthG kann die Herausgabe des Passes (Passersatzes) verlangt werden.

Zuständig für die erforderlichen Maßnahmen zur Feststellung der Identität nach den §§ 48 **191**
und 49 Abs. 2 bis 9 AufenthG sind gemäß § 71 Abs. 4 AufenthG die Ausländerbehörde und die Grenzpolizei. Die Landespolizei ist nur insofern zuständig, als die Maßnahme zur Erfüllung ihrer Aufgaben nach § 71 Abs. 5 AufenthG erforderlich ist.

Beispiel 23: In einer Sammelunterkunft für Asylbewerber halten sich erfahrungsgemäß auch Ausländer einer räumlichen Beschränkung (vgl. Rn. 137 f.) zuwider auf. Zur Durchsetzung der gesetzlichen Verlassenspflicht (§ 12 Abs. 3 AufenthG) kann die Polizei die Vorlage der Ausweispapiere verlangen.

Beispiel 24: Die Polizei wird mit der Durchführung der Abschiebung eines Ausländers betraut und nimmt in dem Zusammenhang den Pass oder Passersatz in Verwahrung (vgl. hierzu Nr. 71.5.2.2 AufenthG-VwV).

Beispiel 25: Anlässlich einer polizeilichen Kontrolle wird ein visumpflichtiger Drittstaatsangehöriger ohne Aufenthaltstitel festgestellt. Es besteht der Verdacht der unerlaubten Einreise. Der Ausländer soll gemäß § 57 Abs. 1 zurückgeschoben werden. Die Polizei hat nunmehr identitätsfeststellende und -sichernde Maßnahmen durchzuführen.

Weigert sich ein Ausländer, der Verpflichtung aus § 49 Abs. 2 AufenthG nachzukom- **192**
men, kann dies den Straftatbestand des § 95 Abs. 1 Nr. 5 AufenthG erfüllen. Schon wegen der Strafdrohung (im Gegensatz zu der sonst üblichen Ordnungswidrigkeit nach § 111 OWiG) ist § 49 Abs. 2 AufenthG eng auszulegen. Die Norm kann nur zur Anwendung kommen, wenn **in Zusammenhang mit einer spezifisch ausländerrechtlichen Maßnahme** die Identität eines Ausländers festgestellt werden muss. § 49 Abs. 2 AufenthG betrifft insbesondere **nicht** falsche Angaben, die im Zusammenhang mit der behördlichen Aufgabenwahrnehmung in den Bereichen der **allgemeinen Gefahrenabwehr**, der **Verkehrsüberwachung**, der **Gewerbeüberwachung** oder des **Meldewesens** gemacht werden, sofern nicht deutlich – auch für den Ausländer – erkennbar **auch** der **ausländerbehördliche Wirkungskreis** betroffen ist. Im Zweifelsfall ist der Ausländer darauf hinzuweisen, dass die Behörde ausländerrechtlich tätig wird, und dieser Hinweis aktenkundig zu machen (so: Nr. 49.1.2 AufenthG-VwV; zur Belehrung vgl. auch: § 82 Abs. 3 AufenthG).

Erforderliche Maßnahmen zur Identitätsfeststellung sind zunächst die Einsichtnahme in **193**
den vorgelegten Pass sowie Anfragen bei anderen Behörden (AZR, Ausländerbehörde). Nach § 49 Abs.1 AufenthG können biometrische Daten ausgelesen, beim Betroffenen erhoben und verglichen werden.

194 Die in § 49 Abs. 6 AufenthG vorgesehenen Maßnahmen:

- Aufnehmen von Lichtbildern,
- Abnehmen von Fingerabdrücken,
- Messungen und ähnliche Maßnahmen,
- körperlicher Eingriffe, die von einem Arzt nach den Regeln der ärztlichen Kunst zum Zweck der Feststellung des Alters vorgenommen werden, wenn kein Nachteil für die Gesundheit des Ausländers zu befürchten ist,

sind zur *Feststellung* der Identität nur zulässig, wenn die Identität in anderer Weise, insbesondere durch Anfragen bei anderen Behörden, nicht oder nicht rechtzeitig oder nur unter erheblichen Schwierigkeiten festgestellt werden kann. Diese Einschränkung gilt nicht für Maßnahmen zur *Sicherung* der Identität.

195 Besteht der **Verdacht einer Straftat**, kommt eine Identitätsfeststellung und erkennungsdienstliche Behandlung nach den Bestimmungen der StPO in Betracht (§§ 163b, 81b 1. Alt. StPO).

Die erhobenen Daten des Ausländers werden mit den entsprechenden Dateien, insbesondere dem Ausländerzentralregister (AZR) und dem Schengener Informationssystem (SIS), abgeglichen. Weist das AZR keinen Eintrag auf, besteht der dringende Verdacht, dass es sich bei einem vorgelegten Aufenthaltstitel um ein gefälschtes oder verfälschtes Dokument handelt. Handelt es sich bei dem Betroffenen um eine gemäß Art. 96 SDÜ zur Einreiseverweigerung ausgeschriebene Person, ist ggf. die Zurückschiebung in die Wege zu leiten (vgl. zur Zurückschiebung S. 121 f.). Sucht der Ausländer um Asyl nach, ist gemäß § 19 AsylVfG zu verfahren (vgl. 8.4.2 Polizeiliche Maßnahmen im Asylverfahren).

§ 49 Abs. 5 AufenthG regelt verschiedene Fallgruppen für **identitätssichernde Maßnahmen**, u. a. wenn der Ausländer mit einem gefälschten oder verfälschten Pass oder Passersatz einreisen will oder eingereist ist. Dasselbe gilt, wenn sonstige Anhaltspunkte den Verdacht begründen, dass der Ausländer nach einer **Zurückweisung** (§ 15 AufenthG) oder Beendigung des Aufenthalts erneut unerlaubt ins Bundesgebiet einreisen will oder wenn er in einen **sicheren Drittstaat** zurückgewiesen oder zurückgeschoben wird. Von der letzten Alternative werden also nicht die Staatsangehörigen der Anrainerstaaten erfasst.

196 Die Identität eines Ausländers, der das 14. Lebensjahr vollendet hat und sich ohne erforderlichen Aufenthaltstitel im Bundesgebiet aufhält und keine Duldung besitzt, ist (kein Ermessen!) zu sichern, wenn **Anhaltspunkte** dafür vorliegen, dass er einen **Asylantrag in einem Mitgliedstaat der Europäischen Gemeinschaften** gestellt hat (§ 49 Abs. 9 AufenthG, Art. 4 Verordnung (EG) Nr. 2725/2000 – EURODAC-Verordnung). Nach Art. 11 Abs. 1 der EURODAC-Verordnung ist eine Überprüfung, ob ein Ausländer zu einem früheren Zeitpunkt einen Asylantrag in einem anderen Mitgliedstaat gestellt hat, in der Regel begründet, wenn

- der Ausländer erklärt, dass er einen Asylantrag gestellt habe, jedoch den Mitgliedstaat der Antragstellung nicht angibt;
- der Ausländer kein Asyl beantragt, die Rückführung in sein Herkunftsland jedoch mit der Begründung ablehnt, dass er dort in Gefahr wäre, oder
- der Ausländer seine Abschiebung anderweitig zu verhindern versucht, indem er es ablehnt, bei der Feststellung seiner Identität mitzuwirken, vor allem indem er keine oder gefälschte Ausweispapiere vorlegt.

Zur **Sicherung der Identität eines Asylbewerbers** ist die Polizei gemäß § 16 AsylVfG verpflichtet (vgl. Polizeiliche Maßnahmen im Asylverfahren, S. 67 f.).

II. Fundpapier-Datenbank

In Deutschland halten sich nach groben Schätzungen über 60 000 Ausländer ohne die erforderlichen Reisedokumente auf. Tatsächlich können in Fällen der Passlosigkeit ausländische Vertretungen nur selten zu einer Ausstellung von Reisedokumenten bewegt werden. Ausländer, die es darauf anlegen, illegal im Bundesgebiet zu bleiben, entledigen sich meist sofort nach der Einreise ihrer Papiere. Damit wird auch eine Abschiebung oder Zurückschiebung zunächst unmöglich. Allein im Bereich der Deutschen Bahn AG und der Bundespolizei werden monatlich rund 150 Papiere aufgefunden. Liegt in diesen Fällen weder eine Verlustanzeige noch ein Eintrag im Ausländerzentralregister vor, kann davon ausgegangen werden, dass sich diese Person unter anderen Personalien in Deutschland aufhält. Die gefundenen Dokumente werden nunmehr in eine Datenbank eingelesen. Die Bilder passloser Ausländer können dann mit dem Bestand der Fundpapier-Datenbank abgeglichen werden. Im Trefferfall kann dann der Ausländer auch einem rückübernahmepflichtigen Staat zugeordnet werden. **197**

Gelangt eine öffentliche Stelle (und damit auch die Polizei) in den Besitz eines Identifikationspapiers eines Anhang-I-Staaters, übersendet sie dieses Fundpapier nach Maßgabe des § 49a Abs. 2 AufenthG innerhalb von sieben Tagen an das Bundesverwaltungsamt. Eine Übersendung unterbleibt nur, wenn **198**

- die Stelle von einer Verlustanzeige des Inhabers Kenntnis erlangt,
- der inländische Aufenthalt des Inhabers zweifelsfrei ermittelt wird oder
- das Fundpapier für Zwecke des Strafverfahrens oder für Beweiszwecke in anderen Verfahren benötigt wird.

Im zuletzt genannten Fall werden dem Bundesverwaltungsamt aber die im Fundpapier enthaltenen Angaben nach § 49b Nr. 1 bis 3 AufenthG zur Aufnahme in die Fundpapier-Datenbank übermittelt.

199 Im Falle einer Identitätsfeststellung, sowohl im Bereich der Gefahrenabwehr als auch der Strafverfolgung, kann die Polizei Daten an das Bundesverwaltungsamt übermitteln und dieses um einen Datenabgleich mit dem Bestand der Fundpapier-Datenbank ersuchen. Somit ergibt sich hier zu dem Abgleich mit dem Bestand in den polizeilichen Dateien, EURODAC und dem AZR eine weitere Identifizierungsmöglichkeit. Der Vorteil zu den älteren Systemen ist eindeutig der Bildabgleich.

III. Datenübermittlung

200 § 87 Abs. 1 AufenthG verpflichtet alle öffentlichen Stellen, soweit nicht besondere Bestimmungen etwas anderes regeln, Auskunftsersuchen der Ausländerbehörden zu beantworten (Datenübermittlung **auf Ersuchen**). Diese Pflicht umfasst aber nur die bei der ersuchten Institution bereits bekannten Tatsachen. Ermittlungsaufträge der Ausländerbehörde an die Polizei können nicht auf diese Vorschrift gestützt werden. Es handelt sich hierbei um Vollzugshilfe, die nach den polizeigesetzlichen Bestimmungen zu erfolgen hat.

201 Gemäß § 87 Abs. 2 AufenthG haben alle Behörden unverzüglich die zuständige Ausländerbehörde zu unterrichten, wenn sie Kenntnis erlangen vom **illegalen Aufenthalt** eines Ausländers, von Verstößen gegen **räumliche Beschränkungen** (vgl. S. 53 f.) sowie von sonstigen **Ausweisungsgründen** (Datenübermittlung **von Amts wegen**).

IV. Vorladung und Vorführung

202 Soweit es zu Vorbereitung und Durchführung von Maßnahmen nach dem Aufenthaltsgesetz und nach ausländerrechtlichen Bestimmungen in anderen Gesetzen erforderlich ist, kann das **persönliche Erscheinen** des Ausländers bei der Ausländerbehörde sowie den Vertretungen des Staates, dessen Staatsangehörigkeit er vermutlich besitzt, **angeordnet** werden (§ 82 Abs. 4 AufenthG). Vorsprachen bei Vertretungen mutmaßlicher Herkunftsstaaten dienen insbesondere der Ermittlung der Staatsangehörigkeit und der Passbeschaffung. Ausländische Vertretung i. S. d. § 82 Abs. 4 Satz 1 AufenthG sind nicht Diensträume eines ausländischen Staates, sondern vertretungsberechtigte Personen dieses Staates, auch wenn sich diese Personen in anderen Räumen aufhalten, z. B. in Räumen einer Ausländerbehörde.[3] Ein Ausländer ist darüber hinaus kraft Gesetzes verpflichtet, die von der Vertretung des Staates geforderten und mit dem deutschen Recht in Einklang stehenden Erklärungen im Rahmen der Beschaffung von Heimreisedokumenten abzugeben (§ 49 Abs. 2 AufenthG). Kommt der Ausländer einer Anordnung des persönlichen Erscheinens nicht nach, kommt eine **zwangsweise Vorführung** durch den **Polizeivollzugsdienst** in

[3] OVG Nordrhein-Westfalen, Beschluss v. 28. 11. 2006 – 19 B 1789/06.

Betracht. Die Ausländerbehörde kann den Polizeivollzugsdienst mit der Durchführung dieser Maßnahme beauftragen.

Die **Vorführung** an sich stellt grundsätzlich eine Maßnahme des unmittelbaren Zwangs und **keine Freiheitsentziehung** dar, denn damit verbundene Eingriffe in die Freiheit der Person sind lediglich sekundäre Folge der Durchsetzung der Mitwirkungspflicht. Die Vorführung ist nicht auf das Festhalten des betroffenen Ausländers an einem bestimmten Ort gerichtet, sondern darauf, dass er bei der ausländischen Vertretung oder der Ausländerbehörde persönlich zur Vorsprache erscheint.[4] Je nach Lage des Einzelfalls kann aber auch mit einer Maßnahme des unmittelbaren Zwangs wie der Vorführung eine Freiheitsentziehung verbunden sein. Dies ist immer dann der Fall, wenn der Betroffene in einem Gewahrsamsraum eingeschlossen wird.[5] Ist abzusehen, dass dem Betroffenen im Zusammenhang mit der Vorführung die Freiheit entzogen werden soll, muss vor Durchführung der Maßnahme eine richterliche Anordnung nach § 40 BPolG, §§ 415 ff FamFG eingeholt werden. 203

Die Polizei darf keine geplanten Freiheitsentziehungen ohne richterliche Anordnung vornehmen; auch nicht im Auftrag der Ausländerbehörde. Die richterliche Haftanordnung ist eine wesentliche Förmlichkeit i. S. des § 113 StGB. Ihr Fehlen führt zur Rechtswidrigkeit der Diensthandlung i. S. d. Vorschrift und damit zur Straffreiheit bei Widerstand. 204

Umstritten ist, ob unabhängig von der Frage der Freiheitsentziehung im Einzelfall wegen des Verweises auf die Bestimmungen des BPolG bei Vorführung immer eine richterliche Entscheidung einzuholen ist. Dies wird u. a. bejaht vom *OVG Nordrhein-Westfalen*. Das Gericht weist darauf hin, dass durch § 40 Abs. 1 BPolG der Richtervorbehalt einfachgesetzlich für bestimmte Sachverhalte[6] angeordnet worden sei, unabhängig davon, ob es sich bei der Beschränkung der körperlichen Bewegungsfreiheit etwa durch zwangsweise Vorführung um eine Freiheitsentziehung i. S. v. Art. 104 Abs. 2 GG oder lediglich um eine Freiheitsbeschränkung i. S. v. Art. 104 Abs. 1 GG handle.[7] Durch den Verweis gelte das Erfordernis einer richterlichen Entscheidung nunmehr auch für die Vorführung nach § 82 Abs. 4 Satz 2 AufenthG. Folgt man dieser Rechtsauffassung, darf die Vorführung nach § 82 Abs. 4 AufenthG nur aufgrund einer richterlichen Anordnung durchgeführt werden, es 205

[4] Diese finale Betrachtungsweise wurde vom Bundesverwaltungsgericht im Zusammenhang mit Abschiebungen entwickelt. Vgl. BVerwG, Urteil v. 23. 6. 1981 – I C 78.77, BVerwGE 62, 325; zust.: BVerfG, Beschluss v. 15. 5. 2002 – 2 BvR 2292/00, NJW 2002, 3161; BVerfG, Urteil v. 17. 8. 1982 – 1 C 85.80, InfAuslR 1982, 276; vgl. auch: BGH, Beschluss v. 17. 12. 1981 – VII ZB 8/81, BGHZ 82, 261 (Vorführung zur amtsärztlichen Untersuchung).

[5] Vgl. die Definition der Freiheitsentziehung in § 415 Abs. 2 FamFG. Ausführlich zur Abgrenzung von Freiheitsbeschränkung und Freiheitsentziehung: S. 129 ff.)

[6] Zum Beispiel die Mitnahme zur Dienststelle nach § 23 Abs. 3 Satz 4 BPolG, die Vollstreckung der Vorladung nach § 25 Abs. 3 BPolG; beide Fälle stellen keine Freiheitsentziehungen dar.

[7] OVG Nordrhein-Westfalen, Beschluss v. 28. 11. 2006 – 19 B 1789/06, unter Hinweis auf *Gusy*, in: v. Mangoldt/Klein/Starck, GG, 4. Aufl., Art. 104 Rn. 19, 23; *Kunig*, in: v. Münch/Kunig, GG, 5. Aufl., Art. 104 Rn. 19 f.

sei denn, die Herbeiführung der richterlichen Entscheidung würde voraussichtlich längere Zeit in Anspruch nehmen, als zur Durchführung der Maßnahme notwendig wäre (§ 40 Abs. 1 BPolG). Ob dies tatsächlich der Fall ist, muss durch einen prognostischen Zeitvergleich durch die Behörde ermittelt werden.[8] Bei diesem Vergleich ist der möglichst wirklichkeitsnah abgeschätzte Zeitaufwand, der vom Beginn der Maßnahme (Festhalten) für die Fahrt zur Ausländerbehörde oder ausländischen Vertretung, die Vorsprache dort und je nach vorheriger Abstimmung der geplanten Abläufe für etwaige Wartezeiten voraussichtlich entstehen wird, dem Zeitaufwand gegenüber zu stellen, der für die Herbeiführung der Entscheidung des zuständigen erreichbaren Amtsrichters nach Maßgabe des Verfahrens nach dem FamFG zu erwarten ist, wobei auch die Zeiten für die notwendige Anhörung und Sachaufklärung durch den Richter zu beachten sind.[9] Bei Vorführungen vor die Ausländerbehörde dürfte der Zeitaufwand für die Einholung einer richterlichen Anordnung meist größer sein. Soll der Ausländer dagegen zur Botschaft seines mutmaßlichen Heimatstaates transportiert werden, dürfte dies regelmäßig länger dauern als die Herbeiführung der richterlichen Anordnung.

206 Gegen das generelle Erfordernis einer richterlichen Anordnung spricht jedoch die Gesetzgebungshistorie. Der Gesetzgeber wollte die Regelungen des BPolG nur für den Fall der Freiheitsentziehung angewandt wissen.[10] Somit bedarf es keiner richterlichen Anordnung, wenn sich die Vorführung als bloße Freiheitsbeschränkung darstellt. Die strengen Anforderungen des Verfahrens bei Freiheitsentziehungen, wie z. B. die Benachrichtigungspflicht gem. Art. 104 GG, § 41 Abs. 2 BPolG sollen dem spurlosen Verschwinden von Personen vorbeugen. Gerade die Benachrichtigungspflicht würde im Falle einer schlichten zwangsweisen Vorführung (bloße Freiheitsbeschränkung) als völlig überzogen erscheinen.

207 Ist mit der Vorführung jedoch eine Freiheitsentziehung verbunden, sind nach jeder Ansicht die §§ 40 Abs. 1 und 2, 41, 42 Abs. 1 Satz 1 und 3 BPolG zu beachten. Nach § 40 Abs. 1 BPolG hat die Bundespolizei, wenn eine Person festgehalten wird, unverzüglich eine richterliche Entscheidung über Zulässigkeit und Fortdauer der Freiheitsentziehung herbeizuführen, wobei im Zusammenhang mit einer Anordnung nach § 82 Abs. 4 Satz 1 AufenthG die **Ausländerbehörde anstelle der Bundespolizei** zuständig bleibt.[11] Ist die Notwendigkeit einer Ingewahrsamnahme absehbar, muss die richterliche Haftanordnung vor Durchführung der Maßnahme herbeigeführt werden.

208 Da es sich bei der Vorführung um unmittelbaren Zwang und damit um eine Maßnahme in der Verwaltungsvollstreckung handelt, müssen auch die **allgemeinen vollstreckungsrechtlichen Voraussetzungen** der jeweiligen Landesverwaltungsvollstreckungsgesetze und Polizeigesetze (wenn die Polizei um Vollzugshilfe ersucht wird) erfüllt sein[12]:

---

[8] BVerfG, Beschluss v. 15. 5. 2002 – 2 BvR 2292/00, NJW 2002, 316.

[9] OVG Nordrhein-Westfalen, Beschluss v. 28. 11. 2006 – 19 B 1789/06.

[10] Im Einzelnen vgl. *Zeitler*, HTK-AuslR / § 82 AufenthG / zu Abs. 4 – Vorführung 08/2010 Nr. 5.

[11] Vgl. KG Berlin, Beschluss v. 8. 5. 2008 – 1 W 122/08, unter Hinweis auf BT-Drucks. 15/420, S. 97.

- Die Anordnung des persönlichen Erscheinens muss dem Betroffenen wirksam bekanntgegeben worden sein (§§ 41, 43 Abs. 1 VwVfG, **wirksamer Verwaltungsakt als Vollstreckungstitel**).
- **Vollstreckbarkeit der Anordnung**: Nach den meisten Landesverwaltungsvollstreckungsgesetzen (§ 2 LVwVG) kann ein Verwaltungsakt vollstreckt werden, wenn er unanfechtbar geworden ist oder die aufschiebende Wirkung eines Rechtsbehelfs entfällt. Die Anordnung wird frühestens einen Monat nach Bekanntgabe unanfechtbar, vorausgesetzt, sie ist mit einer schriftlichen Rechtsbehelfsbelehrung versehen (vgl. § 58 VwGO). Die aufschiebende Wirkung eines Rechtsbehelfs entfällt nur dann, wenn die Ausländerbehörde gemäß § 80 Abs. 2 Satz 1 Nr. 4 VwGO die sofortige Vollziehbarkeit angeordnet und gemäß § 80 Abs. 3 VwGO schriftlich begründet hat.
- Das Zwangsmittel (Vorführung) muss vorher **angedroht** werden.
- Bei Vollstreckung an Sonn- und Feiertagen oder zur Nachtzeit wird eine **schriftliche Erlaubnis** der Vollstreckungsbehörde (Ausländerbehörde, die das persönliche Erscheinen angeordnet hat) notwendig.[13]
- Die Polizei benötigt einen **schriftlichen Vollstreckungsauftrag**.
- Muss der Pflichtige aus seiner Wohnung geholt werden, wird evtl. eine **verwaltungsgerichtliche Durchsuchungsanordnung** benötigt. Hier verlangt die Rechtsprechung[14], dass zumindest ein Vollstreckungsversuch durchgeführt wurde, der aber ergebnislos verlief, weil der Betroffene sich in seiner Wohnung versteckt hatte. In aller Regel dürfte ein bloßes Betreten der Wohnung, welches vollstreckungsrechtlich ohne richterliche Anordnung möglich ist, ausreichen.

V. Maßnahmen nach dem AsylbLG

Wird bei einem Asylbewerber, der nach dem AsylbLG Geld- oder Sachleistungen erhält, ein größerer Geldbetrag festgestellt, erhebt sich die Frage, ob der Besitz des Geldes mit der Nachrangigkeit der Leistungen zu vereinbaren ist. Gemäß § 7 AsylbLG ist der Leistungsempfänger verpflichtet, vorrangig eigenes verfügbares Vermögen zu verbrauchen. Zur Sicherung etwaiger Ansprüche der Leistungsbehörde sieht § 7a AsylbLG

[12] Eine Selbstverständlichkeit, die offensichtlich hin und wieder vergessen wir; vgl. OVG Rheinland-Pfalz, Beschluss v. 24. 8. 2009 – 7 E 10166/09.

[13] Baden-Württemberg: § 9 LVwVG; Bayern: Art. 37 Abs. 3 Satz 2 VwZVG; Hamburg: § 10 VwVG; Hessen: § 10 HessVwVG; Niedersachsen: § 12 NVwVG; Nordrhein-Westfalen: § 16 VwVG NRW; Saarland: § 8 SVwVG; Sachsen: § 9 SächsVwVG; Sachsen-Anhalt: § 12 VwVG LSA; Thüringen: § 27 ThürVwZVG.

[14] OLG Hamm, Beschluss v. 27. 5. 2004 – 15 W 307/03, FGPrax 2004, 306; VG Freiburg, Beschluss v. 2. 3. 2007 – 2 K 633/07, AuAS 2007, 247.

die „Anordnung von Sicherheitsleistungen“ vor. In Rechtsprechung[15] und Literatur[16] stößt die Regelung auf Kritik. Kritisiert wird insbesondere das Konkurrenzverhältnis der §§ 7 und 7a AsylbLG: Einerseits setze die Leistung nicht ein, bis das verfügbare Vermögen verbraucht ist, andererseits wolle § 7a AsylbLG dem Leistungsempfänger gerade dieses Vermögen wegnehmen.[17] Auch wird der praktische Nutzen dieser Vorschrift bestritten, da die zuständige Behörde regelmäßig keine gesicherten Erkenntnisse über verfügbares Vermögen besitze, dies aber für eine Maßnahme nach § 7a AsylbLG Voraussetzung sei.[18] Im Gegensatz zur Leistungsbehörde stellen Beamte des Polizeivollzugsdienstes nicht selten bei Razzien und ähnlichen polizeilichen Maßnahmen Geldbeträge fest, die im Widerspruch zu den Bestimmungen des AsylbLG stehen.

209 In einem derartigen Fall ist die zuständige Behörde (untere Aufnahmebehörde) über die Person des Leistungsempfängers sowie die Höhe des Geldbetrags zu informieren. Eine Wegnahme des Geldes durch den Polizeivollzugsdienst kommt indes nicht in Betracht. Das AsylbLG enthält keine Aufgabenzuweisung an den Polizeivollzugsdienst. Da es sich beim Vollzug des AsylbLG auch nicht um eine Aufgabe der Gefahrenabwehr handelt, kann sich eine (subsidiäre) Zuständigkeit der Polizei auch nicht aus den allgemeinen polizeirechtlichen Bestimmungen ergeben. Auch eine polizeiliche Sicherstellung bzw. Beschlagnahme kommt nicht in Betracht. Zum einen geht von dem Geld an sich keine Gefahr aus. Zum anderen ist bis zum Beweis des Gegenteils davon auszugehen, dass das Geld dem Asylbewerber gehört. Eine Sicherstellung zur Wahrung der Eigentümerinteressen scheidet daher ebenfalls aus.[19]

---

[15] VG Stuttgart, Beschluss v. 22. 12. 1999 – 9 K 534/99.

[16] *Goldmann*, Die Wiederherstellung des Nachranges im Asylbewerberleistungsgesetz, Zeitschrift für das Fürsorgewesen 1999, 165; *Hohm*, Zweites Gesetz zur Änderung des Asylbewerberleistungsgesetzes, NVwZ 1998, 1045, 1047.

[17] *Goldmann*, a. a. O. (Fn. 16).

[18] *Hohm*, a. a. O. (Fn. 16).

[19] Ausführlich zu dieser Thematik: *Zeitler* VBlBW 2001, 296.

KAPITEL 10

Gesetzliche Ausreisepflicht

I. Grundsatz

§ 50 Abs. 1 AufenthG normiert den Grundsatz der **gesetzlichen Ausreisepflicht**. Die Pflicht zur Ausreise ergibt sich unmittelbar aus dem Gesetz: Liegen die Tatbestandsvoraussetzungen des § 50 AufenthG vor, muss der Ausländer ausreisen. Einer zusätzlichen Verfügung der Ausländerbehörde bedarf es hierbei nicht. Eine evtl. Ausreiseaufforderung besitzt nur eine klarstellende Funktion. **210**

Wer ohne erforderlichen Aufenthaltstitel einreist, ist **von Anfang an** ausreisepflichtig. Die **Beendigung** des Aufenthaltes kann aber auch infolge eines **Verwaltungsakts** der Behörde eintreten (Widerruf, Ausweisung, nachträgliche Befristung) oder infolge des Eintritts einer auflösenden Bedingung.

Beispiele für die Beendigung des rechtmäßigen Aufenthalts: **211**

- Der Aufenthaltstitel wurde befristet erteilt (z. B. eine Aufenthaltserlaubnis). Die Frist ist abgelaufen und eine Verlängerung wurde nicht beantragt oder abgelehnt.
- Der Aufenthaltstitel wurde unter einer auflösenden Bedingung erteilt, diese ist eingetreten.
- Der Aufenthaltstitel wurde widerrufen (§ 52 AufenthG), aufgehoben oder annulliert (Art. 34 VK).
- Der Ausländer wurde **ausgewiesen** (§§ 53, 54 und 55 AufenthG). Dies führt zum Erlöschen des Aufenthaltstitels (§ 51 Abs. 1 Nr. 5 AufenthG).

Unionsbürger sind gemäß § 7 Abs. 1 FreizügG/EU ausreisepflichtig, wenn die Ausländerbehörde festgestellt hat, dass das Recht auf Einreise und Aufenthalt nicht besteht. Familienangehörige, die nicht Unionsbürger sind, sind ausreisepflichtig, wenn die Ausländerbehörde die Aufenthaltskarte widerrufen oder zurückgenommen hat. Diese **Feststellung des Verlusts der Freizügigkeit** tritt an die Stelle der Ausweisung. Diese ist bei Unionsbürgern und deren Familienangehörigen nicht möglich, da die Ausweisungsbestimmungen

(§§ 53, 54 und 55 AufenthG) gemäß § 11 Abs. 1 FreizügG/EU auf Unionsbürger nicht anwendbar sind.

II. Vollzug der Ausreisepflicht

212 Gemäß § 50 Abs. 2 Satz 1 AufenthG hat der ausreisepflichtige Ausländer das Bundesgebiet unverzüglich oder, wenn ihm eine Ausreisefrist gesetzt ist, bis zum Ablauf der Frist zu verlassen. Unverzüglich bedeutet „ohne schuldhaftes Zögern" (vgl. § 121 BGB). Seiner Ausreisepflicht genügt ein Ausländer nur dann, wenn er dauerhaft Aufenthalt in einem anderen Staat nimmt. Durch Ausreise in einen anderen EU-Staat wird die Ausreisepflicht nur erfüllt, wenn dem Betroffenen Einreise und Aufenthalt dort erlaubt sind (§ 50 Abs. 4 AufenthG). Entsteht die Ausreisepflicht durch einen Verwaltungsakt ...

Beispiel 26: Ablehnung des Antrags auf Erteilung oder Verlängerung einer Aufenthaltserlaubnis; Ausweisungsverfügung

verbindet die Ausländerbehörde ihre Entscheidung regelmäßig mit der Androhung der Abschiebung und einer Ausreisefrist (vgl. § 59 AufenthG). Der Tenor einer entsprechenden aufenthaltsbeendenden Verfügung lautet in etwa wie folgt:

Verfügung

1. *Sie werden aus der Bundesrepublik Deutschland ausgewiesen.*
2. *Die sofortige Vollziehbarkeit wird im besonderen öffentlichen Interesse angeordnet.*
3. *Für die Ausreise wird Ihnen eine Frist von einem Monat ab Bekanntgabe dieser Verfügung gesetzt.*
4. *Für den Fall der nicht fristgerechten Ausreise wird Ihnen die Abschiebung nach [Zielstaat] angedroht.*

Begründung

...

213 Die Androhung der Abschiebung soll dem Betroffenen „den Ernst der Lage" vor Augen führen und ihn zur freiwilligen Ausreise motivieren. Die Ausreisefrist ermöglicht ihm, vor der Ausreise seine persönlichen Angelegenheiten zu ordnen. In den Fällen einer kraft Gesetzes entstandenen Ausreisepflicht wird meist keine Abschiebung angedroht. Dem Betroffenen wird aber eine (kurze) Frist gesetzt, binnen derer er auszureisen hat. Zur **Überwachung der freiwilligen Ausreise** erhält der Ausreisepflichtige eine **Grenzübertrittsbescheinigung (GÜB)**. Ein Beispiel für eine GÜB befindet sich im Anhang B. Dabei handelt es sich um ein amtliches Schreiben, in welches die Personalien des

Betroffenen und die Ausreisefrist eingetragen werden. Zum Nachweis der freiwilligen Erfüllung der Ausreisepflicht muss die GÜB bei direkter Ausreise in einen Drittstaat an der Grenzübergangsstelle abgegeben werden.

Beispiel 27: Der Ausländer fliegt von Frankfurt direkt nach Kiew (Ukraine). Die GÜB ist der Grenzbehörde (Bundespolizei) auszuhändigen. Diese bestätigt die Ausreise mit Stempel und Unterschrift.

Im Falle der Ausreise durch andere Schengen-Staaten ist die Ausreise durch Abgabe der GÜB bei der deutschen Auslandsvertretung (Botschaft oder Generalkonsulat) im Heimatstaat des Betroffenen nachzuweisen. Grenzbehörde oder Auslandsvertretung senden die GÜB an die zuständige Ausländerbehörde.

Die Grenzübertrittsbescheinigung ist gesetzlich nicht geregelt, in der Praxis aber allgemein anerkannt. Sie kann auch von der Polizei ausgestellt werden. Das Verfahren kommt immer dann in Betracht, wenn keine Zweifel bestehen im Hinblick auf die Freiwilligkeit der Ausreise.

Beispiel 28: Ein Tourist hat die Gültigkeitsdauer seines Schengen-Visums kurzfristig überschritten. Er versichert aber glaubhaft, unverzüglich nach Hause fahren zu wollen.

Gelangt die Grenzübertrittsbescheinigung nicht in den Rücklauf, muss davon ausgegangen werden, dass eine Ausreise nicht erfolgte. Da der Aufenthalt des Ausländers unbekannt ist, kann er nach § 50 Abs. 7 AufenthG zur Aufenthaltsermittlung ausgeschrieben werden.

Der Sicherung der Ausreise dient § 50 Abs. 5 AufenthG: Der ausreisepflichtige Ausländer 214
hat jeden **Wohnortwechsel** der Behörde anzuzeigen. Sanktionen bei Zuwiderhandlung sieht das Gesetz allerdings nicht vor. Um zu verhindern, dass der Ausreisepflichtige seinen Pass oder Passersatz vernichtet, um so die Abschiebung unmöglich zu machen, soll das Dokument gemäß § 50 Abs. 6 AufenthG bis zur Ausreise in Verwahrung genommen werden. Gemäß § 50 Abs. 7 AufenthG kann ein Ausländer zum Zweck der Aufenthaltsbeendigung in den Fahndungshilfsmitteln der Polizei zur Aufenthaltsermittlung und Festnahme ausgeschrieben werden, wenn sein Aufenthalt unbekannt ist.

Mit der **Ausschreibung zur Festnahme** nach § 50 Abs. 7 Satz 1 AufenthG räumt das 215
Gesetz der Ausländerbehörde die Möglichkeit ein, auf polizeiliche Fahndungsmaßnahmen zum Zweck der Aufenthaltsbeendigung von Ausländern, deren Aufenthalt unbekannt ist, zurückzugreifen. Als nicht geschriebenes Tatbestandsmerkmal ist das Vorliegen von Haftgründen nach § 62 AufenthG zu prüfen, da nur dann, wenn eine Inhaftierung erfolgen darf, eine Ausschreibung zur Festnahme gerechtfertigt sein kann[1]. Zur Festnahme eines ausgeschriebenen Ausländers durch die Polizei vgl. die Ausführungen auf S. 141 f.

Gemäß § 54a AufenthG muss sich ein Ausländer, gegen den eine vollziehbare Ausweisungs- 216
verfügung nach § 54 Nr. 5, 5a AufenthG oder eine vollziehbare Abschiebungsanordnung

[1] BVerfG, Beschluss v. 7. 5. 2009 – 2 BvR 475/09.

nach § 58a AufenthG besteht (sog. „Top-Gefährder") mindestens einmal in der Woche auf der Polizeidienststelle melden. Die Ausländerbehörde kann auch eine mehrmalige Meldepflicht verfügen oder ein bestimmtes wiederkehrendes Datum anordnen. Auch bei einem Ausländer, der aus einem anderen Grund ausgewiesen wurde, kann eine entsprechende Meldepflicht angeordnet werden. In diesem Fall muss dann allerdings die Erforderlichkeit für die Abwehr einer Gefahr für die öffentliche Sicherheit und Ordnung gesondert begründet werden. Wenn der Betroffene sich nicht oder nicht rechtzeitig meldet, stellt dies eine Ordnungswidrigkeit (§ 98 Abs. 3 Nr. 5 AufenthG) und im Wiederholungsfall eine Straftat (§ 95 Abs. 1 Nr. 6a AufenthG) dar.

KAPITEL 11

Ausweisung

I. Allgemein

Wie wir dem § 51 AufenthG entnehmen können, gibt es verschiedene Fallgestaltungen, die zu einer Beendigung der Rechtmäßigkeit des Aufenthalts und damit gemäß § 50 Abs. 1 AufenthG zum Entstehen der gesetzlichen Ausreisepflicht führen, eine davon ist die Ausweisung (vgl. § 51 Abs. 1 Nr. 5 AufenthG). Die Ausweisung ist ein **belastender Verwaltungsakt, der zum Entstehen der gesetzlichen Ausreisepflicht führt**.

Die Ausweisung wird von der Ausländerbehörde verfügt, fällt also nicht in den Zuständigkeitsbereich der Polizei. Dennoch sollte auch die Polizei über Kenntnisse des Ausweisungsrechts verfügen, und zwar aus folgenden Gründen: 217

- Die Polizei sollte auch die aufenthaltsrechtlichen Konsequenzen, die „ihren" Straftätern drohen, kennen.
- Die Polizei ist gemäß § 87 Abs. 2 AufenthG verpflichtet, der Ausländerbehörde Ausweisungsgründe mitzuteilen.
- Die Polizei ermittelt Tatsachen, die Grundlage für eine spätere Ausweisung sind (S. 89 f.), wirkt also an maßgeblicher Stelle an einer Ausweisung mit. In seiner Entscheidung vom 22. 2. 2010 weist der Bayerische Verwaltungsgerichtshof ausdrücklich darauf hin, dass es in erster Linie Aufgabe der Sicherheitsbehörden sei, die Tatsachengrundlage für eine Ausweisungsverfügung zu schaffen.[1]
- Die Polizei ist auch zuständig für die Beantragung von Vorbereitungshaft nach § 62 Abs. 2 AufenthG (§ 71 Abs. 5 AufenthG). In dem Zusammenhang müssen die Tatbestandsvoraussetzungen für die Ausweisung geprüft und im Haftantrag niedergelegt werden.

---

[1] Bayerischer VGH, Urteil v. 22. 2. 2010 – 19 B 09.929. Dies gilt natürlich insbesondere für die Bereiche, in denen die Ausländerbehörde gar nicht in der Lage ist, entsprechende Tatsachen zu ermitteln.

- Ausgewiesene Ausländer mit Nähe zum Terrorismus müssen sich auf der Dienststelle melden (§ 54a AufenthG).

218 **Zweck** der Ausweisung (vgl. § 40 VwVfG) ist die **Abwehr von Gefahren für die öffentliche Sicherheit**. Aufgrund von Tatsachen (z. B. Art, Schwere und Häufigkeit bereits begangener Verfehlungen des Ausländers) werden zukünftige Verstöße des Ausländers gegen die Rechtsordnung der Bundesrepublik Deutschland prognostiziert. Die Ausweisung soll dem entgegenwirken. Mit der Ausweisung können daher **spezialpräventive Zwecke** verfolgt werden. Die Ausweisung eines Ausländers kann aber auch bewirken, dass andere Ausländer abgeschreckt werden, es dem Ausgewiesenen gleichzutun. Diesen mit der Ausweisung verfolgten Zweck nennt man **Generalprävention**. Die Tauglichkeit der Generalprävention ist im ausländerrechtlichen Schrifttum nicht unbestritten.[2] In der Rechtsprechung wird sie jedoch durchgängig anerkannt.[3] Behörden und Gerichte dürfen grundsätzlich davon ausgehen, dass die aus Anlass **strafgerichtlicher Verurteilung** verfügte Ausweisung als Teil kontinuierlicher Verwaltungspraxis zur Verwirklichung des generalpräventiven Zwecks der Ausweisungsermächtigung geeignet ist. Das gilt insbesondere bei schweren Verurteilungen wegen **illegalen Rauschgifthandels**. Voraussetzung für eine generalpräventive Wirkung ist allerdings stets, dass die Ausweisung zeitnah zur strafrechtlichen Verurteilung bzw. Entlassung aus der Strafhaft erfolgt.[4] Ziel der Ausweisung ist also stets **Prävention** und nicht, ein bestimmtes menschliches Verhalten zu ahnden.[5] Die Ausweisung ist keine Strafe, auch wenn es der betroffene Ausländer im Einzelfall so empfinden mag. Dies hat sich die Ausländerbehörde stets vor Augen zu halten. Eine Ausweisung, die begangenes Unrecht ahnden wollte, wäre auf jeden Fall ermessensfehlerhaft und damit rechtswidrig.

219 Die Bestimmungen über die Ausweisung (§§ 53, 54 und 55 AufenthG) sind allerdings nicht nur von Bedeutung für die Entfernung eines Ausländers aus dem Bundesgebiet. Das bloße Vorliegen eines **Ausweisungsgrundes** kann nämlich der Erteilung einer Aufenthaltserlaubnis (§ 5 Abs. 1 Nr. 2 AufenthG) oder deren Verlängerung sowie einer Einbürgerung entgegenstehen (§ 8 Abs. 1 Nr. 2 StAG). Ausreichend für das Vorliegen eines Ausweisungsgrundes ist, dass ein Ausweisungstatbestand gegeben ist. Ob die Ausweisung tatsächlich verfügt werden könnte, ist nach h. A. nicht entscheidend.[6]

Für die Ausländerbehörde ist es wichtig, im Hinblick auf eventuelle Ausweisungsgründe stets auf dem Laufenden zu sein. Um dies zu gewährleisten, gibt es den § 87 Abs. 2 AufenthG. Danach haben öffentliche Stellen – also alle Behörden und damit auch der

[2] Vgl. *Gutmann*, InfAuslR 1996, 273.

[3] Vgl. BVerwG InfAuslR 1996, 293; BVerwG InfAuslR 1994, 100; VGH Baden-Württemberg, InfAuslR 1997, 333; zur generalpräventiv motivierten Ausweisung türkischer Staatsangehöriger vgl. VGH Baden-Württemberg, InfAuslR 1994, 127.

[4] Vgl. hierzu: VGH Baden-Württemberg InfAuslR 2002, 2.

[5] BVerwGE 35, 291; 42, 133.

[6] BVerwG, Urteil v. 28. 1. 1997 – 1 C 23.94, DVBl. 1997, 905, m. w. N.; BVerwG, Urteil v. 27. 8. 1996 – 1 C 8.94; Bayerischer VGH, Beschluss v. 15. 9. 2006 – 24 ZB 06.1756, m. w. N.; OVG Nordrhein-Westfalen, Urteil v. 1. 10. 1997 – 17 A 1888/92; VGH Baden-Württemberg, Urteil v. 15. 9. 2007 – 11 S 837/06.

Polizeivollzugsdienst – unverzüglich die zuständige Ausländerbehörde zu unterrichten, wenn sie Kenntnis vom Vorliegen eines Ausweisungsgrundes erlangen.

Das Gesetz unterscheidet folgende, nachfolgend näher erläuterte Formen der Ausweisung: 220

Ist-Ausweisung (zwingende Ausweisung): Bei Vorliegen des Ausweisungsgrundes **ist** der Ausländer auszuweisen (§ 53 AufenthG).

Regel-Ausweisung: Bei Vorliegen des Regel-Ausweisungsgrundes wird der Ausländer ausgewiesen, es sei denn, es liegen besondere (atypische) Umstände vor (§ 54 AufenthG). Wenn Letzteres der Fall ist, kann die Behörde nach pflichtgemäßem Ermessen entscheiden.

Kann-Ausweisung: Bei Vorliegen des Ausweisungsgrundes wird unter Berücksichtigung aller Umstände des Einzelfalles nach pflichtgemäßem Ermessen über die Ausweisung entschieden (§ 55 AufenthG).

Damit ist die Ausweisung insgesamt in einem abgestuften, dem Verhältnismäßigkeitsgrundsatz entsprechenden Normensystem geregelt. Dem entspricht auch die Möglichkeit einer Befristung der Rechtswirkung der Ausweisung (vgl. hierzu § 11 Abs. 1 AufenthG und Rn. 273). Je nach Schwere des Ausweisungsgrundes und Verhalten des Ausländers können die Wirkungen der Ausweisung (das Verbot der Einreise und der Versagungsgrund bei Beantragung eines Aufenthaltstitels) zeitlich befristet werden. Nach Ablauf der Frist darf der Ausländer grundsätzlich wieder in das Bundesgebiet einreisen. Da der Gesetzgeber hier also ein am Verhältnismäßigkeitsgrundsatz orientiertes Regelwerk vorgelegt hat, besteht keine Veranlassung für die Ausländerbehörde, unter Hinweis auf den Verhältnismäßigkeitsgrundsatz die gesetzgeberische Entscheidung aufzuweichen und etwa von einer gebotenen Ausweisung abzusehen, obwohl die Tatbestandsvoraussetzungen des § 53 AufenthG erfüllt sind. Nach der inzwischen herrschenden Meinung in der Rechtsprechung bedarf jedoch auch eine Ist-Ausweisung nach § 53 AufenthG einer **einzelfallbezogenen Verhältnismäßigkeitsprüfung** am Maßstab des Art. 8 Abs. 2 EMRK.[7] 221

II. Zwingende Ausweisung

§ 53 AufenthG sieht für Fälle **schwerer Kriminalität** die **zwingende Rechtsfolge** der Aufenthaltsbeendigung vor. Maßstab ist die **rechtskräftig** verhängte Freiheits- oder Jugendstrafe. Wurde ein Ausländer danach rechtskräftig wegen einer Straftat zu einer Freiheitsstrafe (auch Jugendstrafe) von drei Jahren oder wegen mehrerer innerhalb von fünf Jahren begangener Straftaten zu insgesamt drei Jahren verurteilt, ist der betreffende Ausländer auszuweisen. Dasselbe gilt, wenn bei der letzten rechtskräftigen Verurteilung Sicherungsverwahrung angeordnet worden ist. 222

---

[7] Vgl. hierzu Rn. 225.

223 § 53 Nr. 2 AufenthG erfasst Verstöße gegen das **Demonstrationsstrafrecht**. Voraussetzung ist jeweils die rechtskräftige Verurteilung zu einer Jugendstrafe von mindestens zwei Jahren oder zu einer Freiheitsstrafe und dass die Vollstreckung der Strafe nicht zur Bewährung ausgesetzt worden ist. Die zwingende Ausweisung knüpft hier unmittelbar an das Strafurteil an. Wegen der besonderen Gefährlichkeit der **Straftaten nach dem Betäubungsmittelgesetz**, die meist organisiert und international arbeitsteilig begangen werden und mit gravierenden Folgen für Leben und Gesundheit einer Vielzahl von Konsumenten verbunden sind, genügt hier ebenfalls eine rechtskräftige Verurteilung zu einer Freiheitsstrafe oder mindestens zweijährigen Jugendstrafe zur Begründung eines zwingenden Ausweisungsgrundes.

224 Mit der zwingenden Ausweisung in solchen Fällen verfolgt § 53 AufenthG ein **gesteigertes, spezial- und generalpräventiv determiniertes öffentliches Präventionsinteresse**.[8] In *generalpräventiver Hinsicht* besteht ein dringendes Bedürfnis, andere Ausländer über die strafrechtliche Sanktion hinaus von Straftaten ähnlicher Art und Schwere abzuhalten; in *spezialpräventiver Hinsicht* geht die Vorschrift angesichts des Gewichts der Straftaten von einer erheblichen kriminellen Energie des Täters aus, aufgrund derer die erneute Begehung vergleichbarer Straftaten – ausgehend von einer mit zunehmender Schwere geringeren Anforderungen unterliegenden Wiederholungswahrscheinlichkeit – ernsthaft in Betracht zu ziehen ist.[9] Das Gesetz enthält damit auch eine **gesetzliche Vermutung für die spezialpräventive Notwendigkeit der Ausweisung** in diesen Fällen. Polizeirechtlich gesehen wird hier eine Gefahr gesetzlich vermutet.

225 Trotz der zwingenden Rechtsfolge des § 53 AufenthG (Ausweisung ohne Ermessensspielraum) verlangt die h. M. in der Rechtsprechung[10] wegen Art. 8 EMRK[11] eine am Einzelfall ausgerichtete Verhältnismäßigkeitsprüfung. So kann eine zwingende Ausweisung eines Ausländers der zweiten Generation wegen Heroinhandels i. S. von Art. 8 Abs. 2 EMRK unverhältnismäßig sein, wenn eine Wiederholungsgefahr zu verneinen ist.[12]

---

8 Vgl. VGH Baden-Württemberg, Urteil v. 2. 7. 2001 – 13 S 2326/99, InfAuslR 2002, 72.

9 OVG Nordrhein-Westfalen, Beschluss v. 5. 3. 1998 – 18 B 1718/96, InfAuslR 1998, 393.

10 VGH Baden-Württemberg, Urteil v. 25. 7. 2001 – 13 S 2401/99, InfAuslR 2002, 2; BVerfG, Beschluss v. 10. 5. 2007 – 2 BvR 304/07; BVerfG, Beschluss v. 10. 8. 2007 – 2 BvR 535/06; OVG Nordrhein-Westfalen, Beschluss v. 26. 5.2009 – 18 E 1230/08; VGH Baden-Württemberg, Beschluss v. 23. 10. 2002 – 11 S 1410/02; VGH Baden-Württemberg, Urteil v. 25. 7. 2001 – 13 S 2401/99; anders: Hessischer VGH, Beschluss v. 23. 9. 1996 – 13 Tg 1316/96, NVwZ-RR 1997, 126, jew. m. w. N.; *Sennekamp*, ZAR 2002, 136; ausführlich zu dieser Problematik: *Armbruster*, HTK-AuslR / Ausweisungsschutz / EMRK 07/2011.

11 Artikel 8 lautet:
„(1) Jedermann hat Anspruch auf Achtung seines Privat- und Familienlebens, seiner Wohnung und seines Briefverkehrs.
(2) Der Eingriff einer öffentlichen Behörde in die Ausübung dieses Rechts ist nur statthaft, insoweit dieser Eingriff gesetzlich vorgesehen ist und eine Maßnahme darstellt, die in einer demokratischen Gesellschaft für die nationale Sicherheit, die öffentliche Ruhe und Ordnung, das wirtschaftliche Wohl des Landes, die Verteidigung der Ordnung und zur Verhinderung von strafbaren Handlungen, zum Schutz der Gesundheit und der Moral oder zum Schutz der Rechte und Freiheiten anderer notwendig ist."

12 VGH Baden-Württemberg, a. a. O. (Fn. 88).

III. Regel-Ausweisung

Im Falle der rechtskräftigen Verurteilung zu einer mindestens zweijährigen Jugendstrafe oder zu einer Freiheitsstrafe (ohne Bewährung) oder einer rechtskräftigen Verurteilung wegen Einschleusens von Ausländern wird ein Ausländer gemäß § 54 Nr. 1 AufenthG **in der Regel** ausgewiesen. 226

Für die Polizei von besonderer Bedeutung sind die Ausweisungstatbestände in § 54 Nrn. 3 bis 7 AufenthG, da hier nicht an eine strafrichterliche Verurteilung, sondern an die behördliche Tatsachenfeststellung und damit an die **polizeilichen Ermittlungen** angeknüpft wird!

1. Einzelne Ausweisungstatbestände

a) Verstöße gegen das BtMG

Im Fall des § 54 Nr. 3 AufenthG genügen bestimmte Verstöße gegen das BtMG, **ohne** dass es dabei auf eine **Verurteilung** ankäme.[13] Nach einem freisprechenden Urteil kann sich die Ausländerbehörde allerdings nicht mehr auf einen Verstoß gegen das BtMG berufen. 227

Nach dem eindeutigen Wortlaut der Vorschrift müssen die aufgeführten Handlungen feststehen. Ein Verdacht genügt nicht. Die Ausländerbehörde trägt insofern die Beweispflicht. Ausweisungsgrundlage ist das polizeiliche Ermittlungsergebnis.

Die Aufzählung in § 54 Nr. 3 AufenthG ist abschließend. Der unerlaubte Besitz von Drogen, der unerlaubte Konsum von Drogen sowie das unerlaubte Beschaffen von Drogen für den Eigenverbrauch fallen nicht darunter. Nur der Verbrauch von Heroin, Kokain oder eines vergleichbar gefährlichen Betäubungsmittels kann einen Ermessensausweisungsgrund darstellen, wenn der Betroffene nicht zu einer erforderlichen seiner Rehabilitation dienenden Behandlung bereit ist oder sich ihr entzieht (§ 55 Abs. 2 Nr. 4 AufenthG).

b) Straftaten im Zusammenhang mit Versammlungen

Gemäß § 54 Nr. 4 AufenthG stellt die Beteiligung an Gewalttätigkeiten im Rahmen einer **verbotenen** oder **aufgelösten Versammlung** einen Regel-Ausweisungsgrund dar, **ohne** dass es auch hier auf eine **Verurteilung** ankäme. Auch dieser Ausweisungsgrund ist nicht unproblematisch. Einerseits wird an strafbare Handlungen angeknüpft, andererseits wird nicht abgewartet, bis das eigentlich hierzu berufene Strafgericht die Straftat des 228

[13] BVerwG, Beschluss v. 29. 9. 1993 – 1 B 62.93, InfAuslR 1994, 45; OVG Niedersachsen, Beschluss v. 4. 9. 1998 – 3 M 2170/98.

Ausländers festgestellt hat. Für die Ausländerbehörde stellt sich die Bezugnahme auf eine – rechtskräftige – Verurteilung stets als der einfachere Weg dar. Angesichts der weitreichenden Konsequenzen einer Ausweisung ist der die gesetzlichen Tatbestandsmerkmale tragende Sachverhalt sorgfältig zu ermitteln. Von einer „Verdachtsausweisung", wie in der politischen Diskussion während des Gesetzgebungsverfahrens z. T. vorgetragen wurde, kann jedoch keine Rede sein, da die Tatbestandsvoraussetzungen auch hier **nachgewiesen** werden müssen.

Wichtig: Der **polizeilichen Beweissicherung** und **Dokumentation** vor Ort kommt daher hier ganz erhebliche Bedeutung zu!

c) Terrorismusbekämpfung

229 Zuerst durch das Terrorismusbekämpfungsgesetz vom 9. 1. 2002 (BGBl. I S. 361), anschließend nochmals durch das Zuwanderungsgesetz vom 30. 1. 2004 (BGBl. I S. 1950) und zuletzt durch das Gesetz zur Verfolgung der Vorbereitung von schweren staatsgefährdenden Gewalttaten vom 30. 7. 2009 (BGBl. I S. 2437) wurden die Regel-Ausweisungsgründe zur Terrorismusbekämpfung wesentlich erweitert.

aa) § 54 Nr. 5 AufenthG

230 Gemäß **§ 54 Nr. 5 AufenthG** wird ein Ausländer in der Regel ausgewiesen, wenn Tatsachen die Schlussfolgerung rechtfertigen, dass er einer **Vereinigung angehört** oder angehört hat, die den **Terrorismus** unterstützt, oder er eine derartige **Vereinigung unterstützt** oder unterstützt hat; auf zurückliegende Mitgliedschaften oder Unterstützungshandlungen kann die Ausweisung nur gestützt werden, soweit diese eine gegenwärtige Gefährlichkeit begründen.

231 Der Tatbestand des § 54 Nr. 5 AufenthG enthält verschiedene Tatbestandsalternativen und -kombinationen. Zu differenzieren sind die *Vereinigung* und der *Ausländer*, dessen Ausweisung infrage steht. Dementsprechend erfolgt die Prüfung immer in zwei Schritten. Die Vereinigung kann selbst terroristische Aktionen planen und durchführen oder sie kann die Terroraktionen anderer unterstützen. Der Ausländer kann Mitglied einer derartigen Vereinigung sein und/oder er kann sie unterstützen. Möglich ist also eine „doppelte Unterstützung": Der Ausländer unterstützt eine Vereinigung, die ihrerseits terroristische Aktionen anderer unterstützt. Während die Qualität der Vereinigung als terroristisch oder Terror-unterstützend feststehen *muss*[14], genügen bezüglich der Unterstützungshandlungen des Ausländers Tatsachen die eine entsprechende Schlussfolgerung rechtfertigen.

[14] BVerwG, Urteil v. 15. 3. 2005 – 1 C 26.03, BVerwGE 123, 114; Bayerischer VGH, Beschluss v. 9. 11. 2005 – 24 05.2621, NVwZ 2006, 1306; Urteil v. 22. 2. 2010 – 19 B 09.929; Hessischer VGH Kassel, Beschluss v. 10. 1. 2006 – 12 TG 1911/05, NVwZ-RR 2007, 131.

Bereits die Anwesenheit möglicher ausländischer Helfer terroristischer Gewalttäter beeinträchtigt die Fähigkeit des Staates, sich nach innen und nach außen gegen Angriffe und Störungen zur Wehr zu setzen, und damit seine Sicherheit.[15] „**Terrorismus**" ist allerdings ein nicht sehr präziser, eher politischer als juristischer Begriff. Man wird unter den Terrorismus unterstützenden Vereinigungen solche verstehen müssen, „**die Anschläge gegen Personen oder Sachen veranlassen, befürworten oder androhen, unabhängig davon, wo die Anschläge verübt werden**"[16]. Eine Auslegungshilfe gewinnt man auch aus dem gemeinsamen Standpunkt des Rates vom 27. 12. 2001 über die Anwendung besonderer Maßnahmen zur Bekämpfung des Terrorismus (2001/931/GASP), der in Art. 1 den Begriff des Terrorismus bestimmt und der in der Anlage **Personen und Organisationen nennt, die von den Mitgliedstaaten als terroristisch eingestuft** werden. Nach der Rechtsprechung des *Bundesgerichtshofs* handelt es sich bei einer **terroristischen Vereinigung** um einen auf Dauer angelegten Zusammenschluss, der bei Unterordnung des Willens des Einzelnen unter den Willen der Gesamtheit gemeinsame terroristische Zwecke verfolgt oder gemeinsame terroristische Tätigkeiten entfaltet. Staatliche Abwehrmaßnahmen zielen auf die erhöhte kriminelle Intensität, die in einer fest gefügten Organisation ihren Ausdruck findet, die kraft der ihr innewohnenden Eigendynamik eine erhöhte Gefährlichkeit für wichtige Rechtsgüter der Gemeinschaft mit sich bringt. Diese für größere Personenzusammenschlüsse typische Eigendynamik hat ihre spezifische Gefährlichkeit darin, dass sie geeignet ist, dem Einzelnen die Begehung von Straftaten zu erleichtern und bei ihm das Gefühl persönlicher Verantwortung zurückzudrängen.[17] **232**

Der erste Prüfschritt betrifft die *Vereinigung*.

Eine terroristische Betätigung (und damit eine Unterstützung des Terrorismus) durch die Vereinigung liegt vor, wenn diese ihre (politischen) Ziele unter Einsatz gemeingefährlicher Waffen oder durch Angriffe auf das Leben Unbeteiligter verfolgt.[18] Eine Unterstützung terroristischer Aktivitäten anderer ist dann anzunehmen, wenn eine solche Vereinigung die Begehung terroristischer Taten durch Dritte „veranlasst", „fördert" oder „befürwortet".[19] Eine „Veranlassung" der Begehung terroristischer Taten durch Dritte kann im Falle einer *Anstiftung* (§ 26 StGB) bejaht werden. Eine „Förderung" der Begehung terroristischer Taten kann angenommen werden, wenn einem Dritten unmittelbar zu dessen Tat *Beihilfe* (§ 27 Abs. 1 StGB) geleistet wird. **233**

[15] BVerwG InfAuslR 1994, 405 unter Hinweis auf BVerwGE 62, 36 zur Rechtslage nach § 10 Abs. 1 Nr. 1 AuslG 1965.

[16] BT-Drucks. 14/7386 S. 54.

[17] BGH NJW 1992, 1518; zur Problematik einer Abgrenzung bewaffneter Freiheitskampf/Terrorismus vgl. *Marx*, ZAR 2002, 127; zum Thema „Terrorismusbekämpfung und staatliche Schutzgewährung" vgl.: *Davy*, ZAR 2003, 43.

[18] BVerwG, Urteil v. 30. 4. 2009 – 1 C 6.08, NVwZ 2009, 1162.

[19] BT-Drucks. 14/7386, S. 54; BVerwG, Urteil v. 15. 3. 2005 – 1 C 26.03, BVerwGE 123, 114.

Beispiel 29: Die Organisation stellt ein lockeres Netzwerk dar und fördert die Anschläge einzelner Zellen mit Geld oder gibt entsprechende Impulse und Anregungen; Betrieb von Ausbildungscamps zur Erlernung des Umgangs mit Waffen und Sprengstoff.

234 Während die Begriffe „Veranlassung" und „Förderung" aufgrund ihrer strafrechtlichen Entsprechung ausreichend bestimmt sind, erscheint die „Befürwortung" doch sehr unscharf. Von einer „Befürwortung" soll gesprochen werden können, wenn Gewaltanwendung als Mittel zur Durchsetzung politischer, religiöser oder sonstiger Belange öffentlich unterstützt, gebilligt oder hervorzurufen bezweckt wird, um gezielt Mitglieder oder Unterstützer für eine konkrete terroristische Vereinigung zu gewinnen.[20] Die bloße Bekundung der politischen oder religiösen Überzeugung im Rahmen der geltenden Rechtsordnung, das Äußern von Sympathie sowie das Werben um Verständnis für die von Gleichgesinnten im Heimatland verfolgten Ziele können hingegen noch nicht als Unterstützungshandlungen gewertet werden.[21] Weder ein allgemeiner Aufruf, sich dem *Dschihad* anzuschließen, noch ein allgemeines Billigen des Terrorismus durch die Vereinigung erfüllen den Tatbestand des § 54 Nr. 5 AufenthG, beides wird aber von § 55 Abs. 2 Nr. 8 AufenthG erfasst, sodass Ausländer, die enentsprechende Äußerungen tätigen, im Ermessenswege ausgewiesen werden können.

235 Die **Terrorismus-unterstützende Eigenschaft** der Vereinigung muss **feststehen.**[22] Sie kann aber ggf. durch eine geschlossene Kette nachgewiesener, in sich schlüssiger und vor allem tragfähiger Hilfstatsachen (Indizien) nachgewiesen werden. Von Bedeutung, zumindest ein Anfangsgesichtspunkt ist dabei auch, ob eine Vereinigung in der Liste der von der Europäischen Union als terroristisch eingestuften Personen, Vereinigungen und Körperschaften[23] aufgeführt ist. Für die Praxis gilt: Je größer eine Vereinigung ist und je heterogener ihre Zusammensetzung, desto schwieriger ist der Nachweis einer Unterstützung des Terrorismus durch die Vereinigung insgesamt. Im Falle einer Vereinigung, der sich weltweit viele Millionen Menschen angeschlossen haben wie „*Tablighi Jamaat*"[24], ist ein entsprechender Nachweis daher praktisch nicht möglich.

---

[20] *Discher* in: GK-AufenthG, Stand: 1/2007, § 54 Rn. 480; BGH, Beschluss v. 16. 5. 2007 – AK 6/07 u. StB 3/07, NJW 2007, 2782.

[21] Bayerischer VGH, Beschluss v. 25. 3. 2010 – 10 BV 09.1784 unter Hinweis auf die Herausnahme der sog. Sympathiewerbung aus dem Straftatbestand des § 129a StGB; vgl. auch BGH, Beschluss v. 16. 5. 2007 – AK 6/07 u. StB 3/07, NJW 2007, 2782 unter ausdrückl. Aufgabe der bisherigen Rechtsprechung.

[22] BVerwG, Urteil v. 15. 3. 2005 – 1 C 26.03, BVerwGE 123, 114; Bayerischer VGH, Beschluss v. 9. 11. 2005 – 24 CS 05.2621, NVwZ 2006, 1306; Urteil v. 22. 2. 2010 – 19 B 09.929; Hessischer VGH Kassel, Beschluss v. 10. 1. 2006 – 12 TG 1911/05, NVwZ-RR 2007, 131.

[23] Anhang zu Art. 1 Gemeinsamer Standpunkt 2009/67/GASP des Europäischen Rates vom 26. 1. 2009, ABl. L 23 vom 27. 1. 2009, S. 37 ff.

[24] In den Fokus der Sicherheitsbehörden geriet diese Bewegung aufgrund einzelner Gewalttäter, die sich im Umfeld dieser Bewegung dschihadisitischen Gruppierungen wie den Lashkar-e Taiba in Pakistan anschlossen. In Deutschland sind Missionare dieser Bewegung ebenfalls unterwegs und versuchen, Anhänger für die Bewegung zu gewinnen. Diese reisten in einzelnen Fällen ebenfalls nach Pakistan und hielten sich dort in Schulen oder auch Ausbildungslagern dschihadistischer Gruppen auf. (Verfassungsschutzbericht 2009 des LfV Baden-Württemberg. Ausführlich zu dieser Vereinigung: Bayerischer VGH, Urteil v. 22. 2. 2010 – 19 B 09.929.

Der zweite Prüfschritt betrifft den *Ausländer*.

Der Ausländer muss einer Vereinigung, die den Terrorismus unterstützt, **angehören** oder diese **unterstützen**. Als Unterstützung des Terrorismus oder einer terroristischen Organisation/Vereinigung ist – in Anlehnung an die von der Rechtsprechung des Bundesgerichtshofs zum strafrechtlichen Unterstützungsbegriff nach §§ 129, 129a StGB entwickelten Kriterien – jede Tätigkeit anzusehen, die sich in irgendeiner Weise positiv auf die Aktionsmöglichkeiten dieser Organisation/Vereinigung auswirkt.[25]. Nicht erforderlich ist, dass der terroristischen Organisation durch die Unterstützungshandlung ein beweis- und messbarer Nutzen entsteht.[26] Liegen lediglich Verbindungen und Kontakte zu derartigen Organisationen oder deren Mitgliedern vor, ohne dass der Ausländer auch als Nichtmitglied durch sein Engagement eine innere Nähe und Verbundenheit zu dieser Vereinigung selbst zum Ausdruck bringt, fehlt es an einer Unterstützung im dargelegten Sinn. Eine typische Unterstützungshandlung ist z. B. die Organisation und Durchführung von Spendensammlungen. Auch bezogen auf den Ausländer, dessen Ausweisung infrage steht, muss in Anbetracht des Grundrechts der Meinungsfreiheit (Art. 5 Abs. 1 GG) erst recht das oben zur Terrorismusunterstützung durch die Vereinigung Ausgeführte gelten: die bloße Bekundung der politischen oder religiösen Überzeugung im Rahmen der geltenden Rechtsordnung, das Äußern von Sympathie sowie das Werben um Verständnis für die von Gleichgesinnten im Heimatland verfolgten Ziele können hingegen noch nicht als Unterstützungshandlungen gewertet werden.[27] Insoweit kann allerdings eine auf **§ 55 Abs. 2 Nr. 8 AufenthG** gestützte Ermessensausweisung in Betracht kommen. Weder ein allgemeiner Aufruf, sich dem *Dschihad* anzuschließen, noch ein allgemeines Billigen des Terrorismus durch die Vereinigung erfüllen den Tatbestand des § 54 Nr. 5 AufenthG, beides wird aber von § 55 Abs. 2 Nr. 8 AufenthG erfasst. **236**

Voraussetzung für eine auf § 54 Nr. 5 AufenthG gestützte Ausweisung sind „Tatsachen, die die Schlussfolgerung rechtfertigen ...“. Die Unterstützungshandlung oder eine Mitgliedschaft muss daher nicht *nachgewiesen* werden. Reine Vermutungen oder der bloße Verdacht einer Mitgliedschaft oder einer Unterstützungshandlung genügen dabei aber auch nicht.[28] Es müssen jedenfalls hinreichend verwertbare und belegbare Tatsachen vorliegen, die die Schlussfolgerung im Sinne dieses Ausweisungstatbestands rechtfertigen.[29] Maßgeblich ist insoweit eine **wertende Gesamtbetrachtung**, ob im Fall des betroffenen Ausländers die Voraussetzungen des Ausweisungstatbestands erfüllt sind.[30] Die Annahme **237**

[25] BVerwG, Urteil v. 15. 3. 2005 – 1 C 26.03, BVerwGE 123, 114

[26] BVerwG, Urteil v. 15. 3. 2005 – 1 C 26.03, BVerwGE 123, 114; Bayerischer VGH, Beschluss v. 29. 7. 2009 – 10 BV 08.2411; Bayerischer VGH, Beschluss v. 25. 3. 2010 – 10 BV 09.1784.

[27] Bayerischer VGH, Beschluss v. 25. 3. 2010 – 10 BV 09.1784 unter Hinweis auf die Herausnahme der sog. Sympathiewerbung aus dem Straftatbestand des § 129a StGB; vgl. auch BGH, Beschluss v. 16. 5. 2007 – AK 6/07 u. StB 3/07, NJW 2007, 2782 unter ausdrückl. Aufgabe der bisherigen Rechtsprechung.

[28] Bayerischer VGH, Beschluss v. 2. 10. 2009 – 10 CS 09.817.

[29] Bayerischer VGH, Beschluss v. 29. 7. 2009 – 10 BV 08.2411; Bayerischer VGH, Beschluss v. 25. 3. 2010 – 10 BV 09.1784 (Ansar al-Islam/Ansar al-Sunna).

der Zugehörigkeit oder Unterstützung der Vereinigung muss somit aus polizeilicher Sicht vertretbar und plausibel, braucht aber nicht gewiss sein. Feststehen muss jedoch, dass die Vereinigung den Terrorismus unterstützt.

238 Auf zurückliegende Mitgliedschaften oder Unterstützungshandlungen kann die Ausweisung nur gestützt werden, wenn diese eine gegenwärtige Gefährlichkeit begründen (vgl. § 54 Nr. 5 2. Halbs. AufenthG). Dies setzt bei länger zurückliegenden Mitgliedschaften oder Unterstützungshandlungen grundsätzlich eine **gegenwartsbezogene Beurteilung** des Ausländers und dessen Gefährlichkeit auf der Grundlage **aktueller polizeilicher Erkenntnisse** voraus.[31]

bb) § 54 Nr. 5a AufenthG

239 Gemäß § 54 Nr. 5a AufenthG[32] wird ein Ausländer in der Regel ausgewiesen, wenn er die freiheitliche demokratische Grundordnung oder die Sicherheit der Bundesrepublik Deutschland gefährdet oder sich bei der Verfolgung politischer Ziele an Gewalttätigkeiten beteiligt oder öffentlich zur Gewaltanwendung aufruft oder mit Gewaltanwendung droht. § 54 Nr. 5a AufenthG enthält zwei Tatbestandsalternativen:

1. Gefährdung der freiheitlichen demokratischen Grundordnung oder der Sicherheit der Bundesrepublik Deutschland (**Gefährdungsalternative**),
2. Verfolgung politischer Ziele mit Gewalt (**Gewaltalternative**) durch
    - Beteiligung an Gewalttätigkeiten,
    - öffentlichen Aufruf zur Gewaltanwendung,
    - Drohung mit Gewaltanwendung.

240 Unter der „**freiheitlichen demokratischen Grundordnung**" ist eine Ordnung zu verstehen, „die unter Ausschluss jeglicher Gewalt- und Willkürherrschaft eine rechtsstaatliche Herrschaftsordnung auf der Grundlage der Selbstbestimmung des Volkes nach dem Willen der jeweiligen Mehrheit und der Freiheit und Gleichheit darstellt".[33]

241 Der Begriff „**Sicherheit der Bundesrepublik Deutschland**" ist schon vom Wortlaut her enger zu verstehen als die öffentliche Sicherheit nach allgemeinem Polizeirecht.[34] In

[30] BVerwG, Urteil v. 15. 3. 2005 – 1 C 26.03 (noch zu § 8 Abs. 1 Nr. 5 letzte Alternative AuslG).

[31] BVerwG, Urteil v. 30. 4. 2009 – 1 C 6.08, NVwZ 2009, 1162.

[32] Die Vorschrift dient im Anschluss an die Vorgängerregelung § 8 Abs. 1 Nr. 5 AuslG der Umsetzung der Resolution 1373 des Sicherheitsrats der Vereinten Nationen vom 28. September 2001, Nr. 2 c, wonach alle Staaten denjenigen, die terroristische Handlungen finanzieren, planen, unterstützen oder begehen oder die den Tätern Unterschlupf gewähren, einen sicheren Zufluchtsort verweigern werden.

[33] BVerfGE 2, 1 – SRP-Verbot.

[34] BVerwG InfAuslR 1994, 405 m. w. N.; ebenso bereits für § 10 Abs. 1 Nr. 1 AuslG 1965 BVerwGE 62, 36, 38. Für den Rückgriff auf den polizeirechtlichen Gefahrenbegriff: BVerwG, NJW 1981, 1915.

Anknüpfung an die Legaldefinition in § 92 Abs. 3 Nr. 2 StGB versteht man darunter die **innere und äußere Sicherheit des Staates**. Mit der inneren Sicherheit werden **Bestand und Funktionstüchtigkeit des Staates und seiner Einrichtungen** vor Gewaltanschlägen und Bedrohung geschützt.[35] Nur wenn die innere oder äußere Sicherheit des Bundes oder der Länder selbst, d. h. die Sicherheit ihrer Einrichtungen, der Amtsführung ihrer Organe und des friedlichen und freien Zusammenlebens der Bewohner, ferner die Sicherheit lebenswichtiger Verkehrs- und Versorgungseinrichtungen gefährdet ist und diese Gefährdung die bloße Beeinträchtigung der öffentlichen Sicherheit in beachtlichem Maße übersteigt, liegt eine Gefährdung der Sicherheit der Bundesrepublik Deutschland vor.[36]

Beispiel 30: Sprengstoffanschläge auf Polizeieinrichtungen; Anzünden von Autos; Anschläge in öffentlichen Verkehrseinrichtungen; Spionage zulasten der Bundesrepublik Deutschland; verfassungsfeindliche Sabotage.

Von dem Ausländer muss eine **Gefahr im polizeirechtlichen Sinne** ausgehen.[37] Dies **242**
bedeutet, die Gefahr muss hinreichend konkretisiert sein (konkrete Gefahr) und der Ausländer muss als Verursacher für diese Gefahr verantwortlich sein (Störereigenschaft). Eine Gefahr umschreibt die hinreichende Wahrscheinlichkeit eines Schadens an einem Schutzgut (hier: Sicherheit der Bundesrepublik Deutschland und freiheitlich-demokratische Grundordnung). Ob eine Gefahr tatsächlich besteht, muss im Rahmen einer auf Tatsachen gestützten Prognose ermittelt werden.[38] Wird die Gefahr mit einer Meinungsäußerung begründet, ist zu berücksichtigen, dass eine solche nur dann polizeirechtlich relevant ist, wenn sie gegen Strafgesetze verstößt oder von den Schranken des Art. 5 Abs. 2 GG (Jugend- und Ehrschutz) erfasst wird. Zur Abwehr von kommunikativen Angriffen auf Schutzgüter der Verfassung sind besondere Strafrechtsnormen geschaffen worden. Die darin vorgesehenen Beschränkungen von Meinungsäußerungen sind jedenfalls im Hinblick auf seit Langem bekannte Gefahrensituationen abschließend.[39] Nicht schon die Verbreitung verfassungsfeindlicher Ideen als solche bildet die Grenze der freien politischen Auseinandersetzung, sondern erst die **aggressiv-kämpferische Haltung** gegenüber der freiheitlichen demokratischen Grundordnung.[40] Eine Gefährdung ist auch dann gegeben, wenn der Ausländer öffentlich zu Straftaten aufruft (§ 111 StGB) und die FDGO durch eine eigene – religiös fundierte – Ordnung ersetzen möchte, die im Konfliktfall demokratische

[35] BVerwG, Urteil v. 15. 3. 2005 – 1 C 26.03, InfAuslR 2005, 374; VGH Baden-Württemberg, Beschluss v. 7. 5. 2003 – 1 S 254/03, EZAR 032 Nr. 20; OVG Bremen, Beschluss v. 20. 6. 2005 – 1 B 128/05, ZAR 2006, 110.

[36] Nr. 54.2.2.2.1 AufenthG-VwV; OVG Bremen, Beschluss v. 20. 6. 2005 – 1 B 128.05, 1 B 119.05, NVwZ-RR 2006, 643; VG Berlin, Urteil v. 26. 4. 2007 – 35 A 426.04.

[37] BVerwG, Urteil v. 13. 1. 2009 – 1 C 2.08, NVwZ 2009, 727; Hessischer VGH Kassel, Beschluss v. 10. 1. 2006 – 12 TK 1911/05, NVwZ-RR 2007, 131; Bayerischer VGH, Urteil v. 22. 2. 2010 – 19 B 09.929, Beschluss v. 9. 11. 2005 – 24 CS 05.2621, NVwZ 2006, 1306; VGH Baden-Württemberg, Beschluss v. 18. 11. 2004 – 13 S 2394/04, InfAuslR 2005, 31.

[38] VGH Baden-Württemberg, Beschluss v. 7. 5. 2003 – 1 S 254/03, EZAR 032 Nr. 20.

[39] BVerfG, Beschluss v. 24.03.2001 – 1 BvQ 13/01.

[40] BVerfGE 5, 85 (141])

Gesetze nicht befolgt, das staatliche Gewaltmonopol nicht anerkennt und ihre Vorstellungen notfalls mit Gewalt durchzusetzen versucht.

Beispiel 31: der Fall des *Metin Kaplan* und der sogenannte „*Kalifatstaat*".[41] Der Kalifatstaat wurde am 8. 12. 2001 wegen seiner aggressiv kämpferischen, gegen die verfassungsmäßige Ordnung verstoßenden und gegen den Gedanken der Völkerverständigung gerichteten Haltung in Deutschland verboten.

243 Eine ernst zu nehmende Gefahr für die freiheitlich-demokratische Grundordnung dürfte angesichts der Stabilität des politischen Gefüges in Deutschland eher selten sein. Erst recht gilt dies im Fall einer Gefährdung durch einzelne Personen. Hinzu kommt, dass die potenziellen Gefährder meist bekannt sind und deshalb einer Überwachung durch die Verfassungsschutzämter und den Staatsschutzabteilungen der Polizei ausgesetzt sind. Bewegen sie sich gleichsam „unter Aufsicht", vermindert auch dies die Möglichkeit einer realen Gefährdung der freiheitlich-demokratischen Grundordnung.

244 Für die Feststellung einer Gefährdung durch den Ausländer reicht allein die bloße Zugehörigkeit zu einer Vereinigung, die ihrerseits wegen Gefährdung der freiheitlich-demokratischen Grundordnung oder der inneren Sicherheit verboten werden kann oder verboten ist, für sich genommen *in der Regel* nicht aus.[42] Dieser Ausweisungsgrund ist speziell in § 54 Nr. 7 AufenthG geregelt. Etwas anderes kann sich im Einzelfall etwa aus der Art und der Gefährlichkeit der verbotenen Vereinigung ergeben (etwa im Fall eines besonders hartnäckigen Zuwiderhandelns gegen die Verbotsverfügung).[43]

245 Die Tatbestandsalternative „Verfolgung politischer Ziele mit Gewalt" (**Gewaltalternative**) muss nachgewiesen sein. Der Begriff der **politischen Ziele** ist dadurch gekennzeichnet, dass diese auf die Erringung oder Bewahrung von Macht im Staat durch öffentliche Auseinandersetzung oder andere Mittel gerichtet sind. Sie unterscheiden sich von privaten Zielen dadurch, dass sie die Gestaltung und Eigenart der allgemeinen Ordnung des Zusammenlebens von Menschen und Menschengruppen betreffen.[44] Für den Begriff der **Gewaltanwendung** ist – entsprechend dem Begriff der Gewalt im Rahmen von § 240 Abs. 1 StGB – die Entfaltung körperlicher Gewalt erforderlich.

246 Mit dem **öffentlichen Aufruf zur Gewaltanwendung** soll auf andere mit dem Ziel eingewirkt werden, in ihnen den Entschluss zu bestimmten Gewalthandlungen hervorzurufen.[45] Angeknüpft wird dabei an § 111 Abs. 1 StGB (Aufforderung zu Straftaten) sowie

[41] BVerwG, Urteil v. 27. 11. 2002 – 6 A 4/02, NVwZ 2002, 986; BVerfG, Beschluss (K) v. 2. 10. 2003 – 1 BvR 536/03, NJW 2004, 47.

[42] BVerwG, Urteil v. 13. 1. 2009 – 1 C 2.08, NVwZ 2009, 727 [729]; Hessischer VGH Kassel, Beschluss v. 10. 1. 2006 – 12 TG 1911/05, NVwZ-RR 2007, 131; Bayerischer VGH, Beschluss v. 19. 2. 2009 – 19 CS 08.1175, juris; OVG Niedersachsen, Beschluss v. 15.09.2009 – 11 LB 487/07 (Islamische Gemeinschaft Milli Görüs (IGMG)).

[43] BVerwG, Urteil v. 13. 1. 2009 – 1 C 2.08, NVwZ 2009, 727.

[44] BVerfG, Beschluss v. 10. 7. 1989 – 2 BvR 67/85, NJW 1990, 973; *Armbruster*, HTK-AuslR / § 54 AufenthG / zu Nr. 5a 08/2011 Nr. 2.

§ 130 Abs. 1 Nr. 1 StGB (Aufforderung zu Gewalt- und Willkürmaßnahmen). Die Aufforderung zu Gewalt und Willkürmaßnahmen gegen Teile der Bevölkerung ist auch in dem Ermessensausweisungsgrund § 55 Nr. 8b AufenthG erfasst. Dort erfolgt die Aufforderung in einer Weise, die geeignet ist, die öffentliche Sicherheit und Ordnung zu stören. Im Falle der Regelausweisung erfolgt die Aufforderung „bei der Verfolgung politischer Ziele". Die beiden Tatbestände überschneiden sich daher weitgehend. Auch beim Regelausweisungsgrund dürfte eine abstrakte Gefährdung stets gegeben sein, ebenso wie mit der Aufforderung zu Gewalt- und Wilkürmaßnahmen regelmäßig politische Ziele verfolgt werden. Aus Sinn und Zweck der Stufung der Ausweisungstatbestände in Ermessens-, Regel- und zwingende Ausweisungen lässt sich aber ableiten, dass bei ähnlichen Sachverhalten die Gründe für die Regelausweisung nach ihrem Gewicht nicht hinter den Gründen für die Ermessensausweisung zurückbleiben dürfen.[46]

Eine öffentliche Drohung mit Gewalt setzt ein ausdrückliches oder konkludentes Ankündigen oder Inaussichtstellen einer bestimmten Gewalttat voraus. Der Betreffende muss zum Ausdruck bringen, dass er die Tat entweder selbst begehen wird oder auf ihre Begehung durch Dritte bestimmenden Einfluss nehmen kann. Die Drohung muss sich auf bestimmte Gewaltakte beziehen und den Eindruck der Ernsthaftigkeit erzeugen. **247**

Da der Zweck des gesamten § 54 Nr. 5a AufenthG im Schutz der Fähigkeit des Staates, Beeinträchtigungen und Störungen der staatlichen und gesellschaftlichen Grundordnung der Bundesrepublik Deutschland sowie der Sicherheit nach innen und außen abzuwehren, liegt[47], stellt die Gewaltalternative nach der h. M. einen **speziell normierten Unterfall der Gefährdungsalternative** dar.[48] Auch bei der Variante des öffentlichen Gewaltaufrufes muss somit ein **gewisses Maß an Gefährdung** der Sicherheit der Bundesrepublik Deutschland vorliegen. Andere gewalttätige und Hass verbreitende Äußerungen werden von den Ausweisungsgründen des § 55 Abs. 2 Nr. 2 AufenthG i. V. m. insbesondere den §§ 86, 102 f., 111, 125, 126, 130, 185 Strafgesetzbuch (StGB) und des § 55 Abs. 2 Nr. 8 AufenthG erfasst. Davon, dass auch bei der Gewaltalternative ein gewisses Maß an Gefährdung der Sicherheit der Bundesrepublik Deutschland vorliegen muss, geht auch die Begründung des Aufenthaltsgesetzes aus.[49] Dabei spricht allerdings eine Regelvermutung dafür, dass die Verfolgung politischer Ziele mit Gewalt regelmäßig die Sicherheit und die freiheitlich-demokratische Grundordnung der Bundesrepublik Deutschland gefährdet.[50] **248**

[45] OVG Bremen, Beschluss v. 20. 6. 2005 – 1 B 128/05, ZAR 2006, 110; OVG Berlin-Brandenburg, Beschluss v. 11. 1. 2007 – 3 S 33/06, NJW 2007, 1545.

[46] OVG Bremen, Beschluss v. 20. 6. 2005 – 1 B 128.05, 1 B 119.05, NVwZ-RR 2006, 643; VG Berlin, Urteil v. 26.04.2007 – 35 A 426.04 (zur Abgrenzung der beiden Ausweisungstatbestände); vgl. hierzu auch Rn. 248.

[47] BT-Drucks. 15/420, S. 70; *Renner*, AuslR, 8. Aufl. 2005, § 54 AufenthG, Rn. 14 m. w. N.

[48] VG Berlin, Urteil v. 26. 4. 2007 – 35 A 426.04, m. w. N.

[49] Vgl. BT-Drucks. 15/420, S. 70.

[50] VG Berlin Urteil v. 26.04.2007 – 35 A 426.04, m. w. N.

cc) § 54 Nr. 5b AufenthG

249 Mit dem Gesetz zur Verfolgung der Vorbereitung von schweren staatsgefährdenden Gewalttaten vom 30. Juli 2009 (BGBl I, S. 2437) wurde u. a. der § 89a StGB (Vorbereitung einer schweren staatsgefährdenden Gewalttat) und die ergänzende Ausweisungsregelung in § 54 Abs. 1 Nr. 5b AufenthG eingeführt.[51] § 89a StGB verfolgt in erster Linie präventive Zwecke.[52] Sinn und Zweck der Norm ist es, dem Staat ein frühzeitiges Eingreifen in der terroristischen Anschlagsplanung zu ermöglichen. Dem dient auch die Aufnahme des § 89a StGB als weiterer Haftgrund in den § 112a StPO. Damit wird erreicht, die zeitlichen Grenzen des in den Polizeigesetzen geregelten Präventivgewahrsams von maximal 2 Wochen zu sprengen.[53] Tathandlung des § 89a Abs. 1 StGB ist das Vorbereiten einer schweren staatsgefährdenden Gewalttat. Die Vorbereitungshandlungen werden in Absatz 2 näher definiert. Eine schwere staatsgefährdende Gewalttat ist eine Straftat gegen das Leben in den Fällen des § 211 StGB oder des § 212 StGB oder gegen die persönliche Freiheit in den Fällen des § 239a StGB oder des § 239b StGB, die nach den Umständen bestimmt und geeignet ist, den Bestand oder die Sicherheit eines Staates oder einer internationalen Organisation zu beeinträchtigen oder Verfassungsgrundsätze der Bundesrepublik Deutschland zu beseitigen, außer Geltung zu setzen oder zu untergraben. Zu den Schutzgütern zählen also nicht nur die Verfassungsgrundsätze der Bundesrepublik, sondern auch jeder andere Staat (auch Unrechtsstaaten?) und nicht staatliche Organisationen. Die strafbaren Tathandlungen werden in Absatz 2 aufgeführt. Der Täter muss danach eine schwere staatsgefährdende Gewalttat vorbereiten, indem er

1. eine andere Person unterweist oder sich unterweisen lässt in der Herstellung von oder im Umgang mit Schusswaffen, Sprengstoffen, Spreng- oder Brandvorrichtungen, Kernbrenn- oder sonstigen radioaktiven Stoffen, Stoffen, die Gift enthalten oder hervorbringen können, anderen gesundheitsschädlichen Stoffen, zur Ausführung der Tat erforderlichen besonderen Vorrichtungen oder in sonstigen Fertigkeiten, die der Begehung einer der in Absatz 1 genannten Straftaten dienen,

2. Waffen, Stoffe oder Vorrichtungen der in Nummer 1 bezeichneten Art herstellt, sich oder einem anderen verschafft, verwahrt oder einem anderen überlässt,

3. Gegenstände oder Stoffe sich verschafft oder verwahrt, die für die Herstellung von Waffen, Stoffen oder Vorrichtungen der in Nummer 1 bezeichneten Art wesentlich sind, oder

---

[51] Kritik u. a. bei: *Paeffgen* in: Kindhäuser/Neumann/Paeffgen, Strafgesetzbuch, 3. Aufl. 2010, § 89a Rn. 1 ff.

[52] Krit.: *Radtke/Steinsiek*, Terrorismusbekämpfung durch Vorfeldkriminalisierung? – Das Gesetz zur Verfolgung der Vorbereitung schwerer staatsgefährdender Gewalttaten, JR 2010, 107

[53] Die Lit. sieht hierin weitere Anzeichen für eine heftig kritisierte „Verpolizeilichung des Strafprozesses“. Nachweise bei *Paeffgen*, a. a. O. (Fn. 51).

4. für deren Begehung nicht unerhebliche Vermögenswerte sammelt, entgegennimmt oder zur Verfügung stellt.

Erfasst werden z. B. Besuche in „Terrorcamps“, Studium oder Weitergabe von Bombenbauplänen oder die Beschaffung von Chemikalien, aus denen Sprengstoff hergestellt werden könnte. Auch dieser Ausweisungsgrund wird ausschließlich von der Polizei ermittelt. Der Ausweisungsgrund des § 54 Nr. 5b AufenthG ist erfüllt, wenn Tatsachen die Schlussfolgerung rechtfertigen, dass der Ausländer eine in § 89a Abs. 1 des Strafgesetzbuchs bezeichnete schwere staatsgefährdende Gewalttat gemäß § 89a Abs. 2 des Strafgesetzbuchs vorbereitet oder vorbereitet hat. **250**

Auch dieser Ausweisungsgrund knüpft nicht an eine Verurteilung, sondern an eine Gefahrenprognose an. Voraussetzung ist ein auf Tatsachen gestützter Verdacht, der Betroffene bereite eine staatsgefährdende Gewalttat vor, indem er eine der o. a. Handlungen vornehme. Die der Strafnorm zu Recht entgegengebrachte Kritik, insbesondere im Hinblick auf die damit verfolgten präventiven Zwecke, kann natürlich nicht auf den § 54 Nr. 5b AufenthG übertragen werden, denn die Ausweisung *ist* eine Maßnahme der Gefahrenabwehr. Der Schluss von bekannten Tatsachen auf zukünftige Schäden an den Schutzgütern der öffentlichen Sicherheit umschreibt den polizeilichen Gefahrenbegriff und gehört somit zum Kernbestand des Ordnungsrechts. Die danach anzustellende Gefahrenprognose betrifft sowohl die Vorbereitung einer schweren staatsgefährdenden Gewalttat als auch die Begehungsmodalitäten des § 89a Abs. 2 StGB. **251**

Besitzt ein Ausländer CDs mit militant-dschihadistischen Inhalten und ein Visum für den Iran und wird der Betroffene von der Polizei kurz vor der Ausreise mit Ausrüstungsgegenständen für Outdoor-Aktivitäten und € 9.000,- Bargeld, teilweise am Körper versteckt, angetroffen, so erscheint der Schluss auf einen bevorstehenden Aufenthalt in einem Terrorcamp sehr gewagt, wurde aber vom VG Berlin gleichwohl angenommen.[54] Selbst wenn man derartige Tatsachen für den Schluss auf eine Unterweisung i. S. d. § 89a Abs. 2 Nr. 1 StGB genügen lässt, so ist doch der weitergehende Schluss auf die Vorbereitung einer staatsgefährdenden Handlung i. S. d. § 89a Abs. 1 StGB nicht zwingend. Dieser Schluss kommt allenfalls in Betracht, wenn sich der Ausländer *nachgewiesenermaßen* mehrere Wochen in einem entsprechenden Trainingscamp aufhielt. Auch die (nachgewiesene) Beschaffung größerer Mengen an Chemikalien, welche zur Herstellung von Bomben geeignet sind, rechtfertigt den Schluss auf die Vorbereitung. Dies gilt umso mehr dann, wenn es keine anderweitige nachvollziehbare Verwendung der Chemikalien (z. B. Stickstoffverbindungen in der Landwirtschaft) gibt. **252**

Besondere Konsequenzen im Falle einer Ausweisung nach § 54 Nr. 5, 5a und 5b AufenthG: Ausländer, die aus diesen Gründen ausgewiesen wurden, müssen sich gemäß § 54a AufenthG bis zu ihrer Ausreise mindestens einmal wöchentlich bei der für ihren

[54] VG Berlin, Beschluss v. 25. 1. 2010 – VG 23 L 314.09. In dem Verfahren ging es um eine Ausreiseuntersagung nach § 10 Abs. 1 PassG.

Aufenthaltsort zuständigen **polizeilichen Dienststelle melden.** Die Zuwiderhandlung stellt eine Ordnungswidrigkeit dar (§ 98 Abs. 3 Nr. 3a AufenthG, vgl. hierzu S. 82).

d) Sicherheitsbefragung

253 **§ 54 Nr. 6 AufenthG** sanktioniert falsche oder unvollständige Angaben über Kontakte zu Verbindungen oder Personen mit terroristischem Hintergrund im Wege der Regel-Ausweisung. Gleiches gilt für das Verheimlichen von früheren Aufenthalten in bestimmten anderen Staaten oder in der Bundesrepublik Deutschland (etwa unter anderen Namen). Grundüberlegung für diese Vorschrift ist die Erfahrung, dass gewaltbereite Terroristen zum Teil legal ins Bundesgebiet einreisen und sich hier rechtmäßig aufhalten. Ein Nachweis eines Kontaktes zum Terrorismus ist hier nicht erforderlich. Er könnte meist nur schwer erbracht werden. Eine Ausweisung auf dieser Grundlage ist nur möglich, wenn der Ausländer vor der Befragung auf die Rechtsfolgen falscher oder unrichtiger Angaben hingewiesen wurde.

2. Bindung

Die Worte „**in der Regel**", die das Aufenthaltsgesetz auch an anderer Stelle verwendet, beziehen sich auf **Regelfälle,** die sich nicht durch besondere Umstände von der Menge gleich gelagerter Fälle unterscheiden. Den Gegensatz dazu bilden **Ausnahmefälle**. Ausnahmefälle sind durch einen **atypischen Geschehensablauf** gekennzeichnet, der so bedeutsam ist, dass er jedenfalls das sonst ausschlaggebende Gewicht der gesetzlichen Regel beseitigt.[55] Zu fragen ist, ob der Sachverhalt es rechtfertigt, den Ausländer besser zu stellen als andere Ausländer in einer vergleichbaren Situation. Bei der der vollen **gerichtlichen Nachprüfung unterliegenden** Beurteilung[56] durch die Behörde, ob ein Ausnahmefall vorliegt, sind auch alle Umstände einer strafgerichtlichen Verurteilung und die sonstigen Verhältnisse des Betroffenen zu berücksichtigen. Ein atypischer Ausnahmefall könnte etwa angenommen werden, wenn es sich um eine einmalige Tat handelt oder im Falle der Pflegebedürftigkeit von Familienmitgliedern. Der bloße Umstand, dass der Betroffene verheiratet ist und Kinder hat, rechtfertigt die Annahme eines atypischen Falles allerdings nicht. Auch ein besonders langer Aufenthalt im Inland kann nicht die Annahme eines atypischen Falles rechtfertigen. An den Aufenthaltsstatus anknüpfende Vergünstigungen werden nämlich abschließend und spezialgesetzlich in § 56 AufenthG geregelt.[57]

---

[55] BVerwG InfAuslR 1995, 5; für den gesetzlichen Regelversagungsgrund des § 7 Abs. 2 AuslG vgl. BVerwGE 94, 35 (43 f.).

[56] BVerwG v. 19. 11. 1996 – 1 C 25.94, ZAR 1997, 96 = DVBl 1997, 899; BVerwG InfAuslR 1995, 5; BVerwG InfAuslR 1994, 311.

[57] A. A. *Fligge*, Regel-Ausweisung und besonderer Ausweisungsschutz nach § 48 AuslG, InfAuslR 1996, 389.

Beispiel 32: Die deutsche Ehefrau des auszuweisenden Ausländers wurde Opfer einer Straftat (Vergewaltigung) und bedarf deshalb besonderer Zuwendung durch ihren Ehemann.[58]

Beispiel 33: Der frühere PKK-Funktionär kann nicht in die Türkei abgeschoben werden, da ihm dort eine menschenrechtswidrige Behandlung droht (Abschiebungsverbot nach § 60 Abs. 5 AufenthG). Dies ist eine Ausnahme von der Regel. Die Behörde entscheidet nun nach Ermessen. Sie kann die Ausweisung aber gleichwohl anordnen, wenn sie die Gefährlichkeit des Ausländers höher bewertet, als die gegen die Ausweisung sprechenden Belange.[59]

Nach der neueren Rechtsprechung des *Bundesverwaltungsgerichts* liegt ein Ausnahmefall von der Regelausweisung – und damit die Notwendigkeit einer behördlichen Ermessensentscheidung – bereits dann vor, wenn durch höherrangiges Recht oder **Vorschriften der EMRK** insbesondere **Art. 8 EMRK** (Recht auf Achtung des Privat- und Familienlebens) geschützte Belange des Ausländers eine Einzelfallwürdigung unter Berücksichtigung der Gesamtumstände des Falles gebieten.[60] Somit ist auch im Falle der Regelausweisung dieselbe Tendenz zu beobachten wie bei der Ist-Ausweisung (s. Rn. 225). Der Gesetzgeber konnte sich mit seinem Vorhaben, den Entscheidungsspielraum der Ausländerbehörden einzuschränken, letztlich nicht behaupten. Da der Schutz von Ehe- und Familie, sowie sonstiger privater Interessen des Ausländers im Rahmen des Ausweisungsschutzes zu berücksichtigen sind, bestand keine Veranlassung, die gesetzgeberische Entscheidung für die Regel- und Ist-Ausweisung aufzuweichen. **254**

Liegt **kein Ausnahmefall** vor, stellt die Ausweisung die zwingende Rechtsfolge dar. Die Behörde besitzt – wie im Falle des Absatzes 1 – **keinen Ermessensspielraum**. Ist dagegen ein Ausnahmefall zu bejahen, eröffnet sich für die Behörde ein Ermessensspielraum. Sie hat nunmehr unter Abwägung des öffentlichen und privaten Interesses über die Ausweisung zu entscheiden. Sie kann dabei allerdings auch trotz der atypischen Umstände zu dem Ergebnis gelangen, dass der Ausländer auszuweisen sei. Die Beantwortung der Frage, ob ein atypischer Fall vorliegt, kann mitunter schwierig sein. Der Behörde wäre dann zu empfehlen, sich auf den gegenteiligen Standpunkt zu stellen (also einen atypischen Fall anzunehmen) und über die Ausweisung **hilfsweise** auch **nach Ermessen** zu entscheiden. Eine derartige Verfahrensweise wird vom *BVerwG* in ständiger Rechtsprechung akzeptiert.[61] **255**

---

[58] Fall nach VGH Baden-Württemberg, Beschluss v. 6. 5. 1997 – 13 S 1997/96, NVwZ-RR 1997, 746 = VBlBW 1997, 434.

[59] VGH Baden-Württemberg, Urteil v. 21. 7. 2010 – 11 S 541/10.

[60] BVerwG, Urteil v. 23. 10. 2007 – 1 C 10.07.

[61] BVerwG, Urteil v. 19. 11. 1996 – 1 C 25.94.

IV. Ermessensausweisung

1. Allgemein

Gemäß § 55 Abs. 1 AufenthG **kann** ein Ausländer ausgewiesen werden, wenn sein Aufenthalt die öffentliche Sicherheit und Ordnung oder sonstige erhebliche Interessen der Bundesrepublik Deutschland beeinträchtigt. Der Begriff der öffentlichen Sicherheit und Ordnung ist deckungsgleich mit dem allgemein anerkannten polizeirechtlichen Begriff. Zu den sonstigen erheblichen Interessen der Bundesrepublik Deutschland zählt z. B. der Schutz der Volkswirtschaft (Bekämpfung der Schwarzarbeit). § 55 Abs. 1 AufenthG stellt somit die **Generalklausel**[62] für die **Ausweisung** dar. Beispielhafte Ausweisungsgründe führt § 55 Abs. 2 AufenthG auf. Ist einer der dort genannten Tatbestände erfüllt, liegt der Ausweisungstatbestand des § 55 Abs. 1 AufenthG vor.

2. Einzelne Ausweisungstatbestände

256 Der **in der Praxis wichtigste Ausweisungsgrund** ist **§ 55 Abs. 2 Nr. 2 AufenthG**. Danach kann ausgewiesen werden, wer einen nicht nur vereinzelten *oder* geringfügigen Verstoß gegen Rechtsvorschriften oder gerichtliche oder behördliche Entscheidungen oder Verfügungen begangen oder außerhalb des Bundesgebiets eine Straftat begangen hat, die im Bundesgebiet als vorsätzliche Straftat anzusehen ist. Von vornherein ausgenommen sind also nur vereinzelte und geringfügige Verstöße. Die Geringfügigkeit wirkt sich bereits auf der Tatbestandsseite aus: In diesem Falle liegt bereits kein Ausweisungsgrund vor, der z. B. der Erteilung oder Verlängerung einer Aufenthaltserlaubnis entgegenstehen könnte.

257 Eine **Verletzung** der **Aufenthalts-** und **Meldevorschriften** sowie arbeitsrechtlicher Vorschriften rechtfertigt regelmäßig die Ausweisung.[63] Hierzu zählt auch die Einreise mit einem Visum ohne die erforderliche Zustimmung der Ausländerbehörde (vgl. § 31 AufenthV). Die unerlaubte Einreise[64] ist generell kein geringfügiger Verstoß.[65]

258 Eine **vorsätzlich** begangene **Straftat** ist grundsätzlich **kein geringfügiger Rechtsverstoß** i. S. d. § 55 Abs. 2 Nr. 2 AufenthG, sondern ein beachtlicher Ausweisungsgrund.[66] Etwas anderes gilt allerdings im Falle einer Einstellung wegen Geringfügigkeit nach § 153 Abs. 2 StPO.[67] Nach Nr. 55.2.2.3 AufenthG-VwV ist auch eine Straftat, die zu einer Verurteilung bis zu 30 Tagessätzen geführt hat, grundsätzlich geringfügig. Eine mit Strafe bedrohte Tat

---

[62] Nach Ansicht von *Huber*, a. a. O., ist die Generalklausel mit dem Bestimmtheitsgrundsatz nicht vereinbar.

[63] VGH NPolArch. 802, Bl. 16.

[64] Die unerlaubte Einreise hat zwar die vollziehbare Ausreisepflicht zur Folge. Gleichwohl kann eine zusätzliche Ausweisung im Hinblick auf deren Rechtswirkungen Sinn machen (vgl. Rn. 273 f.).

[65] OVG Hamburg, Beschluss v. 6. 3. 2002 – 3 Bf 205/01 – AuAS 2002, 139.

[66] BVerwG v. 24. 9. 1996 – 1 C 9.94, DVBl 1997, 189 = InfAuslR 1997, 663.

kann nach Einstellung des Strafverfahrens ebenfalls als geringfügig eingestuft werden, wenn der wegen dieser Tat festgesetzte Geldbetrag nicht mehr als 500 Euro beträgt. Bei Ordnungswidrigkeiten nach § 56 OWiG ist die Geringfügigkeit ebenfalls zu bejahen.

Wird die Ausweisung auf eine Straftat gestützt, ist ausreichend, dass die Begehung einer derartigen Tat objektiv feststeht, notfalls nach eigenen Ermittlungen der Ausländerbehörde. Eine strafgerichtliche Verurteilung ist nicht Voraussetzung.[68] **259**

Damit die Ausländerbehörden Kenntnis von den Verstößen erhalten, auf die eine Ausweisung gestützt werden könnte, haben die für die Einleitung und Durchführung eines Straf- und eines Bußgeldverfahrens zuständigen Stellen die zuständige Ausländerbehörde unverzüglich über die Einleitung des Verfahrens sowie die Verfahrenserledigungen bei der Staatsanwaltschaft, bei Gericht oder bei der für die Verfolgung und Ahndung der Ordnungswidrigkeit zuständigen Verwaltungsbehörde unter Angabe der gesetzlichen Vorschriften zu unterrichten (§ 87 Abs. 4 AufenthG). **260**

§ 55 Abs. 2 Nr. 1a AufenthG enthält einen Ausweisungsgrund im Falle von Falschangaben u. a. zur Erlangung eines Visums, Aufenthaltstitels oder Ausweisersatzes in einem Verwaltungsverfahren und ist insoweit für die Polizei von eher geringem Interesse. Der Ausweisungsgrund des **§ 55 Abs. 2 Nr. 1b AufenthG** ist erfüllt, wenn der Ausländer trotz bestehender Rechtspflicht nicht an Maßnahmen der für die Durchführung des Aufenthaltsgesetzes oder des Schengener Durchführungsübereinkommens zuständigen Behörden mitgewirkt hat. Der Ausländer muss zuvor auf die Rechtsfolgen solcher Handlungen hingewiesen werden. Zu den Mitwirkungspflichten zählt u. a. Mitwirkung bei der Passbeschaffung oder bei der Anfertigung erkennungsdienstlicher Maßnahmen im In- und Ausland (§ 49 AufenthG).[69] **261**

Gemäß **§ 55 Abs. 2 Nr. 6 AufenthG** kann ausgewiesen werden, wer für sich oder die in der Vorschrift genannten Personen Sozialhilfe in Anspruch nimmt. **262**

Gemäß **§ 55 Abs. 2 Nr. 8 a) und b) AufenthG** können Ausländer ausgewiesen werden, die öffentlich für den Terrorismus werben oder zum Hass gegen Teile der Bevölkerung aufstacheln oder Teile der Bevölkerung beschimpfen oder böswillig verleumden (sogenannte „**Hassprediger**“). Das Ganze muss in einer Weise geschehen, die geeignet ist, die öffentliche Sicherheit und Ordnung zu stören. Der Tatbestand ist hier auf jeden Fall erfüllt, wenn der Ausländer gegen Strafbestimmungen, wie z. B. §§ 130, 187, 188 StGB, verstößt. Bei § 130 Abs. 1 StGB handelt es sich um ein sog. potenzielles Gefährdungsdelikt, sodass es nach allgemeiner Meinung ausreicht, das psychische Klima aufzuheizen.[70] **263**

---

[67] BVerwG, Urteil v. 18. 11. 2004 – 1 C 23.03; OVG Niedersachsen, Beschluss v. 21. 6. 2007 – 13 ME 55/07, InfAuslR 2007, 379.

[68] BVerwG, Urteil v. 5. 5. 1998 – 1 C 17.97; VGH Baden-Württemberg, Urteil v. 11. 1. 2006 – 13 S 2345/05; OVG Nordrhein-Westfalen, Beschluss v. 22. 6. 2004 – 18 B 876/04, AuAS 2004, 267; *Armbruster*, HTK-AuslR / § 55 AufenthG / zu Abs. 2 Nr. 2 08/2011, jew. w. N.

[69] Armbruster, HTK-AuslR / § 55 AufenthG / zu Abs. 2 Nr. 1 / Fassung ab 27.08.2007 12/2009.

Beispiel 34: Öffentliche Aussagen wie: „Ungläubige stinken i. S. d. wahren Islam.“[71]

Eine Störung der öffentlichen Ordnung kann auch dann angenommen werden, wenn in der Öffentlichkeit erfolgende oder in die Öffentlichkeit hinein ausstrahlende Aussagen geeignet sind, das friedliche Zusammenleben verschiedener Bevölkerungsteile zu gefährden.

3. Rechtsfolge

Liegen die Tatbestandsvoraussetzungen eines Ausweisungsgrundes nach § 55 Abs. 1 und 2 AufenthG vor, wird das **Ermessen** der Behörde **eröffnet**. Sie hat nunmehr unter Beachtung des Zwecks der gesetzlichen Ermächtigung (Gefahrenabwehr) diejenigen öffentlichen Belange, die für die Ausweisung sprechen, gegen die persönlichen Belange des Ausländers **abzuwägen**.

§ 55 Abs. 3 AufenthG enthält **Ermessensanweisungen** an die Ausländerbehörde, welche persönlichen Belange des Ausländers bei der Entscheidung über die Ausweisung zu berücksichtigen sind.[72] Von Bedeutung ist insbesondere die Dauer des bisherigen Aufenthaltes und die Bindungen des Ausländers im Bundesgebiet sowie der Schutz von Ehe und Familie (Art. 6 GG). Familiäre Bindungen können auch im Falle einer **Scheidung** des Ausländers zu berücksichtigen sein, so wenn der Ausländer das Sorgerecht für die gemeinsamen Kinder oder zumindest ein **Umgangsrecht** besitzt.[73]

264 Bei der Ermessensausweisung können general- und spezialpräventive Gründe berücksichtigt werden.

Beispiel 35: Ein V-Mann der Polizei, der mit Betäubungsmitteln handelte (Fall des § 54 Nr. 3 AufenthG) und Ausweisungsschutz genießt (§ 56 AufenthG), kann aus Gründen der Generalprävention dennoch ausgewiesen werden[74]. In diesem Falle handelt die Ausländerbehörde nicht ermessensfehlerhaft, wenn sie die Generalprävention höher bewertet und dabei mögliche Nachteile bei der Aufklärung von Drogendelikten in Kauf nimmt.

265 Auch die Auswirkungen auf die hier lebenden Familienangehörigen sind bei der Entscheidung zu berücksichtigen. Die Ehefrau des Ausländers ist daher auch widerspruchs- und klagebefugt, d. h., sie kann im eigenen Namen gegen die Ausweisung ihres Mannes klagen.[75]

---

[70] *Marx* ZAR 2004, 275.

[71] OVG Bremen, Beschluss v. 20. 6. 2005 – 1 B 128/05, 1 B 119/05.

[72] Auch ohne einen derartigen Hinweis wären im Rahmen einer pflichtgemäßen Ermessensbetätigung die gegen die Ausweisung sprechenden Belange zu berücksichtigen.

[73] BVerwG Buchholz 402.24 § 2 AuslG Nr. 112 = InfAuslR 1992, 308 (309) m. w. N.

[74] BVerwG InfAuslR 1989, 225.

[75] Verletzung eigener Rechte § 42 Abs. 2 VwGO.

V. Ausweisungsschutz

Bestimmten Personen gewährt das Aufenthaltsgesetz in seinem § 56 einen besonderen **Ausweisungsschutz**. Diese Thematik soll nur der Vollständigkeit halber angesprochen werden, da die Polizei hier keine Entscheidungskompetenz besitzt.

Besteht Ausweisungsschutz wirkt sich dies in **zweifacher Weise** aus: Eine Ausweisung darf zum einen nur aus **schwerwiegenden Gründen der öffentlichen Sicherheit und Ordnung** erfolgen. Daneben sieht § 56 AufenthG vor, dass die Ist-Ausweisung zur Regel-Ausweisung und die Regel-Ausweisung zur Kann-Ausweisung **herabgestuft** werden. Bei den „schwerwiegenden Gründen der öffentlichen Sicherheit und Ordnung" handelt es sich um einen unbestimmten Rechtsbegriff, der inhaltlich uneingeschränkt der **richterlichen Prüfung** unterliegt. Obwohl hier annähernd dieselbe Prüfung wie bei der Ermessensentscheidung über die Ausweisung stattfindet, ist der **Ausländerbehörde** im Hinblick auf die Annahme der schwerwiegenden Gründe **kein Ermessen** eröffnet.[76] **Schwerwiegende Gründe** liegen nach der ständigen Rechtsprechung des *BVerwG* dann vor, wenn das öffentliche Interesse an der Erhaltung von öffentlicher Sicherheit und Ordnung im Vergleich zu dem vom Gesetz bezweckten Schutz des Ausländers ein deutliches Übergewicht hat.[77] Dies muss in jedem Einzelfall gesondert geprüft werden. Im Bereich der Schwerkriminalität können schwerwiegende Gründe auch aus generalpräventiven Überlegungen heraus angenommen werden. 266

Im Falle einer **zwingenden Ausweisung** nach § 53 AufenthG sind **schwerwiegende Gründe** der öffentlichen Sicherheit **regelmäßig zu bejahen** (§ 56 Abs. 1 Satz 2 AufenthG). Das Gesetz lässt auch hier grundsätzlich Ausnahmen von der Regel zu.[78] Diese dürften in der Praxis allerdings sehr selten sein. 267

Beispiel 36: A. handelte über längere Zeit dem BtMG zuwider mit Drogen. Dies erfüllt zumindest den Regel-Ausweisungsgrund des § 54 Nr. 3 AufenthG. Der Umstand, dass A. mit seiner deutschen Ehefrau in familiärer Lebensgemeinschaft lebt, führt nicht zu der Annahme eines atypischen Falles.[79] Die Behörde ist daher zur Ausweisung verpflichtet. Da A. mit seiner deutschen Ehefrau in familiärer Lebensgemeinschaft lebte, genießt er jedoch den erhöhten Ausweisungsschutz des § 56 Abs. 1 Nr. 4 AufenthG und kann somit nur aus schwerwiegenden Gründen der öffentlichen Sicherheit und Ordnung ausgewiesen werden. Liegen diese nicht vor, kann A. nicht ausgewiesen werden. Liegen sie vor, wird A. gemäß § 56 Abs. 1 AufenthG nunmehr nicht „in der Regel ausgewiesen", sondern die Behörde entscheidet nach pflichtgemäßem Ermessen. Im Rahmen dieser Ermessensentscheidung

[76] VGH Baden-Württemberg, InfAuslR 1995, 155.

[77] Vgl. BVerwGE 81, 155, 158 f.; Beschluss vom 19. 8. 1993 – 1 B 49.93, Buchholz 402.240 § 48 AuslG 1990 Nr. 2 m. w. N.; Beschluss vom 10. 1. 1995 – 1 B 153 94, Buchholz 402.240 § 48 AuslG 1990 Nr. 4 = InfAuslR 1995, 194.

[78] Vgl. hierzu: VGH Baden-Württemberg, Urteil v. 9. 11. 2001 – 10 S 1909/01.

[79] VGH Baden-Württemberg, v. 31. 7. 1996 – 13 S 466/96, InfAuslR 1996, 333.

hat sie insbesondere die in § 55 Abs. 3 AufenthG angeführten Belange zu berücksichtigen. Auch in diesem Fall kann die Ausweisung auf generalpräventive Gründe gestützt werden.[80] Das Ergebnis der Ermessensentscheidung kann also immer noch die Ausweisung sein.

268 Ein Ausweisungsschutz kann sich grundsätzlich auch aus der **Europäischen Konvention zum Schutz der Menschenrechte (EMRK)** sowie Art. 3 Abs. 3 des **Europäischen Niederlassungsabkommens** vom 13. Dezember 1955 (BGBl. 1959 II S. 997) herleiten. Die strengen deutschen Ausweisungsschutzregelungen entsprechen aber in allen Fällen dem Standard dieser Abkommen.

1. Unionsbürger

269 Auf Unionsbürger sind die §§ 53, 54 und 55 AufenthG ausweislich der Regelung in § 11 FreizügG/EU nicht anwendbar. Das FreizügG/EU geht bei diesem Personenkreis einen anderen Weg, indem es anstatt einer Ausweisungsverfügung die verbindliche **Feststellung des Verlusts des Freizügigkeitsrechts** aus § 2 Abs. 1 FreizügG/EU vorsieht. Als Folgemaßnahme wird die Bescheinigung nach § 5 Abs. 1 FreizügG/EU eingezogen und für die drittstaatsangehörigen Familienmitglieder die Aufenthaltskarte widerrufen. Nach § 6 Abs. 1 FreizügG/EU kann dies jedoch nur aus Gründen der öffentlichen Ordnung, Sicherheit oder Gesundheit erfolgen. Allerdings sind die Anforderungen hier sehr hoch. Gemäß § 6 Abs. 2 FreizügG/EU genügt die Tatsache einer strafrechtlichen Verurteilung für sich allein nicht, um den Aufenthalt eines Unionsbürgers zu beenden. Es dürfen nur im Bundeszentralregister noch nicht getilgte strafrechtliche Verurteilungen und diese nur insoweit berücksichtigt werden, als die ihnen zugrunde liegenden Umstände ein persönliches Verhalten erkennen lassen, das eine gegenwärtige Gefährdung der öffentlichen Ordnung darstellt. Es muss eine tatsächliche und hinreichend schwere Gefährdung vorliegen, die ein Grundinteresse der Gesellschaft berührt. Aus der Anknüpfung an das persönliche Verhalten folgt auch, dass eine Aufenthaltsbeendigung nicht aus generalpräventiven Erwägungen heraus erfolgen darf.

270 Ein Grundinteresse der Gesellschaft ist nur dann berührt, wenn von einem Freizügigkeitsberechtigten die Begehung von Straftaten droht, die der mittelschweren oder schweren Kriminalität zuzurechnen sind. Die wiederholt drohende Begehung von Ordnungswidrigkeit oder von Straftaten, die der leichten Kriminalität zuzurechnen sind, kann das Grundinteresse der Gesellschaft per se nicht berühren. Eine Aufenthaltsbeendigung dürfte danach bei Straftaten, die in ihrer Höchststrafe mit weniger als einer Freiheitsstrafe bis zu fünf Jahren sanktioniert werden, nicht in Betracht kommen.[81]

Beispiel 37: Verabredung zum erpresserischen Menschenraub in Tateinheit mit uner-

[80] BVerwG, InfAuslR 1995, 194.

[81] *Hoppe*, HTK-AuslR / § 6 FreizügG/EU / Die Verlustfststellung 3/2008 Nr. 3.2.

laubtem Schusswaffenbesitz[82]; Drogenhandel[83]. In diesen Fällen könnte eine Aufenthaltsbeendigung bei einem Unionsbürger in Betracht kommen.

Die Regelung, dass aus Gründen der öffentlichen Gesundheit eine Entscheidung nach § 6 Abs. 1 Satz 1 FreizügG/EU getroffen werden kann, muss eingeschränkt ausgelegt werden. Nach Art. 4 Abs. 1 Richtlinie 64/221/EWG sind nur die Krankheiten und Gebrechen, die im Anhang zu dieser Richtlinie bezeichnet sind, zur Rechtfertigung der Einreise- und Aufenthaltsverweigerung geeignet. 271

Beispiel 38: quarantänepflichtige Krankheiten, Tuberkulose der Atemwege im aktiven Stadium, Syphilis.

2. Türkische Arbeitnehmer

Einem **türkischen Arbeitnehmer**, der die Voraussetzungen des Art. 6 Abs. 1 oder des Art. 7 ARB 1/80 erfüllt, erwachsen nicht nur beschäftigungsrechtliche Ansprüche, sondern zugleich auch diejenigen aufenthaltsrechtlichen Ansprüche, deren er bedarf, um seine beschäftigungsrechtlichen Ansprüche effektiv wahrzunehmen. Darüber hinaus vermittelt Art. 14 ARB 1/80 einem türkischen Arbeitnehmer, der die Voraussetzungen des Art. 6 oder des Art. 7 ARB 1/80 erfüllt, den gleichen Ausweisungsschutz, wie er freizügigkeitsberechtigten EU-Staatsangehörigen zusteht.[84] Eine Ausweisung ist dann **nur** aus **spezialpräventiven Gründen** möglich.[85] 272

VI. Die Rechtswirkung der Ausweisung

Besitzt der Ausländer einen **Aufenthaltstitel**, **erlischt** dieser mit der Ausweisung (§ 51 Abs. 1 AufenthG). Gemäß § 51 Abs. 5 AufenthG **entfällt** die **Befreiung** vom Erfordernis des Aufenthaltstitels. Ein Ausländer, der ausgewiesen oder abgeschoben worden ist, darf gemäß § 11 Abs. 1 AufenthG nicht erneut ins Bundesgebiet einreisen und sich darin aufhalten. Einem ausgewiesenen Ausländer wird auch bei Vorliegen der Voraussetzungen eines Rechtsanspruchs kein Aufenthaltstitel erteilt (sog. **Sperrwirkung**). Diese Wirkungen werden auf Antrag in der Regel befristet. Die Frist beginnt mit der Ausreise. 273

Vor Ablauf der Sperrfrist kann einem ausgewiesenen, abgeschobenen oder zurückgeschobenen Ausländer das kurzfristige Betreten des Bundesgebiets gemäß § 11 Abs. 2 AufenthG nur erlaubt werden (**Betretenserlaubnis**), wenn 274

[82] BVerwG, Beschluss v. 4. 11. 1999 – 1 B 74.99.
[83] *Hoppe*, HTK-AuslR / § 6 FreizügG/EU / Die Verlustfeststellung 3/2008 Nr. 4 m. w. N.
[84] BVerwG, v. 11. 6. 1996 – 1 C 24.94, DÖV 1997, 163 = NVwZ 1997, 297.
[85] EuGH, Urteil v. 10. 2. 2000 – C-340/97 (Nazli).

- zwingende Gründe seine Anwesenheit erfordern oder
- die Versagung der Erlaubnis eine außergewöhnliche Härte bedeuten würde.

Zwingende Gründe, die die Anwesenheit des Ausländers erfordern, sind etwa dann anzunehmen, wenn ein Gericht das persönliche Erscheinen des Betroffenen angeordnet hat[86].

275 Bei der Beurteilung, ob eine außergewöhnliche Härte vorliegt, kommen insbesondere humanitäre Gründe oder dringende persönliche Gründe in Betracht (z. B. schwere Erkrankung von Angehörigen). Der Ausländer hat den entsprechenden Nachweis zu erbringen. Eine außergewöhnliche Härte kann aber auch vorliegen, wenn der Ausländer in einer Gerichtsverhandlung, bei der es um für ihn existenzielle Fragen geht, von seinem Äußerungsrecht (§ 167 Abs. 1 VwGO i. V. m. § 137 Abs. 4 ZPO) Gebrauch machen möchte und eine von dem Ausländer ausgehende Gefahr für die öffentliche Sicherheit mit großer Wahrscheinlichkeit ausgeschlossen werden kann.[87]

276 Etwas anderes würde allerdings dann gelten, wenn Anhaltspunkte vorlägen, der Ausländer wollte den kurzfristigen Aufenthalt zum Untertauchen verwenden. Diese Betretenserlaubnis ist kein Aufenthaltstitel.

277 Gemäß § 50 Abs. 1 AufenthG ist der ausgewiesene Ausländer verpflichtet, die Bundesrepublik zu verlassen. Nach Art. 96 Abs. 3 SDÜ sind alle **Drittausländer**, die ausgewiesen oder abgeschoben wurden, zur **Einreiseverweigerung** im **Schengener Informationssystem** (SIS) auszuschreiben.

[86] Bayerischer VGH, Beschluss v. 26. 1. 2000 – 10 CE 99.3428, InfAuslR 2000, 181 (Dreitägiger Aufenthalt für „Mehmet").

[87] Bayerischer VGH a. a. O. (Fn. 86).

KAPITEL 12

Durchsetzung der Ausreisepflicht

I. Abschiebung

1. Begriff

Unter Abschiebung versteht man die zwangsweise Außerlandesverbringung eines vollziehbar ausreisepflichtigen Ausländers. Als Unterfall des **unmittelbaren Zwangs** stellt die Abschiebung damit ein spezifisches ausländerrechtliches Zwangsmittel dar. Die Abschiebung ist kein Verwaltungsakt. Sie muss in der Regel nicht angeordnet werden.[1] Eine gleichwohl erfolgte Abschiebungsanordnung[2] ist eine behördeninterne Anordnung zur Durchführung der Abschiebung.[3] Die Abschiebung erfasst alle erforderlichen Zwangsmaßnahmen, also auch eine evtl. Vorführung bei der Auslandsvertretung des abzuschiebenden Ausländers. **278**

2. Zuständigkeit

Zuständige Abschiebebehörde ist gemäß § 71 Abs. 1 AufenthG im Regelfall die Ausländerbehörde. Die Länder können jedoch weitere Regelungen vorsehen.[4] **279**

---

[1] Ausnahme: 1. die spezielle Abschiebungsanordnung nach § 58a Abs. 1 AufenthG (vgl. Rn. 307). 2. die Abschiebungsanordnung nach § 34a AsylVfG, wenn ein Ausländer in einen sicheren Drittstaat (§ 26a AsylVfG) oder in einen für die Durchführung des Asylverfahrens zuständigen Staat (§ 27a AsylVfG) abgeschoben werden soll.

[2] Nicht zu verwechseln mit der Abschiebungs*androhung* (§ 59 AufenthG)!

[3] Die in § 14 VwVG des Bundes vorgesehene Festsetzung des Zwangsmittels gibt es in den VwVG der Länder nur für das Zwangsgeld.

[4] *Baden-Württemberg*: Verordnung der Landesregierung und des Innenministeriums über Zuständigkeiten nach dem Aufenthaltsgesetz, dem Asylverfahrensgesetz und dem Flüchtlingsaufnahmegesetz sowie über die Verteilung unerlaubt eingereister Ausländer (Aufenthalts- und Asyl-Zuständigkeitsverordnung – AAZuVO) v. 2. 12. 2008 (GBl. 2008, S. 465); *Bayern*: Verordnung über die Zuständigkeiten zur Ausführung des Aufenthaltsgesetzes und ausländerrechtlicher Bestimmungen in anderen Gesetzen (ZustVAuslR) v. 14. 7. 2005 (GVBl S. 306); *Hessen*: Verordnung über die Zuständigkeiten der Ausländerbehörden und zur

280 Eine spezielle Zuständigkeit der Bundespolizei als Grenzbehörde regelt § 71 Abs. 1 Nrn. 1a und 1b AufenthG. Danach sind die mit der polizeilichen Kontrolle des grenzüberschreitenden Verkehrs beauftragten Behörden zuständig für **Abschiebungen an der Grenze**, sofern der Ausländer bei oder nach der **unerlaubten Einreise** über eine Grenze im Sinne des Artikels 2 Nummer 1 der Verordnung (EG) Nr. 562/2006 (Binnengrenze) **aufgegriffen** wird sowie für Abschiebungen an der Grenze, sofern der Ausländer bereits unerlaubt eingereist ist, sich danach weiter fortbewegt hat und in einem **anderen Grenzraum** oder auf einem als Grenzübergangsstelle zugelassenen oder nicht zugelassenen Flughafen, Flug- oder Landeplatz oder See- oder Binnenhafen **aufgegriffen** wird. In diesen Fällen ist somit die Bundespolizei zuständige Abschiebebehörde. Sie ist danach auch zuständig für die Androhung der Abschiebung und Bestimmung der Ausreisefrist.

Die Polizei ist neben den genannten Behörden für die **Durchführung der Abschiebung** einschließlich der Beantragung von Abschiebungshaft zuständig. Dies ergibt sich unmittelbar aus § 71 Abs. 5 AufenthG. Die Zuständigkeit des Polizeivollzugsdienstes beschränkt sich auf den reinen Vollzug (Festnahme des Ausländers, unmittelbarer Zwang, Verbringung zur Grenze/Grenzbehörde). Verantwortliche Vollstreckungsbehörde bleibt in diesem Fall die Ausländerbehörde. Die Polizei wird hier im Rahmen der Vollzugshilfe tätig. Der Einsatz privater Sicherheitsdienste als Flugbegleiter ist rechtlich nicht möglich, da die Ausübung unmittelbaren Zwangs (was die Abschiebung ja ist) zum Kernbestand hoheitlichen Handelns gehört. Ein Gesetz, das eine entsprechende **Beleihung** mit hoheitlichen Befugnissen vorsieht, gibt es nicht. Es wäre überdies mit dem **staatlichen Gewaltmonopol** nicht zu vereinbaren. Private Sicherheitsdienste können zwar Fluggäste und das Eigentum der Fluggesellschaft schützen. Sie haben aber nicht das Recht, Passagiere gegen deren Willen an Bord zu halten.

3. Gesetzliche Voraussetzungen der Abschiebung

a) Übersicht

Gemäß § 58 Abs. 1 AufenthG ist die Abschiebung nur zulässig, dann aber auch **zwingend** (vgl. den Wortlaut: „… *ist* abzuschieben“), wenn

- der Ausländer **vollziehbar ausreisepflichtig** ist und
- die Abschiebung **angedroht** wurde,

Durchführung des Aufenthaltsgesetzes und des Asylverfahrensgesetzes (AuslZustV) v. 21. 6. 1993 (GVBl. I 1993, 260); *NRW*: Verordnung über Zuständigkeiten im Ausländerwesen (ZustAVO) v. 15. 2. 2005 (GV. NRW. S. 50); *Sachsen*: Verordnung des Sächsischen Staatsministeriums des Innern über Zuständigkeiten nach dem Aufenthaltsgesetz und dem Asylverfahrensgesetz (Sächsische Aufenthalts- und Asylverfahrenszuständigkeitsverordnung – SächsAAZuVO) v. 22. 12. 2008 (GVBl. 2009 S. 39); in *Rheinland-Pfalz* ergibt sich die Zuständigkeit aus dem POG, OVG Rheinland-Pfalz, Beschluss v. 14. 6. 1995 – 11 B 11714/95.

- eine **Ausreisefrist nicht gewährt wurde oder diese abgelaufen** ist,
- den **Beteiligungserfordernissen** genügt wurde,
- die **freiwillige Erfüllung** der Ausreisepflicht **nicht gesichert** ist oder
- aus Gründen der öffentlichen Sicherheit und Ordnung eine **Überwachung der Ausreise erforderlich** erscheint.

Der Abschiebung dürfen ferner keine **Abschiebungshindernisse** entgegenstehen. Ist dies der Fall, muss die Abschiebung ausgesetzt werden (§ 60a AufenthG). Flüchtlinge dürfen nicht in den Verfolgerstaat abgeschoben werden (§ 60 Abs. 1 AufenthG). **281**

b) Gesetzliche Ausreisepflicht

Voraussetzung für die Abschiebung ist gemäß § 58 Abs. 1 AufenthG die vollziehbare **Ausreisepflicht**. Nach § 50 Abs. 1 AufenthG ist ein Ausländer zur Ausreise verpflichtet, wenn er einen erforderlichen Aufenthaltstitel nicht oder nicht mehr besitzt und ein Aufenthaltsrecht nach dem Assoziationsabkommen EWG/Türkei nicht oder nicht mehr besteht. Die Pflicht zur Ausreise ergibt sich unmittelbar aus dem Gesetz: Liegen die Tatbestandsvoraussetzungen des § 50 Abs. 1 AufenthG vor, muss der Ausländer ausreisen. Einer zusätzlichen Verfügung der Ausländerbehörde bedarf es hierbei nicht. Eine evtl. Ausreiseaufforderung besitzt nur eine klarstellende Funktion und ist somit mangels Regelung auch kein Verwaltungsakt.

c) Vollziehbarkeit der Ausreisepflicht

Voraussetzung für die Abschiebung (und die Zurückschiebung nach § 57 AufenthG) ist die **Vollziehbarkeit** der Ausreisepflicht. Üblicherweise vollstreckt die Polizei *Verwaltungsakte* (z. B. Beschlagnahmeverfügung, Platzverweis usw.). Dementsprechend ist Voraussetzung für die Rechtmäßigkeit einer Vollstreckungsmaßnahme, dass ihr ein wirksamer und vollstreckbarer Verwaltungsakt zugrunde liegt. Hier wird jedoch eine *gesetzliche Verpflichtung* vollstreckt (eben die gesetzliche Ausreisepflicht). Die Bestimmungen der §§ 58 ff. AufenthG enthalten somit **besondere bundesgesetzliche Vollstreckungsregelungen**. **282**

Die Ausreisepflicht ist nach § 58 Abs. 2 AufenthG vollziehbar, wenn der Ausländer **283**

1. unerlaubt eingereist ist (§ 58 Abs. 2 Satz 1 Nr. 1 AufenthG),
2. noch nicht die erstmalige Erteilung oder Verlängerung eines erforderlichen Aufenthaltstitels beantragt hat (§ 58 Abs. 2 Satz 1 Nr. 2 AufenthG),

3. aufgrund einer Rückführungsentscheidung eines anderen Mitgliedstaats der Europäischen Union gemäß Artikel 3 der Richtlinie 2001/40/EG ausreisepflichtig wird (§ 58 Abs. 2 Satz 1 Nr. 3 AufenthG).
4. Im Übrigen ist die Ausreisepflicht erst vollziehbar, wenn die Versagung des Aufenthaltstitels oder der sonstige Verwaltungsakt, durch den der Ausländer nach § 50 Abs. 1 AufenthG ausreisepflichtig wird, vollziehbar ist (§ 58 Abs. 2 Satz 2 AufenthG).

Zu 1: Die Unerlaubtheit der Einreise in das Bundesgebiet beurteilt sich nach § 14 AufenthG (vgl. Kapitel 5, S. 33 ff.). Ein Ausländer, der unerlaubt eingereist ist, hält sich illegal in Deutschland auf und ist von Anfang an vollziehbar ausreisepflichtig. Da der Ausländer sich rechtswidrig in Deutschland aufhält, könnte auch ein evtl. Antrag auf Erteilung einer Aufenthaltserlaubnis die vollziehbare Ausreisepflicht nicht beseitigen. Dies ergibt sich aus § 81 Abs. 3 Satz 1 AufenthG. Die Erlaubnisfiktion setzt nämlich einen rechtmäßigen Aufenthalt voraus.

284 **Zu 2**: Die erste Alternative betrifft bevorrechtigte Ausländer, die sich zunächst rechtmäßig ohne Aufenthaltstitel im Bundesgebiet aufhalten, titelpflichtig werden, aber keinen Antrag auf Erteilung eines Aufenthaltstitels gestellt haben. Hierunter fällt z. B. ein US-Amerikaner, der gemäß § 41 AufenthV ohne Visum einreisen und seine Aufenthaltserlaubnis in Deutschland beantragen kann, aber die 3-Monats-Frist für die Antragstellung hat verstreichen lassen; ein Anhang-II-Staater, der es versäumt hat, seinen visumfreien Kurzaufenthalt nach § 40 AufenthV zu verlängern; aber auch ein Anhang-II-Staater, der die Befreiung vom Erfordernis eines Aufenthaltstitels infolge Erwerbstätigkeit verloren hat.

Die zweite Alternative betrifft Ausländer, die sich zunächst rechtmäßig in Deutschland aufhielten, weil sie im Besitz eines Aufenthaltstitels waren, dessen Geltungsdauer nunmehr abgelaufen ist. Wenn ein Verlängerungsantrag nicht vor Ablauf der Geltungsdauer bei der Ausländerbehörde eingeht, wird der Betroffene vollziehbar ausreisepflichtig.[5]

Zu 3: § 58 Abs. 2 Nr. 3 AufenthG betrifft Rückführungsentscheidungen eines anderen EU-Staats (Entscheidungsmitgliedsstaat), die von Deutschland (Vollstreckungsmitgliedsstaat) im Wege der Amtshilfe zu vollstrecken sind, wenn sich der ausreisepflichtige Ausländer tatsächlich in Deutschland aufhält. Die Regelung besitzt keine große praktische Bedeutung.

285 **Zu 4**: Während die Nummern 1 bis 3 *unmittelbar* die Vollziehbarkeit der *gesetzlichen Ausreisepflicht* regeln, knüpft die Nummer 4 an den *Verwaltungsakt* an, durch den die Ausreisepflicht begründet wird. So kann im Falle einer Ausweisung die Ausreisepflicht erst vollstreckt werden, wenn die Ausweisungsverfügung vollziehbar ist. Der Begriff „vollziehbar" ist in dem aufenthaltsrechtlichen Kontext zu lesen als „vollstreckbar". Der Betroffene hat bei belastenden Verwaltungsakten die Möglichkeit, Widerspruch einzulegen und damit die Vollziehbarkeit zu hemmen (aufschiebende Wirkung des Widerspruchs, § 80 Abs. 1 VwGO). Will die Behörde die Ausreisepflicht ungehindert durch etwaige

[5] Zum verspäteten Antrag auf Verlängerung einer Aufenthaltserlaubnis vgl.: *Zeitler*, ZAR 2010, 133.

Widersprüche durchsetzen, muss sie die sofortige Vollziehbarkeit gemäß § 80 Abs. 2 Satz 1 Nr. 4 VwGO anordnen und schriftlich begründen (§ 80 Abs. 3 VwGO). Entsteht die Ausreisepflicht infolge der Ablehnung eines Antrages auf Erteilung oder Verlängerung eines Aufenthaltstitels, haben Widerspruch und Klage keine aufschiebende Wirkung (§ 84 Abs. 1 AufenthG). Der Betroffene kann in diesen Fällen beim Verwaltungsgericht die Wiederherstellung bzw. Anordnung der aufschiebenden Wirkung nach § 80 Abs. 5 VwGO beantragen.

d) Androhung und Fristsetzung

286 Dic Abschiebung ist nach Maßgabe des § 59 Abs. 1 AufenthG unter Bestimmung einer angemessenen Frist zwischen sieben und 30 Tagen für die freiwillige Ausreise anzudrohen. Die **Abschiebungsandrohung** soll dem Ausländer Gelegenheit geben, der Ausreisepflicht nach § 50 Abs. 1 AufenthG unverzüglich freiwillig nachzukommen, um dadurch eine Abschiebung nach § 58 Abs. 1 AufenthG zu vermeiden. Meist ergeht die Androhung zusammen mit dem Verwaltungsakt, der die Ausreisepflicht begründet (z. B. Ausweisung oder Ablehnung eines Antrags auf Verlängerung einer Aufenthaltserlaubnis). Die Androhung bedarf der Schriftform. In seiner neuen Fassung bestimmt § 59 Abs. 1 AufenthG unter welchen Voraussetzungen von einer Androhung oder Fristsetzung abgesehen, bzw. eine kürzere Ausreisefrist gewährt werden kann. Eine Ausreisefrist kann unterbleiben, wenn von dem Ausländer eine erhebliche Gefahr für die öffentliche Sicherheit oder Ordnung ausgeht oder der begründete Verdacht besteht, dass der Ausländer sich der Abschiebung entziehen will (§ 59 Abs. 1 Satz 2 AufenthG n.F.). Dies entspricht der bisherigen Rechtsprechung.[6]

Über die Gewährung einer Ausreisefrist wird dem Ausländer eine **Bescheinigung** ausgestellt. Diese dient der Bestätigung des legalen Aufenthalts, etwa bei einer Polizeikontrolle. Eine Verlängerung der Ausreisefrist kann neuerdings auch in Betracht kommen, um einem Ausländer, der Opfer einer Straftat nach § 10 Abs. 1 oder § 11 Abs. 1 Nr. 3 des Schwarzarbeitsbekämpfungsgesetzes, nach § 15a des Arbeitnehmerüberlassungsgesetzes oder den §§ 232, 233 und § 233a des Strafgesetzbuches wurde und deshalb für seine Mitwirkung im Strafverfahren einen Aufenthaltstitel bekommen kann (§ 25 Abs. 4a und 4b AufenthG), eine Überlegungsfrist über seine Aussagebereitschaft einzuräumen (§ 59 Abs. 7 AufenthG n.F.).

287 Die Androhung der Abschiebung ist eine Maßnahme in der Verwaltungsvollstreckung. Widerspruch und Anfechtungsklage gegen sie haben daher keine aufschiebende Wirkung (vgl. die bundesgesetzliche Ermächtigung in § 80 Abs. 2 Satz 2 VwGO[7]). Die sofortige Vollziehung muss daher – anders als bei der Ausweisungsverfügung – nicht gesondert angeordnet werden. Rechtsschutz des Ausländers: § 80 Abs. 5 VwGO (Antrag auf Anordnung der aufschiebenden Wirkung).

e) Ankündigung

288 Eine **Ankündigung der Abschiebung** muss **nicht generell**, sondern nur in den gesetzlich vorgesehenen Fällen erfolgen, wenn ein Ausländer aus der Haft oder dem öffentlichen Gewahrsam abgeschoben wird (§ 59 Abs. 5 AufenthG) und im Falle des Widerrufs einer Duldung (§ 60a Abs. 5 AufenthG).[8]

[6] BVerwG, Urteil v. 22. 8. 1986 – 1 C 34.83, InfAuslR 1986, 311.

[7] In *Baden-Württemberg*: § 12 LVwVG.

f) Beteiligungserfordernisse

Zu beachten sind auch die **Beteiligungserfordernisse** aus § 72 Abs. 4 AufenthG: Im Falle eines Ausländers, gegen den öffentliche Klage erhoben oder ein strafrechtliches Ermittlungsverfahren eingeleitet ist, darf die Abschiebung (und die Ausweisung) nur im **Einvernehmen mit der zuständigen Staatsanwaltschaft** erfolgen. Ein Ausländer, der zu schützende Person i. S. d. Zeugenschutz-Harmonisierungsgesetzes[9] ist, darf nur im Einvernehmen mit der Zeugenschutzdienststelle ausgewiesen oder abgeschoben werden. **289**

g) Besondere Voraussetzungen für die Abschiebung

Gemäß § 58 Abs. 1 AufenthG ist ein Ausländer abzuschieben, wenn die Ausreisepflicht vollziehbar ist, eine Ausreisefrist nicht gewährt wurde oder diese abgelaufen ist und die freiwillige Erfüllung der Ausreisepflicht nicht gesichert ist oder aus Gründen der öffentlichen Sicherheit und Ordnung eine Überwachung der Ausreise erforderlich erscheint. **290**

Die **freiwillige Ausreise** ist dann **nicht gesichert**, wenn mit an Sicherheit grenzender Wahrscheinlichkeit davon auszugehen ist, dass ein ausreisepflichtiger Ausländer die ihm aufgegebene Pflicht, das Bundesgebiet zu verlassen, ignoriert.[10] Grundsätzlich darf dem Ausländer kein entsprechend pflichtwidriges Verhalten unterstellt werden. Auch ein bloßer Verdacht genügt nicht. Angesichts dieser hohen Anforderungen und der im Vergleich dazu geringen Anforderungen an die Erforderlichkeit einer überwachten Ausreise (hierzu sogleich) spielt diese Alternative in der Praxis eine untergeordnete Rolle.

Die Abschiebung ist auch dann zwingend, wenn aus Gründen der öffentlichen Sicherheit oder Ordnung eine **Überwachung** der **Ausreise erforderlich erscheint** (§ 58 Abs. 1 AufenthG). Die Beurteilung der Erforderlichkeit erfolgt auf der Basis der der Behörde bekannten Tatsachen und auf der Grundlage ihrer fachlichen Einschätzung. § 58 Abs. 3 AufenthG enthält eine nicht abschließende („insbesondere") Aufzählung von Fällen, in denen das Gesetz von der Erforderlichkeit einer Überwachung ausgeht. **291**

Eine Überwachung der Ausreise ist nach § 58 Abs. 3 AufenthG in folgenden Fällen erforderlich:

- **Nr. 1**: Wenn sich der Ausländer auf richterliche Anordnung in Haft oder sonstigem öffentlichen Gewahrsam befindet. Die Art der Freiheitsentziehung ist gleichgültig. Diese muss nur auf der Grundlage einer richterlichen Anordnung erfolgen.

---

[8] Die Duldung, also die Aussetzung der Abschiebung, ist zu widerrufen, wenn die der Abschiebung entgegenstehenden Gründe entfallen sind (§ 60a Abs. 5 Satz 2 AufenthG), z. B. weil im Zielstaat für den Betroffenen keine Gefahr für Leib und Leben mehr besteht.

[9] Gesetz zur Harmonisierung des Schutzes gefährdeter Zeugen vom 11. 12. 2001 (BGBl. I S. 3510).

[10] *Huber/Göbel-Zimmermann*, Ausländer- und Asylrecht, 2. Aufl. 2008, Rn. 1184.

- **Nr. 2**: Wenn der Ausländer nicht innerhalb der ihm gesetzten Ausreisefrist ausgereist ist. Da vor Ablauf der Ausreisefrist eine zwangsweise Aufenthaltsbeendigung nicht in Betracht kommt, ergibt sich bereits aus dieser Regelung, dass jeder Ausländer nach Ablauf der gesetzten Frist abgeschoben werden muss.
- **Nr. 3**: Im Falle einer auf § 53 AufenthG (zwingende Ausweisung) oder § 54 AufenthG (Regel-Ausweisung) gestützten Ausweisung ist die Überwachung stets erforderlich, denn hierbei handelt es sich um besonders gefährliche Personen.
- **Nr. 4**: Die Überwachung ist erforderlich, wenn der vollziehbar ausreisepflichtige Ausländer mittellos ist.
- **Nr. 5**: Wenn der Ausländer keinen Pass besitzt. Gemäß § 48 Abs. 3 Satz 1 AufenthG ist ein Ausländer, der keinen gültigen Pass oder Passersatz besitzt, verpflichtet, an der Beschaffung des Identitätspapiers mitzuwirken. Der Verstoß gegen diese Verpflichtung rechtfertigt die Vermutung, der Ausländer werde nicht freiwillig ausreisen. Die Ausländerbehörde muss in diesem Fall selbst ein Reisedokument beschaffen. Liegt ein solches vor, ist der Abschiebungsgrund der Nr. 5 aber immer noch gegeben.
- **Nr. 6**: Wenn der Ausländer gegenüber der Ausländerbehörde zum Zwecke der Täuschung unrichtige Angaben gemacht oder die Angaben verweigert hat.
- **Nr. 7**: Wenn der Ausländer zu erkennen gegeben hat, dass er seiner Ausreisepflicht nicht nachkommen wird.

292 Selbst wenn der Ausländer freiwillig ausreisen will, kann die Abschiebung dennoch geboten sein, wenn von dem Betroffenen eine Gefahr ausgeht, er z. B. an einer ansteckenden Krankheit leidet, oder wenn zu befürchten ist, dass er auf dem Weg zur Grenze strafbare Handlungen begeht.

Ein vollziehbar ausreisepflichtiger Ausländer ist immer gut beraten, wenn er freiwillig ausreist und so der Abschiebung entgeht. Die freiwillige Ausreise spielt nämlich eine Rolle bei der Ermessensentscheidung der Ausländerbehörde über die Befristung der Wirkung der Ausweisung nach § 11 Abs.1 AufenthG.

4. Durchführung der Abschiebung durch die Polizei

293 Zuständige Abschiebebehörde ist die Ausländerbehörde nach § 71 Abs. 1 AufenthG. Auf Landesebene können weitere Zuständigkeitsregelungen eingeführt und z. B. zentrale Abschiebebehörden eingerichtet werden.[11] Die Polizei ist gemäß § 71 Abs. 5 AufenthG zuständig für die Durchführung der Abschiebung.

[11] Beispiele: § 3 ZustAVO NW ZAB Dortmund, Köln, Bielefeld; § 8 AAZuVO BW Regierungspräsidium Karlsruhe.

Wird die Abschiebung von den Polizeien der Länder (Polizeivollzugsdienst) oder einer anderen zuständigen Behörde durchgeführt, übersendet die Ausländerbehörde den Vollstreckungsauftrag, den Pass, Passersatz oder ein sonstiges Reisedokument und sonstige Unterlagen, die für den Ausländer bestimmt sind. Liegen die genannten Dokumente und Unterlagen bei der Grenzbehörde, ist dies im Vollstreckungsauftrag zu vermerken.

Die Grenzbehörde bestätigt die Übernahme des Ausländers und seiner Papiere und teilt der **294** Ausländerbehörde den Zeitpunkt der Überstellung mit. Die Übernahme des Ausländers und seiner Papiere kann auch durch Vermerk auf einer Unterlage der Ausländerbehörde bestätigt werden, die von dem Beamten, der den Ausländer der Grenzbehörde zuführt, vorgelegt wird.

Die **komplikationslos verlaufende Abschiebung** stellt grundsätzlich **keine Freiheitsentziehung** dar. **295** Der z. B. bei dem Transport des abzuschiebenden Ausländers bestehende Eingriff in die Freiheit der Person (Art. 2 Abs. 2 Satz 2 GG) stellt lediglich eine Freiheitsbeschränkung dar, da die Auswirkungen auf die Bewegungsfreiheit lediglich als **sekundäre, kurzfristige Folge der Erfüllung einer anderen öffentlich-rechtlichen Pflicht** (nämlich der Ausreisepflicht) erscheinen.[12] Beeinträchtigungen, die nicht über das hinausgehen, was jeder Reisende zu ertragen hat (Staus, Verzögerungen bei der Abfertigung am Flughafen), stellen ebenfalls keine Freiheitsentziehung dar. Wird der Betroffene jedoch in einer Gewahrsamseinrichtung untergebracht, ist dies stets als Freiheitsentziehung zu werten (vgl. § 415 Abs. 2 FamFG), mit der Folge, dass unverzüglich eine richterliche Entscheidung herbeizuführen ist. Nach der Rechtsprechung des BVerfG kommt „der Tatbestand der Freiheitsentziehung nur in Betracht, wenn die – tatsächlich und rechtlich an sich gegebene – körperliche Bewegungsfreiheit nach jeder Richtung hin aufgehoben wird".

Die Abschiebung stellt einen Sonderfall der Anwendung **unmittelbaren Zwangs** dar. Rechtsgrundlage für freiheitsbeschränkende (nicht: freiheitsentziehende!) Maßnahmen sind somit neben den §§ 58 ff. AufenthG, 34 ff. AsylVfG die polizeigesetzlichen Regelungen über den unmittelbaren Zwang (z. B. §§ 49 Abs. 2, 50 ff. PolG BW, Art. 53 ff. PAG BY, §§ 55 ff. PolG NRW).

Für *Baden-Württemberg* verweist § 52 Abs. 4 PolG auf die zu beachtenden Normen des Landesverwaltungsvollstreckungsgesetzes (LVwVG): Zuständige Vollstreckungsbehörde ist gemäß § 4 LVwVG die Ausländerbehörde bzw. im Fall der Abschiebung eines abgelehnten Asylbewerbers das Regierungspräsidium (§ 8 AAZuVO BW). Soweit der Zugriff des Polizeivollzugsdienstes zur ordnungsgemäßen Durchführung der Abschiebung im Hinblick auf einen Flugtermin aus der Sicht der Vollstreckungsbehörde in dem in § 9 Abs. 2 LVwVG bezeichneten Zeitraum (**Sonntag**, Nachtzeit) erforderlich ist, trifft die Vollstreckungsbehörde die nach § 9 Abs. 1 Sätze 1 und 2 LVwVG erforderliche Entscheidung.

[12] BVerwGE 62, 325.

296 Gemäß § 6 Abs. 1 LVwVG darf die **Wohnung** des abzuschiebenden Ausländers ohne richterliche Anordnung betreten werden. Bestehen im konkreten Fall Anhaltspunkte dafür, dass der betroffene Ausländer sich oder andere von der konkreten Abschiebung betroffene Ausländer in der Wohnung versteckt hält, muss die Wohnung durchsucht werden. In diesem Fall ist eine richterliche Durchsuchungsanordnung erforderlich. Anhaltspunkte, die bereits im Vorfeld die Einholung einer Durchsuchungsanordnung notwendig erscheinen lassen, sind z. B. unkooperatives Verhalten des Betroffenen, entsprechende Erfahrungen bei früheren Abschiebeversuchen u. Ä. Hat sich die Notwendigkeit einer Wohnungsdurchsuchung im Vorfeld nicht abgezeichnet, kommt ggf. wegen Gefahr im Verzug eine Durchsuchung ohne richterliche Durchsuchungsanordnung in Betracht.

297 In der Praxis geschieht es häufig, dass Ausländer erst bei Durchführung der **Abschiebung** um **Asyl** nachsuchen, obwohl sie sich schon einige Zeit im Bundesgebiet aufhielten und somit ausreichend Gelegenheit hierzu gehabt hätten. Ein derartiger Asylantrag müsste gemäß § 30 Abs. 3 Nr. 4 AsylVfG als offensichtlich unbegründet abgelehnt werden. Dies ist jedoch Sache des Bundesamtes und nicht Aufgabe der Polizei. Andererseits kann die Polizei die aus Gründen der öffentlichen Sicherheit gebotene Überwachung der Ausreise auch nicht einfach abbrechen.

298 In dieser Situation ist eine Entscheidung der für die Abschiebung zuständigen Ausländerbehörde einzuholen. Diese entscheidet ggf. nach Rücksprache mit dem Bundesamt und Kontaktaufnahme mit dem Ausländer, ob die Abschiebung fortzuführen oder abzubrechen ist. Dies gilt nicht, wenn der Ausländer in einen sicheren Drittstaat abgeschoben werden soll (§ 71 Abs. 5 Satz 2 AsylVfG, § 26a Abs. 2 AsylVfG).

299 Handelt es sich um einen **Folgeantrag**, ist § 71 Abs. 5 Satz 1 AsylVfG zu beachten. Danach darf die Abschiebung erst nach Mitteilung des Bundesamtes, dass die Voraussetzungen des § 51 Abs. 1 bis 3 des VwVfG (Wiederaufnahmegründe) nicht vorliegen, durchgeführt werden. Gemäß § 71 Abs. 5 Satz 2 AsylVfG gilt dies nur dann nicht, wenn der Ausländer in einen sicheren Drittstaat abgeschoben werden soll.[13] Die Abschiebung wird auch dann nicht abgebrochen, wenn ein Fall des § 60 Abs. 8 AufenthG (Ausländer war rechtskräftig zu einer Freiheitsstrafe von mindestens drei Jahren verurteilt worden) vorliegt.

300 Muss die Abschiebung abgebrochen werden, entscheidet die Ausländerbehörde, ob Abschiebungshaft bis zu einem weiteren Abschiebungsversuch beantragt wird.

301 Handelt es sich um einen *Erstantrag,* kann auf die Ausführungen zum Asylverfahren verwiesen werden. Im Fall eines *Folgeantrags* ist § 71 Abs. 8 AsylVfG zu beachten: Danach steht der Folgeantrag der Anordnung von Abschiebungshaft zunächst einmal nicht entgegen.

[13] Sichere Drittstaaten sind die Mitgliedstaaten der Europäischen Union sowie Norwegen und die Schweiz (vgl. § 26a Abs. 2 AsylVfG und Anlage I zum AsylVfG).

5. Kosten der Abschiebung

Wer in welchem Umfang die Kosten der Abschiebung zu tragen hat, wird umfassend in den §§ 66 und 67 AufenthG geregelt. Folgende Personen kommen danach als Kostenschuldner in Betracht: 302

- der **Ausländer** (§ 66 Abs. 1 AufenthG): Diesem kann auch durch eine Auflage nach § 12 Abs. 2 Satz 2 AufenthG auferlegt werden, die voraussichtlichen Kosten anzusparen[14]
- derjenige, der sich der Ausländerbehörde oder der Auslandsvertretung gegenüber zur Tragung der Ausreisekosten verpflichtet hat (**Verpflichtungsschuldner**)
- der **Beförderungsunternehmer**: § 66 Abs. 3 AufenthG ergänzt die Rückbeförderungspflicht aus § 64 AufenthG.
- vorrangig vor dem Ausländer, der **Arbeitgeber**, der den Ausländer als Arbeitnehmer beschäftigt hat, wenn dem Ausländer die Ausübung der Erwerbstätigkeit gemäß § 4 Abs. 3 AufenthG nicht erlaubt war

„**Schlepper**", also Personen, die eine nach § 96 AufenthG strafbare Handlung begingen, haften ebenfalls vorrangig vor dem Ausländer.

Soweit die Kosten der Abschiebung gegenüber dem abzuschiebenden Ausländer geltend gemacht werden, wird dem Ausländer der von der Abschiebebehörde erstellte **Kostenbescheid** ausgehändigt. Die Kosten können nach den landesrechtlichen Vollstreckungsbestimmungen sofort beigetrieben werden. Zuständig für den Erlass des Kostenbescheids für die gesamten Abschiebekosten (also auch die bei der Polizei entstandenen Kosten) ist gemäß § 67 Abs. 3 AufenthG die die Abschiebung betreibende Ausländerbehörde.[15]

6. Aussetzung der Abschiebung (Duldung)

Kann eine bestehende Ausreisepflicht infolge tatsächlicher oder rechtlicher Unmöglichkeit nicht durchgesetzt werden, muss der Status des hierbleibenden Ausländers dennoch rechtlich geklärt sein. Einerseits darf der zwangsläufige weitere Aufenthalt nicht den Straftatbestand des § 95 Abs. 1 Nr. 2 AufenthG erfüllen, andererseits dürfen dem Ausländer aus der Unmöglichkeit der Ausreise auch keine rechtlichen Vorteile erwachsen. Die **Aussetzung der Vollziehung der Ausreisepflicht** lässt die Ausreisepflicht unberührt. Dem Ausländer **wird** gemäß § 60a AufenthG eine Duldung erteilt (**kein Ermessen**), wenn die Abschiebung (= Vollstreckung der Ausreisepflicht) aus tatsächlichen oder 303

[14] BVerwGE 64, 285; VGH BW EZAR 221 Nr. 14.

[15] BVerwG, Urteil v. 14. 6. 2005 – 1 C 11.04.

rechtlichen Gründen **unmöglich** ist. Ein **rechtlicher Grund** ist z. B. das Vorliegen eines Abschiebungshindernisses nach § 60 AufenthG.

304 Die Abschiebung ist aus **tatsächlichen Gründen** unmöglich, wenn sich kein Staat findet, der bereit ist, den Ausländer aufzunehmen. Dasselbe gilt, wenn der Ausländer aus gesundheitlichen Gründen nicht transportfähig ist oder kein Abschiebeweg vorhanden ist.

305 Die Duldung gewährt dem Ausländer **kein Aufenthaltsrecht** und lässt die Ausreisepflicht unberührt! Der geduldete Ausländer hält sich weiterhin **unrechtmäßig** im Bundesgebiet auf. Daher war es notwendig, die Aussetzung der Abschiebung bei den Strafbestimmungen gesondert anzusprechen (vgl. § 95 Abs. 1 Nr. 2 AufenthG). Entfallen die der Abschiebung entgegenstehenden Gründe, ist die Ausländerbehörde verpflichtet, die Duldung zu widerrufen (§ 60a Abs. 5 Satz 2 AufenthG).

306 Der räumliche Geltungsbereich der Duldung ist bereits **kraft Gesetzes** auf das Gebiet des Landes beschränkt (§ 61 Abs. 1 AufenthG). Gleichwohl gehört diese **räumliche Beschränkung** (vgl. hierzu S. 53 ff.) zur Kategorie der Nebenbestimmungen. Dies ergibt sich aus der gewählten Formulierung des § 61 Abs. 1 Satz 2 AufenthG, wonach „weitere Bedingungen und Auflagen“ angeordnet werden können. Verstößt der Ausländer gegen die räumliche Beschränkung, hält er sich folglich auch nicht ohne Duldung im Bundesgebiet auf. Der Straftatbestand des § 95 Abs. 1 Nr. 2 AufenthG ist in diesem Fall nicht erfüllt.[16] Nur der wiederholte Verstoß gegen die gesetzliche räumliche Beschränkung der Duldung erfüllt den Straftatbestand des § 95 Abs. 1 Nr. 7 AufenthG.

7. Sonderfall: Abschiebungsanordnung nach § 58a

307 Gemäß § 58a AufenthG kann die oberste Landesbehörde (IM) gegen einen Ausländer aufgrund einer auf Tatsachen gestützten Prognose zur Abwehr einer besonderen Gefahr für die Sicherheit der Bundesrepublik Deutschland oder einer terroristischen Gefahr ohne vorhergehende Ausweisung eine Abschiebungsanordnung erlassen. Ziel der Abschiebungsanordnung nach § 58a AufenthG ist es, einen Ausländer ohne vorhergehende Ausweisung aus dem Bundesgebiet zu entfernen. Die Abschiebungsanordnung nach § 58a Abs. 1 AufenthG besteht aus **zwei Teilen**, dem **Erlass der Abschiebungsanordnung** durch eine oberste Landesbehörde oder das Bundesinnenministerium und deren **Vollzug**. Kann die Abschiebungsanordnung nicht sofort vollzogen werden, ist der Ausländer auf richterliche Anordnung in Haft zu nehmen (§ 62 Abs. 3 Nr. 1a AufenthG). Tatbestandsvoraussetzung für den Erlass einer Abschiebungsanordnung nach § 58a AufenthG ist das Vorliegen einer besonderen Gefahr für die Sicherheit der Bundesrepublik Deutschland, die von dem Ausländer (unmittelbar oder mittelbar) ausgeht oder das Vorliegen einer terroristis-

[16] BGH v. 5. 11. 1996 – 1 StR 452/96, InfAuslR 1997, 160.

chen Gefahr in Bezug auf den Ausländer. Maßgebend sind ausschließlich spezialpräventive Gründe, generalpräventive Gründe scheiden von vornherein aus.

II. Zurückschiebung

Eine Aufenthaltsbeendigung in Form der in § 57 AufenthG geregelten Zurückschiebung 308
kommt in Betracht, wenn die illegale Einreise bereits vollendet ist. Eine Zurückweisung nach § 15 AufenthG scheidet dann aus. Das Institut der Zurückschiebung ist vor dem Hintergrund der **EU-Rückführungsrichtlinie**[17] zu sehen. Diese gestattet eine Rückführung grundsätzlich nur auf der Grundlage einer sog. „Rückführungsentscheidung" nach Ablauf der Ausreisefrist. Die Abschiebung nach § 58 AufenthG entspricht somit der Regelform der Rückführung. Sie darf erst nach Ablauf der Ausreisefrist erfolgen und sie wird vorher angedroht (§ 59 AufenthG), wobei die Androhung die obligatorische Rückkehrentscheidung darstellt. Die Zurückschiebung erfolgt dagegen formlos ohne Anordnung und Androhung. Sie kommt nur in den Fällen in Betracht, in denen die Rückführungsrichtlinie ein Absehen von ihren verbindlichen Vorgaben vorsieht (Art. 2 Abs. 2 a Rückführungsrichtlinie) oder eine Ausnahmeregelung zur obligatorischen Rückführungsentscheidung enthält (Art. 6 Abs. 3 Rückführungsrichtlinie). Dem entsprechen die Regelungen in § 57 Abs. 1 und 2 AufenthG.

Die Zurückschiebung ist anders als die Abschiebung auch keine Maßnahme in der Verwal- 309
tungsvollstreckung, sondern eine eigenständige ausländerrechtliche Maßnahme zur Aufenthaltsbeendigung in Form eines Realakts. Zumindest aus dem Wortlaut des § 57 AufenthG ergibt sich nicht das Erfordernis einer ausdrücklichen Anordnung der Zurückschiebung in Form eines Verwaltungsakts nach § 35 VwVfG. In der Praxis werden z.T. jedoch Zurückschiebungsverfügungen erlassen.

Eine spezielle Zurückschiebungsregelung für die Grenzpolizei enthält § 18 Abs. 3 AsylVfG 310
(S. 69 f.). Danach **wird** (kein Ermessen) ein Ausländer, der in unmittelbarem Zusammenhang mit einer unerlaubten Einreise im grenznahen Raum angetroffen wurde, trotz Asylgesuchs zurückgeschoben, wenn die Zurückweisungsvoraussetzungen des § 18 Abs. 2 AsylVfG (Zuständigkeit eines anderen Dublin-II-Staats) erfüllt sind.

1. Zuständigkeit

Allgemein zuständig für die Zurückschiebung sind die Ausländerbehörden (§ 71 Abs. 311
1 AufenthG) sowie die Polizei (§ 71 Abs. 5 AufenthG). Im konkreten Fall ist diejenige

[17] Richtlinie 2008/115/EG des Europäischen Parlaments und des Rates vom 16. Dezember 2008 über gemeinsame Normen und Verfahren in den Mitgliedstaaten zur Rückführung illegal aufhältiger Drittstaatsangehöriger (Amtsblatt L 348 vom 24. 12. 2008 S. 98).

Behörde zuständig, die den Ausländer im Rahmen ihrer originären Aufgabenwahrnehmung feststellt.[18]

312 Im Falle der **Bundespolizei** beschränkt sich die Zuständigkeit auf die „Zurückschiebung an der Grenze" (§ 71 Abs. 1 Nr. 1 AufenthG). Der Begriff „an der Grenze" korrespondiert mit der Zuständigkeitsregelung in § 2 Abs. 2 Nr. 3 BPolG. Der Zuständigkeitsbereich der Bundespolizei erstreckt sich danach räumlich auf den gesamten grenznahen Raum bis zu einer Tiefe von 30 km an den Landesgrenzen, sodass die Bundespolizei für die Zurückschiebung zuständig ist, wenn ein unerlaubt eingereister Ausländer im 30-km-Raum angetroffen wird. Die Zurückschiebung müsse darüber hinaus aber auch eine **Grenzschutzmaßnahme** darstellen, so der *BGH*[19]. Dies sei nur dann der Fall, wenn ein Ausländer an der Grenze oder im grenznahen Raum in **unmittelbarem zeitlichem Zusammenhang mit seiner unerlaubten** Einreise angetroffen werde.[20] Folgt man dieser Meinung, wäre die Bundespolizei z. B. nicht für die Zurückschiebung zuständig, wenn der Ausländer nach unerlaubter Einreise über die französische Grenze an der schweizer Grenze angetroffen würde. In einem derartigen Fall kommt aber immer noch eine *Abschiebung* in Betracht. Besteht der begründete Verdacht, dass sich der Betroffene der Abschiebung entziehen will, kann die Abschiebung ohne Bestimmung einer Ausreisefrist angedroht werden (§ 59 Abs. 1 Satz 2 Nr. 1 AufenthG). Der Betroffene muss dann sofort ausreisen. Unter den Voraussetzungen des § 62 AufenthG kann er zur Sicherung der Abschiebung in vorläufigen Gewahrsam genommen werden. Dieses Beispiel macht auch den grundsätzlich bestehenden fließenden Übergang von Abschiebung und Zurückschiebung deutlich.

313 Die Zuständigkeit der Bundespolizei ist aber nicht auf den 30/50-km-Grenzraum beschränkt. Der Begriff „an der Grenze" in § 71 Abs. 3 Nr. 1 AufenthG ist vielmehr funktional zu verstehen. § 71 Abs. 3 AufenthG regelt die sachliche Zuständigkeit der mit der *polizeilichen Kontrolle des grenzüberschreitenden Verkehrs* beauftragten Behörden. Angeknüpft wird somit an die Aufgabe der Grenzkontrolle. Die Grenzbehörden sind deshalb im Zusammenhang mit eben dieser Aufgabe auch für die Zurückschiebung zuständig. Die Bundespolizei ist deshalb auch in einem Verkehrsflughafen außerhalb des 30/50-km-Grenzraums für die Zurückschiebung zuständig.[21]

314 Die **Landespolizei** ist gemäß Nr. 71.5.1.2 AufenthG-VwV neben der Ausländerbehörde für die Zurückschiebung **originär zuständig**, wenn aus Anlass ihrer Aufgabenwahrnehmung ein unerlaubt eingereister Ausländer aufgegriffen wird (z. B. anlässlich einer Personen- bzw.

---

[18] *Westphal/Stoppa*, Ausländerrecht für die Polizei, 3. A. 2007, S. 557.

[19] BGH, Beschluss v. 28. 4. 2011 – V ZB 239/10.

[20] BGH, Beschluss v. 28. 4. 2011 – V ZB 239/10, m. w. N; *Hailbronner*, Ausländerrecht, Losebl. § 57 AufenthG Rn. 8; *Westphal/Stoppa*; a. A.: OLG Brandenburg, Beschluss v. 11. 5. 2009 – 11 Wx 12/09 sowie die Nr. 71.3.1.2.1 AufenthG-VwV.

[21] Gemäß der Nr. 71.3.1.2.1 AufenthG-VwV ist die Grenzbehörde für die Zurückschiebung von Ausländern zuständig, die beim oder nach dem unerlaubten Grenzübertritt an der Grenze, d. h. im (Binnen-)Grenzraum sowie auf einem *als Grenzübergangsstelle zugelassenen oder nicht zugelassenen Flughafen bzw. Flug- oder Landeplatz, See- oder Binnenhafen*, aufgegriffen werden.

Verkehrskontrolle oder einer Razzia). Im Falle eines Aufgriffs im grenznahen Raum besteht keine ausschließliche Zuständigkeit der Bundespolizei. Landespolizei, Ausländerbehörde und Bundespolizei sind dann grundsätzlich parallel zuständig.

Die Zuständigkeit umfasst auch die Vorbereitung, Sicherung und Durchführung der Zurückschiebung (z. B. Beschaffung von Heimreisedokumenten, Vorführung des Ausländers bei der Auslandsvertretung, Buchung der Heimreise, Erlass eines Leistungsbescheids[22], Transport zur Grenze, zur Justizvollzugsanstalt oder zum Flughafen). Während die Polizei bei der Abschiebung nur für deren Durchführung (die Vollstreckung als Realakt) zuständig ist, besitzt sie im Rahmen der Aufgabe der Zurückschiebung eine eigene Entscheidungskompetenz.

Die Zuständigkeit für die Zurückschiebung erfasst laut Nr. 57.0.3 AufenthG-VwV:

- soweit erforderlich die Festnahme und die Beantragung von Haft nach § 62 Abs. 3 und 5 AufenthG,
- die Feststellung der Zurückschiebungsvoraussetzungen,
- die Anordnung der Zurückschiebung,
- den tatsächlichen Vollzug der Zurückschiebung, d. h. den Transport des Ausländers bis zur Grenze und über die Grenze hinaus bis zum ausländischen Zielort, einschließlich der den Vollzug sichernden Maßnahmen (Begleitung des Ausländers, Anwendung von Zwangsmitteln),
- den Erlass eines Leistungsbescheids (§ 67 Abs. 3 AufenthG) und das Verlangen einer Sicherheitsleistung (§ 66 Abs. 5 AufenthG).

Wird die Zurückschiebung von der Polizei oder Ausländerbehörde durchgeführt, bleibt die **Grenzbehörde** für die **Rückführung** zuständig (§ 71 Abs. 3 Nr. 1). Die Ausländerbehörde oder die Polizei des Landes kann den Ausländer daher auch an der Grenze der Grenzbehörde zur Rückführung in einen anderen Staat übergeben. In der Regel sollte die zurückschiebende Behörde die Bundespolizei um die Rückführung ersuchen. Die Bundespolizei hat als Grenzbehörde die größere Sachkompetenz und Erfahrung mit Rückführungen.[23]

2. Voraussetzungen der Zurückschiebung

Eine auf § 57 Abs. 1 AufenthG n. F. gestützte Zurückschiebung setzt voraus, dass der **315**
Ausländer **im Zusammenhang mit der unerlaubten Einreise** über eine **Außengrenze** aufgegriffen wird. Ein Einreise über eine Außengrenze ist in Deutschland nur noch über die

[22] Zu den Kosten der Zurückschiebung vgl. §§ 66 und 67 AufenthG und Rn. 327.
[23] *Westphal/Stoppa*, (Fn. 18) S. 559.

Seehäfen und Flughäfen möglich. „Im Zusammenhang mit der unerlaubten Einreise" muss nicht zeitlich unmittelbar nach dem Grenzübertritt sein. Erfasst werden auch Fälle, in denen ein Ausländer nach dem Überschreiten der Außengrenze in einem Zug bei einer Kontrolle entdeckt wird oder wenn ein in einem versiegelten Nutzfahrzeug beförderter Ausländer beim Verlassen des Fahrzeugs aufgegriffen wird. Dieser Zurückschiebungstatbestand dürfte hauptsächlich in der bundespolizeilichen Praxis eine Rolle spielen. Zur unerlaubten Einreise vgl. die Ausführungen oben S. 33 ff.

316 § 57 Abs. 2 AufenthG n. F. enthält zwei Zurückschiebungstatbestände. Der erste Halbsatz betrifft die Rückführung auf der Grundlage einer **Übernahmevereinbarung** mit einem EU-Mitgliedstaat, Norwegen oder der Schweiz. Zum Stichtag (13. 1. 2009) bestanden Rückübernahmeabkommen mit Belgien, den Niederlanden, Luxemburg, Bulgarien, Dänemark, Estland, Frankreich, Lettland, Litauen, Norwegen, Österreich, Polen, Rumänien, Schweden, der Schweiz, der Slowakei, Tschechien und Ungarn. Ein vollziehbar ausreisepflichtiger Ausländer kann somit in diese Staaten zurückgeschoben werden, wenn eine entsprechende vertragliche Aufnahmeverpflichtung besteht. Der Betroffene muss vollziehbar ausreisepflichtig sein (§§ 50, 58 Abs. 2 AufenthG).

317 **Beispiel** 39: Bei einer polizeilichen Kontrolle stellt die Polizei den Tunesier H. fest. Dieser besitzt einen Pass mit einem französischen Einreisestempel, aber keinen Aufenthaltstitel. H. ist Anhang-I-Staater und ist somit gemäß § 4 Abs. 1 AufenthG titelpflichtig. Seine Einreise erfolgte gem. § 14 Abs. 1 Nr. 2 AufenthG unerlaubt. Er hält sich somit rechtswidrig in Deutschland auf und ist gem. § 50 Abs. 1 ausreisepflichtig. Die Ausreisepflicht ist vollziehbar gemäß § 58 Abs. 2 Nr. 1 AufenthG. Da der Betroffene sich offensichtlich zuvor in Frankreich aufgehalten hatte, ist eine Zurückschiebung nach Frankreich zu prüfen. Als Ermächtigungsgrundlage kommt § 57 Abs. 2 1. Halbs. AufenthG in Betracht. Tatbestandsvoraussetzung ist die vollziehbare Ausreisepflicht (hier gegeben). Die Aufnahme durch Frankreich ist auf der Grundlage des Abkommens zwischen der Regierung der Bundesrepublik Deutschland und der Regierung der Französischen Republik über die Übernahme und Durchbeförderung von illegal aufhältigen Personen (BGBl. 2006 II S. 99) zu beurteilen. Nach Artikel 3 des Abkommens übernimmt Jede Vertragspartei auf Antrag der anderen Vertragspartei die Person, die nicht die Staatsangehörigkeit einer Vertragspartei besitzt und die die in dem Hoheitsgebiet der ersuchenden Vertragspartei geltenden Bedingungen für die Einreise oder den Aufenthalt nicht oder nicht mehr erfüllt, wenn nachgewiesen oder glaubhaft gemacht wird, dass diese Person entweder ein gültiges Visum, das kein Transitvisum ist, oder einen gültigen Aufenthaltstitel von der ersuchten Vertragspartei (hier: Frankreich) erhalten hat oder auf dem Luft- oder Landweg unmittelbar aus dem Gebiet der ersuchten Vertragspartei rechtswidrig in das Hoheitsgebiet der ersuchenden Vertragspartei (hier: Deutschland) eingereist ist. Die unmittelbare Einreise oder der Besitz eines Aufenthaltstitels müssen gem. Art. 5 Abs. 1 des Abkommens nachgewiesen oder glaubhaft gemacht werden. Ein Nachweis erfolgt im vorliegenden Fall durch den französischen Einreisestempel (Art. 5 Abs. 2 Nr. 1 a des Abkommens).

Eine Glaubhaftmachung kann durch Fahrkarten oder besondere Umstände des Aufgrifforts erfolgen (Art. 5 Abs. 2 Nr. 2 a und b des Abkommens).

§ 57 Abs. 2 2. Halbs. AufenthG betrifft die Zurückschiebung durch die Bundespolizei als Grenzbehörde zum Vollzug der Dublin-II-Verordnung[24]. Tatbestandsvoraussetzungen sind die unerlaubte Einreise des Ausländers (§ 14 AufenthG); Aufgriff im (binnen-)grenznahen Raum (30-km-Zone); Aufgriff im Zusammenhang mit der unerlaubten Einreise. Anhaltspunkte für die Stellung eines Asylantrages in einem Mitgliedstaat der Europäischen Union können insbesondere auf Grund der Staatsangehörigkeit oder der festgestellten oder vermuteten Herkunft des Aufgegriffenen und dem Antreffen auf einem typischen Reiseweg von Personen, die in einem anderen Mitgliedstaat einen Asylantrag gestellt haben, abgeleitet werden.[25] Hier kann auf die polizeiliche Erfahrung zurückgegriffen werden. **318**

3. Rechtsfolge

a) Sollvorschrift

§ 57 AufenthG ist eine **Sollvorschrift**. Der **unerlaubt eingereiste Ausländer** muss also – wenn er nicht abgeschoben wird – grundsätzlich zurückgeschoben werden. Nur in atypischen Fällen (besonders begründeten Ausnahmefällen) können die zuständigen Behörden von dieser zwingenden Rechtsfolge Abstand nehmen und nach Ermessen entscheiden. **319**

Bei der Prüfung, ob ein atypischer Sachverhalt vorliegt, ist zu berücksichtigen, dass die Bundesrepublik Deutschland – wie jeder Staat – ein berechtigtes Interesse an einem geregelten und rechtmäßigen Einreiseverkehr hat. Die regelmäßige Zurückschiebung von Ausländern, die unter Verstoß gegen die Visabestimmungen einreisen, stellt daher eine verhältnismäßige Reaktion auf derartige Verstöße dar. Eine atypische Fallgestaltung kann deshalb nur angenommen werden, wenn die Zurückschiebung trotz des berechtigten Interesses der Bundesrepublik Deutschland an der Gewährleistung eines geregelten Einreiseverkehrs als unzumutbar angesehen werden müsste. Die Zurückschiebung muss dem **Verhältnismäßigkeitsgrundsatz** genügen. Ein Abweichen von der Regel ist dann zulässig, wenn keine ernsthaften Zweifel daran bestehen, dass der Ausländer Deutschland unverzüglich (ggf. in einer gesetzten Frist) und in ordnungsgemäßer Weise verlassen wird.[26] **320**

Könnte die Grenzpolizei die Einreise durch Ausstellung eines Ausnahmevisums oder **321**

[24] Verordnung (EG) Nr. 343/2003 des Rates vom 18. Februar 2003 zur Festlegung der Kriterien und Verfahren zur Bestimmung des Mitgliedstaats, der für die Prüfung eines von einem Drittstaatsangehörigen in einem Mitgliedstaat gestellten Asylantrags zuständig ist.

[25] Vgl. Nr. 49.9.2 AufenthG-VwV.

[26] *Funke-Kaiser* in: Gemeinschaftskommentar zum AufenthG § 57 AufenthG Rn. 38 (Korrektur über den Verhältnismäßigkeitsgrundsatz).

von Passersatzpapieren legalisieren, ermöglichte auch dies der Behörde, von der zwingenden Rechtsfolge der Zurückschiebung abzusehen und nach Ermessen zu entscheiden. Freilich ist damit noch nicht gesagt, dass die Zurückschiebung unterbleibt; sie kann nur unterbleiben.

322 Eine atypische Sachlage kann sich im Einzelfall aus Art. 6 GG, Art. 8 EMRK ergeben. Zwar genießt der Schutz von Ehe und Familie nicht zwangsläufig Vorrang vor den Einreisevorschriften.[27] Besitzt der Betroffene aber einen Rechtsanspruch auf die Erteilung einer Duldung, kann dies ein Abweichen von der Sollvorschrift rechtfertigen.

Beispiel 40: unmittelbar bevorstehende Eheschließung;[28] Rechtsanspruch auf Erteilung einer Aufenthaltserlaubnis.

Dies kann jedoch nur von der Ausländerbehörde abschließend geklärt werden.

b) Durchführung

Die Zurückschiebung erfolgt in den Staat, aus dem der Ausländer eingereist ist, oder in den Staat, dessen Staatsangehörigkeit er besitzt. Der Ausländer soll aber grundsätzlich nicht in einen Schengen-Staat zurückgeschoben werden. Etwas anderes gilt nur dann, wenn der Betroffene über einen Aufenthaltstitel oder über einen vorläufigen Aufenthaltstitel eines Schengen-Staats verfügt (vgl. Art. 23 Abs. 2 SDÜ).

323 Die Zurückschiebung ist nur möglich, wenn der jeweilige Staat zur Aufnahme des Ausländers bereit und verpflichtet ist. Deutschland hat deshalb mit verschiedenen Staaten „Abkommen über die **Übernahme** von Personen an der Grenze“ bzw. über die **„Rückübernahme“** abgeschlossen. Unabhängig von bestehenden Übernahmeabkommen ist der Staat, dessen Staatsangehörigkeit der Ausländer besitzt, völkerrechtlich zur Rückübernahme verpflichtet. Die Rückübernahme von Ausländern kann im **formlosen** oder im **förmlichen Verfahren** durchgeführt werden.

324 **Beispiel** 41: Bei einer Razzia in einer Gaststätte (milieuspezifischer Ort) wird ein Kosovo-Albaner angetroffen. Dieser besitzt einen UNMIK-Pass[29], aber kein Visum. Für die Einreise nach Deutschland wäre zumindest ein Schengen-Visum – Visum der Kategorie C (Art. 2 Nr. 2 Buchst. b VK, Art. 24 VK) – erforderlich gewesen. Damit ist der Ausländer ohne den nach § 4 Abs. 1 AufenthG erforderlichen Aufenthaltstitel und damit unerlaubt gemäß § 14 Abs. 1 Nr. 2 AufenthG eingereist. Ist der Betroffene über Österreich eingereist, kommt eine Zurückschiebung dorthin in Betracht, wenn die unerlaubte Einreise durch entsprechende Unterlagen (Tankquittungen, Fahrkarten u. Ä.) gegenüber den österreichischen Behörden

[27] OVG Hamburg, Beschluss v. 16. 6. 1993 – Bs IV 122/93.

[28] VGH Baden-Württemberg, Beschluss v. 24. 1. 2001 – 11 S 2717/00; VGH Baden-Württemberg, Beschluss v. 14. 8. 1998 – 9 S 1552/98, VBlBW 1999, 33.

[29] UNMIK = United Nations Interim Administration Mission In Kosovo.

belegt werden kann. Da der Kosovo ein zumindest von Deutschland anerkannter Staat ist, ist er wie jeder Staat völkergewohnheitsrechtlich verpflichtet, seine eigenen Staatsangehörigen zurückzunehmen. Es besteht auch ein Rückübernahmeabkommen mit dem Kosovo.[30] Der Betroffene kann daher in den Kosovo zurückgeschoben werden.

Beispiel 42: Anlässlich einer Kontrolle stellt die Polizei einen Algerier fest, der einen französischen Aufenthaltstitel i. S. d. Art. 21 SDÜ besitzt. Der Betroffene ist jedoch von Deutschland wegen einer Ausweisung zur Einreiseverweigerung ausgeschrieben (Art. 96 Abs. 3 SDÜ). Die Einreise erfolgte daher unerlaubt, und zwar in zweifacher Hinsicht: zum einen gemäß § 14 Abs. 1 Nr. 3 i. V. m. § 11 Abs. 1 AufenthG entgegen einem Einreiseverbot; zum anderen gemäß § 14 Abs. 1 Nr. 2 AufenthG ohne erforderlichen Aufenthaltstitel, weil die Tatbestandsvoraussetzungen des Art. 21 SDÜ i. V. m. Art. 5 Abs. 1 Buchst. d SGK nicht erfüllt waren. Grundlage für die Zurückschiebung ist das mit Frankreich geschlossene Rückübernahmeabkommen.[31] Der Betroffene ist Drittstaatsangehöriger. Da er einen französischen Titel besitzt, ist Frankreich gem. Art. 3 Abs. 1 Rückübernahmeabkommen zur Rückübernahme verpflichtet. Wenn die Überstellung innerhalb von 7 Tagen nach Grenzübertritt angekündigt wird, erfolgt eine formlose Rücknahme. Andernfalls muss ein Übernahmeersuchen eingereicht werden. 325

Kann die Zurückschiebung nicht sofort durchgeführt werden, etwa weil der Betroffene nicht über die erforderlichen Heimreisedokumente verfügt, kann er gestützt auf § 62 Abs. 4 AufenthG festgenommen und dem Haftrichter zwecks Beantragung von Zurückschiebungshaft vorgeführt werden (§§ 57 Abs. 3, 62, 106 Abs. 2 AufenthG i. V. m. dem FamFG, vgl. hierzu die Ausführungen zur Abschiebungshaft, S. 129 ff.). Gegebenenfalls sind die erforderlichen Heimreisedokumente zu beschaffen und der Ausländer bei der Auslandsvertretung seines Heimatstaats vorzuführen. 326

4. Kosten der Zurückschiebung und Sicherheitsleistung

Wer die Kosten der Zurückschiebung zu tragen hat, bestimmt § 66 AufenthG (vgl. hierzu die Ausführungen zu den Kosten der Abschiebung, S. 114). Welche Kosten zu erstatten sind, bestimmt § 67 Abs. 1 und 2 AufenthG. Die Kosten der Zurückschiebung werden von der Polizei durch **Leistungsbescheid** in Höhe der tatsächlich entstandenen Kosten erhoben. 327

Gemäß § 66 Abs. 5 AufenthG kann von dem Kostenschuldner eine **Sicherheitsleistung** ver-

[30] Abkommen zwischen der Regierung der Bundesrepublik Deutschland und der Regierung der Republik Kosovo über die Übernahme und Durchbeförderung von Personen (Rückübernahmeabkommen) vom 21. April 2010 (BGBl. II S. 259).

[31] Abkommen zwischen der Regierung der Bundesrepublik Deutschland und der Regierung der Französischen Republik über die Übernahme und Durchbeförderung von illegal aufhältigen Personen vom 10. Februar 2003 (BGBl. 2006 II S. 99, in Kraft getreten am 1. 7. 2005).

langt werden. Die Anordnung einer **Sicherheitsleistung des Ausländers** kann von der Behörde, die sie erlassen hat, **ohne** vorherige **Vollstreckungsanordnung** und **Fristsetzung** vollstreckt werden, wenn anderenfalls die Erhebung gefährdet wäre. Da die Polizei für die Zurückschiebung zuständig ist, besteht auch eine Zuständigkeit für die Festsetzung der Sicherheitsleistung. Die Tatbestandsvoraussetzungen sind hier regelmäßig erfüllt, denn nach erfolgter Zurückschiebung ist eine Geltendmachung der bei der Polizei entstandenen Kosten nicht mehr möglich. Die Erhebung ist deshalb regelmäßig gefährdet. Die Polizei kann daher, sobald feststeht, dass der Betroffene zurückgeschoben werden soll, eine Sicherheitsleistung in Höhe der voraussichtlich entstehenden Kosten (Polizeikosten und Fremdkosten) **festsetzen und vollstrecken** (ggf. mittels Taschenpfändung). Gemäß § 66 Abs. 5 Satz 3 AufenthG können zur Sicherung der Ausreisekosten auch Rückflugscheine und sonstige Fahrausweise beschlagnahmt werden, die im Besitz eines Ausländers sind, der zurückgeschoben (...) werden soll.

5. Wirkung der Zurückschiebung, Befristung

328 Die Zurückschiebung hat – ebenso wie die Ausweisung und die Abschiebung – ein **Einreise- und Aufenthaltsverbot** zur Folge (§ 11 Abs. 1 AufenthG). Der Ausländer wird gemäß Art. 96 SDÜ im Schengener Informationssystem zur Einreiseverweigerung ausgeschrieben. Gelingt ihm dennoch die Einreise nach Deutschland, erfüllt dies den Straftatbestand des § 95 Abs. 2 Nr. 1 AufenthG. Diese Wirkung der Zurückschiebung wird nach Maßgabe des § 11 Abs. 1 AufenthG befristet. Im Falle der Ausweisung und Abschiebung entscheidet die zuständige Ausländerbehörde über einen Antrag auf Befristung. Im Rahmen der danach anzustellenden Ermessenserwägungen sind insbesondere auch **spezial- und generalpräventive Belange zu berücksichtigen**. Im Rahmen dieses Verfahrens wird letztlich über eine wichtige Voraussetzung eines zukünftigen Einreise- und Aufenthaltsrechts entschieden. Kraft Sachzusammenhangs ist deshalb auch im Falle einer Zurückschiebung durch die Polizei die Ausländerbehörde für die Befristung zuständig.[32] Bei dieser Entscheidung handelt es sich überdies um eine vollzugsfremde Tätigkeit.

[32] Dementsprechend entscheidet gemäß § 12 Abs. 1 AAZuVO Baden-Württemberg die untere Ausländerbehörde, in deren Bezirk sich die Notwendigkeit der Zurückschiebung ergeben hat, über die Befristung im Falle einer polizeilichen Zurückschiebung. Die Bundespolizei entscheidet über die Befristung der von ihr vorgenommenen Ab- oder Zurückschiebung (§ 71 Abs. 3 Nr. 1c AufenthG).

KAPITEL 13

Haft

I. Allgemein

Ein Ausländer kann entweder zur Vorbereitung der Ausweisung (Vorbereitungshaft) oder zur Sicherung der Abschiebung (Sicherungshaft) auf richterliche Anordnung in Haft genommen werden (§ 62 AufenthG). Die Anordnung von Abschiebungshaft setzt voraus, dass der Ausländer abgeschoben werden kann, also vollziehbar ausreisepflichtig ist, und dass die Abschiebung ohne die Haft gefährdet wäre. Die nachfolgenden Ausführungen gelten gleichermaßen für die Haft zur Sicherung der Zurückschiebung nach § 57 AufenthG und § 18 Abs. 3 AsylVfG sowie die in § 15 Abs. 3 AufenthG vorgesehene Zurückweisungshaft. 329

Die Regeln über die Abschiebungshaft einschließlich der Verfahrensbestimmungen (§ 106 Abs. 2 AufenthG i. V. m. dem Gesetz über das Verfahren in Familiensachen und in den Angelegenheiten der freiwilligen Gerichtsbarkeit (**FamFG**) kommen nur zur Anwendung, wenn dem Betroffenen die **Freiheit entzogen** werden soll. Dies macht es erforderlich, zunächst den Begriff der Freiheitsentziehung zu erläutern.

II. Begriff der Freiheitsentziehung

Art. 2 Abs. 2 Satz 2 GG bezeichnet die Freiheit der Person als „unverletzlich". Diese verfassungsrechtliche Grundentscheidung kennzeichnet, so das *Bundesverfassungsgericht* in ständiger Rechtsprechung[1], das Freiheitsrecht als ein besonders hohes Rechtsgut, in das nur aus wichtigen Gründen eingegriffen werden darf. Geschützt wird die im Rahmen der geltenden allgemeinen Rechtsordnung gegebene tatsächliche körperliche Bewegungsfreiheit vor Eingriffen wie Verhaftung, Festnahme und ähnlichen Maßnahmen des unmittelbaren Zwangs.[2] Die materielle Gewährleistung des Grundrechts aus Art. 2 Abs. 2 Satz 2 GG 330

[1] BVerfGE 10, 302, 322; BVerfGE 29, 312, 316; BVerfG, Beschluss v. 15. 5. 2002 – 2 BvR 2292/00, BVerfGE 105, 239.

wird ergänzt durch besondere **Verfahrensgarantien** in Art. 104 GG. Art. 104 GG enthält somit kein eigenständiges Grundrecht. Nach Art. 104 Abs. 1 Satz 1 GG darf die Freiheit der Person nur aufgrund eines **förmlichen Gesetzes**[3] und nur unter **Beachtung der darin vorgeschriebenen Formen** beschränkt werden. Das Aufenthaltsgesetz ist ein förmliches Gesetz. Für die notwendigen Verfahrensbestimmungen verweist § 106 Abs. 2 AufenthG auf das 7. Buch des Gesetzes über das Verfahren in Familiensachen und in den Angelegenheiten der freiwilligen Gerichtsbarkeit (**FamFG**) vom 17. Dezember 2008.[4] Die Beachtung der Verfahrensbestimmungen ist ein Verfassungsgebot.[5]

331 Für den schwersten Eingriff in das Recht der Freiheit der Person, die Freiheitsentziehung, fügt Art. 104 Abs. 2 GG dem Vorbehalt des (förmlichen) Gesetzes den weiteren verfahrensrechtlichen Vorbehalt einer **richterlichen Entscheidung** hinzu, der nicht zur Disposition des Gesetzgebers steht.[6] § 62 Abs. 2 Satz 1 AufenthG gestattet demzufolge eine Inhaftierung nur **auf richterliche Anordnung** (ausführlich hierzu: Rn. 337 f.).

> Wegen der danach gebotenen Einhaltung der Verfahrensbestimmungen bei Freiheitsentziehungen muss für jeden Verfahrensabschnitt einer Aufenthaltsbeendigung geklärt werden, ob es sich dabei um eine Freiheitsentziehung handelt und ob eine vorherige richterliche Haftanordnung eingeholt werden muss.

332 Eine Freiheits*beschränkung* liegt vor, wenn jemand durch die öffentliche Gewalt gegen seinen Willen daran gehindert wird, einen Ort aufzusuchen oder sich dort aufzuhalten, der ihm an sich (tatsächlich und rechtlich) zugänglich ist. Eine Freiheits*entziehung* ist gegeben, wenn die – tatsächlich und rechtlich an sich gegebene – **körperliche Bewegungsfreiheit nach jeder Richtung hin aufgehoben wird**.[7] Das *Bundesverfassungsgericht* grenzt Freiheitsbeschränkung (Art. 104 Abs. 1 GG) und Freiheitsentziehung (Art. 104 Abs. 2 GG) nach der Intensität des Eingriffs ab.[8] Nach der Rechtsprechung des *Europäischen Gerichtshofs für Menschenrechte* beinhaltet der Begriff der Freiheitsentziehung i. S. v. Art. 5 Abs. 1 EMRK neben dem subjektiven Merkmal fehlender Einwilligung das objektive Merkmal der Unterbringung einer Person an einem räumlich begrenzten Ort für eine **nicht unerhebliche Dauer**[9], wobei freilich niemand in der Lage ist, die danach relevante Dauer exakt zu bestimmen. Als Abgrenzungskriterium taugt die Dauer der Maßnahme daher nur

[2] BVerfG, Beschluss v. 1. 4. 2008 – 2 BvR 1925/04; Beschluss v. 25. 9. 2009 – 2 BvR 1195/08; BVerfGE 22, 21; 94, 166; 96, 10.

[3] Ein förmliches Gesetz ist jede Rechtsnorm, die in dem von der Verfassung vorgesehenen Gesetzgebungsverfahren Zustande gekommen ist. Man bezeichnet förmliche Gesetze auch als sog. Parlamentsgesetze. Das AufenthG ist ein förmliches Gesetz, die AufenthV ist eine Rechtsverordnung und damit kein förmliches Gesetz.

[4] BGBl. I S. 2586.

[5] BVerfGE 10, 302, 323; 29, 183, 195 f.; 58, 208, 220.

[6] BVerfG, Beschluss v. 25. 9. 2009 – 2 BvR 1195/08; BVerfGE 10, 302.

[7] BVerfGE 94, 166.

[8] BVerfG, Beschluss v. 15. 5. 2002 – 2 BvR 2292/00, BVerfGE 105, 239.

[9] EuGMR, Urteil v. 16. 6. 2005 – 61603/00, NJW-RR 2006, 308.

bedingt. Nur Maßnahmen von sehr kurzer Dauer im Minutenbereich sind danach eindeutig keine Freiheitsentziehung.

Die Bestimmung in Art. 104 Abs. 2 Satz 3 GG, wonach die Polizei aus eigener Machtvollkommenheit niemanden länger als bis zum Ende des Tages nach dem Ergreifen in eigenem Gewahrsam halten darf, kann nicht für die Abgrenzung Freiheitsbeschränkung/Freiheitsentziehung nutzbar gemacht werden. Sie geht von dem Vorliegen einer Freiheitsentziehung aus und beschränkt nicht etwa den Freiheitsentziehungsbegriff auf darüber hinausgehende Maßnahmen.[10] **333**

Nach Ansicht des *Bundesverwaltungsgerichts* ist der Unterschied zwischen einer bloßen Freiheitsbeschränkung und einer Freiheitsentziehung, wie er dem Art. 104 GG zugrunde liegt, gradueller Natur.[11] Die Abgrenzung bestimme sich nach der Intensität des Eingriffs. Dieses Abgrenzungskriterium verlange, so das Gericht, eine **wertende, auf die Intensität des Eingriffs abstellende Beurteilung**. Die Abschiebung sei nicht auf ein Festhalten des Ausländers gerichtet, sondern darauf, dass er sich zwangsweise außer Landes begebe bzw. außer Landes befördert werde. Ihre Auswirkung auf die Bewegungsfreiheit des Ausländers erscheine lediglich als eine **sekundäre, kurzfristige Folge der Erfüllung der Ausreisepflicht**. Die Abschiebung an sich stellt danach keine Freiheitsentziehung dar. Bereits der Transport von der Wohnung zum Flughafen sei „Teil der Zwangsausreise". Entsprechendes gelte, so das BVerwG, auch für den Aufenthalt in der Flughafenwache, wenn dieser nicht länger dauere als die Wartezeit, die üblicherweise bei einer entsprechenden Flugreise von einem Fluggast aufgebracht werden müsse.[12] **334**

Diesem *materiellen Freiheitsentziehungsbegriff* ist ein *formeller* zur Seite zu stellen: Eine Freiheitsentziehung ist zu bejahen, wenn die Voraussetzungen des § 415 Abs. 2 FamFG erfüllt sind. **Einsperrungen und Einschließungen** stellen auch nach Ansicht des BVerwG ohne Weiteres Freiheitsentziehungen dar. In einem anderen vom BVerwG zu beurteilenden Fall war ein Ausländer von der Polizei in Gewahrsam genommen und dann aus dem Gewahrsam abgeschoben worden. Hier hat das Gericht die Freiheitsentziehung zu Recht bejaht, und zwar unter Hinweis auf den Umstand, dass der Betroffene gegen seinen Willen in einem Haftraum untergebracht war.[13] Wichtig ist auch der Hinweis: „Festnahme und Transport bildeten mit der Verwahrung einen einheitlichen Vorgang." Daraus wird deutlich, dass bereits die **Festnahme** des Ausländers sowie die sich anschließenden Verfahrensabschnitte, wie die Vorführung vor den Richter oder der **Transport zur Gewahrsamseinrichtung**, als **Freiheitsentziehung** zu werten sind. **335**

Im Falle von **Sammeltransporten** kann es sein, dass ein Ausländer vor dem Transport zum Flughafen in einer Arrestzelle oder einem sonstigen Raum eingeschlossen wird. **336**

[10] BVerwG, Urteil v. 23. 6. 1981 – I C 93.76, BVerwGE 62, 317, 318 f.
[11] BVerwG, Urteil v. 23. 6. 1981 – I C 78.77, BVerwGE 62, 325, 327 f.
[12] BVerwG a. a. O.; ebenfalls wertend: *Gusy*, Freiheitsentziehung und Grundgesetz, NJW 1992, 457, 460.
[13] BVerwGE 62, 317, 318 f.; BGH NJW 1982, 753.

Auch wenn dieses Eingesperrtsein nur von kurzer Dauer ist, stellt es sich gleichwohl als Freiheitsentziehung dar. Dasselbe gilt, wenn der Ausländer während des Transports oder auf dem Flughafen in einer Arrestzelle eingesperrt wird. Der Aufenthalt in der Flughafenwache unter Bewachung durch Vollzugsbeamte unterscheidet sich dagegen nicht vom Transport und stellt somit keine Freiheitsentziehung dar.

III. Richtervorbehalt

337 Der Richter besitzt die alleinige Kompetenz, über die Zulässigkeit von Abschiebungshaft zu entscheiden. Gerade für die Polizei ist die Beachtung dieser Förmlichkeit von großer Bedeutung. Im Falle einer geplanten Festnahme[14] eines Ausländers im Auftrag der Ausländerbehörde führt das Fehlen der richterlichen Anordnung zur Rechtswidrigkeit der Diensthandlung i. S. d. § 113 StGB. Der Widerstand gegen Vollstreckungsbeamte ist infolgedessen straflos.[15]

338 Im Falle einer **geplanten Festnahme** bei bekanntem Aufenthalt des Ausländers muss die Ausländerbehörde den Antrag auf Abschiebungshaft vor der Festnahme des Ausländers beim Haftrichter einreichen. Dieser kann dann die vorgetragenen Haftgründe nach Aktenlage prüfen. Um den Anforderungen aus Art. 2 Abs. 2 Satz 2 in Verbindung mit Art. 104 Abs. 1 GG zu genügen, sind regelmäßig die Akten der Ausländerbehörde beizuziehen.[16] Zur Anhörung ist der Ausländer durch das Gericht zu laden. Besteht allerdings die Gefahr, dass der Ausländer, gewarnt durch die Ladung zur Anhörung, untertaucht, kommt die Anordnung einer vorläufigen Freiheitsentziehung durch einstweilige Anordnung nach § 427 Abs. 1 FamFG in Betracht. Bei Gefahr im Verzug kann das Gericht eine einstweilige Anordnung bereits vor der persönlichen Anhörung des Betroffenen erlassen (§ 427 Abs. 2 FamFG). Die Anhörung ist unverzüglich nachzuholen.

339 Eine nicht auf eine richterliche Anordnung gestützte Freiheitsentziehung (Festnahme) ist nur dann zulässig, wenn der mit der Freiheitsentziehung verfolgte verfassungsrechtlich zulässige Zweck nicht erreichbar wäre, sofern der Festnahme die richterliche Entscheidung vorausgehen müsste.[17] Die Voraussetzungen für die **vorläufige Ingewahrsamnahme** nach § 62 Abs. 5 AufenthG werden ausführlich auf S. 141 f. behandelt.

---

[14] Kein Anwendungsfall des § 62 Abs. 5 AufenthG; geplante Festnahme heißt, die Ausländerbehörde kennt den Aufenthaltsort des Betroffenen und hätte deshalb vorab eine richterliche Anordnung beantragen können.

[15] Pfälzisches OLG Zweibrücken, Beschluss v. 14. 12. 2001 – 1 Ss 227/01 m. w. N.

[16] BVerfG, Beschluss v. 13. 7. 2011 – 2 BvR 742/10.

[17] BVerfG, Beschluss v. 15. 5. 2002 – 2 BvR 2292/00.

IV. Vorbereitungshaft (§ 62 Abs. 2 AufenthG)

Bereits bevor eine Ausweisung verfügt wurde, ist der Ausländer nach § 62 Abs. 2 AufenthG[18] auf richterliche Anordnung in Haft zu nehmen, wenn anderenfalls die Abschiebung wesentlich erschwert oder vereitelt würde (**Vorbereitungshaft**). Die Dauer der Vorbereitungshaft *soll* sechs Wochen nicht überschreiten. Im Falle der Ausweisung bedarf es für die Fortdauer der Haft bis zum Ablauf der angeordneten Haftdauer keiner erneuten richterlichen Anordnung. Als eine die Freiheit beschränkende Norm erfährt § 62 Abs. 2 AufenthG seinerseits eine Einschränkung durch das Grundrecht; die Norm wird von der Rechtsprechung deshalb eng ausgelegt. Vorbereitungshaft ist nur dann zulässig, wenn nach dem Ergebnis der Sachverhaltsermittlung der Erlass einer Ausweisungsverfügung rechtlich möglich und mit hoher Wahrscheinlichkeit zu erwarten ist, über die erforderliche Ausweisung jedoch nicht sofort entschieden werden kann. Vorbereitungshaft ist insbesondere dann zulässig, wenn die Ausweisung innerhalb von sechs Wochen nach Antritt der Haft verfügt und die Abschiebung in dieser Zeit durchgeführt werden kann. Außerdem ist erforderlich, dass die Abschiebung des Ausländers, die aufgrund der beabsichtigten Ausweisung vollzogen werden soll, rechtlich und tatsächlich möglich ist und ohne die Vorbereitungshaft wesentlich erschwert oder vereitelt würde. Im Haftantrag sind die hierfür maßgebenden konkreten Umstände anzugeben. 340

Vorbereitungshaft darf allerdings nicht angeordnet werden, wenn von vornherein abzusehen ist, dass eine Ausweisungsverfügung nicht innerhalb von sechs Wochen ergehen kann und wenn keine außergewöhnlichen Umstände dargetan sind, die ausnahmsweise eine Überschreitung der vom Gesetz für den Regelfall vorgesehenen Höchstdauer der Abschiebungshaft rechtfertigen.[19] 341

Die Beantragung von Vorbereitungshaft durch den **Polizeivollzugsdienst** ist grundsätzlich möglich. Die Aufgabenzuweisung in § 71 Abs. 5 AufenthG enthält im Hinblick auf die Beantragung von Haft keine Einschränkungen. Die Notwendigkeit eines Antrags auf Vorbereitungshaft könnte sich insbesondere an Wochenenden ergeben, wenn sich der Ausländer aus anderen Gründen in Polizeigewahrsam befindet und der Gewahrsamsgrund zugleich einen Ausweisungstatbestand darstellt. Die Polizei muss, obgleich sie die Ausweisung nicht verfügen wird, dennoch eine rechtliche Prüfung der Ausweisungsvoraussetzungen am Maßstab der §§ 53, 54 und 55 AufenthG vornehmen. Ihr muss auch die Verwaltungspraxis der Ausländerbehörde bekannt sein. Nur so können dem Haftrichter im Falle einer Ermessensausweisung auch Umstände vorgetragen werden, die den Erlass einer Ausweisungsverfügung wahrscheinlich erscheinen lassen. 342

Zum Zeitpunkt der Anordnung der Vorbereitungshaft muss noch keine Ausreisepflicht vor- 343

[18] Die Bezeichnung entspricht der Änderung durch das 2. Richtlinienumsetzungsgesetz. Durch die Einführung eines neuen Absatzes 1 verschieben sich alle Absätze um 1.

[19] BayObLG München NVwZ 1994, 726.

liegen. Die Haft ist gerechtfertigt, wenn bei unterstellter vollziehbarer Ausreisepflicht die **Abschiebung wesentlich erschwert oder vereitelt** würde. Die antragstellende Behörde hat die entsprechenden Umstände vorzutragen. Von einer Vereitelung oder Erschwerung der Abschiebung kann ausgegangen werden, wenn die Gefahr besteht, dass der Ausländer untertaucht. Dies ist z. B. der Fall, wenn ein Straftäter eine Freiheitsstrafe zu befürchten hat.

344 Im **Antrag auf Vorbereitungshaft** sind darzulegen:

- das Vorliegen der Voraussetzungen eines Ausweisungsgrundes (§§ 54 und 55 AufenthG)
- bei Ermessensausweisung: Hinweise auf die Verwaltungspraxis der Ausländerbehörde; nach Überzeugung des Gerichts muss eine Ausweisungsverfügung wahrscheinlich sein
- die Gründe, die einer sofortigen Entscheidung über die Ausweisung entgegenstehen (das ist, wie bereits erwähnt, die Nichterreichbarkeit der Ausländerbehörde am Wochenende)
- dass die Abschiebung ohne Inhaftnahme wesentlich erschwert oder vereitelt würde (das ist der Fall, wenn der begründete Verdacht besteht, der Ausländer werde untertauchen) und
- die Gründe für die beantragte Dauer der Haft (hier kann auf die „üblicherweise erforderliche Zeit laut Auskunft der Ausländerbehörde“ verwiesen werden)

345 Zu beachten ist, dass die Polizei im Falle der Vorbereitungshaft **kein Festnahmerecht** besitzt. § 62 Abs. 5 AufenthG gilt nur zur Sicherung der Sicherungshaft, nicht der Vorbereitungshaft. Die Anwendung von Polizeirecht (z. B. § 35 Abs.1 Nr. 2 NW PolG oder § 28 BW PolG) kommt nicht in Betracht, da die Festnahme von Ausländern zwecks Vorführung nunmehr abschließend und bundesgesetzlich in § 62 Abs. 4 AufenthG geregelt wurde. Im Übrigen stellt der Aufenthalt eines (noch) nicht ausreisepflichtigen Ausländers keine erhebliche Störung der öffentlichen Sicherheit dar, die es mit Polizeigewahrsam abzuwehren gälte.

V. Sicherungshaft (§ 62 Abs. 3 AufenthG)

346 Bei der Sicherungshaft handelt es sich um eine Maßnahme zur **Sicherung der Abschiebung** und Zurückschiebung (§ 57 Abs. 3 AufenthG). Sie dient weder der Vorbereitung oder Durchführung eines Strafverfahrens, der Strafvollstreckung, noch stellt sie eine Beugemaßnahme oder Ersatzfreiheitsstrafe dar.

347 Die Anordnung von **Sicherungshaft** ist **zulässig, wenn**

- der Ausländer vollziehbar ausreisepflichtig ist (§§ 50 Abs. 1, 58 Abs. 2 AufenthG),
- die Voraussetzungen für die Abschiebung vorliegen (§ 58 Abs. 1 AufenthG),
- einer der Haftgründe des § 62 Abs. 3 AufenthG erfüllt ist,
- die Haft erforderlich ist und
- die Durchführung der Abschiebung/Zurückschiebung innerhalb der nächsten drei Monate nicht aus Gründen, die der Ausländer nicht zu vertreten hat, unmöglich ist.

Die Voraussetzungen des § 62 Abs. 3 Satz 1 AufenthG sollen im Folgenden dargestellt werden.

1. Allgemeine Voraussetzungen für die Sicherungshaft

Die Sicherungshaft dient der Sicherung der Abschiebung. Folglich müssen die Voraus- **348**
setzungen des § 58 AufenthG erfüllt sein. Der Ausländer muss somit **ausreisepflichtig** sein (§ 50 Abs. 1 AufenthG) und die Ausreisepflicht muss **vollziehbar** sein (§ 58 Abs. 2 AufenthG, vgl. hierzu S. 81 ff.; zu den Voraussetzungen der Abschiebung vgl. S. 110 ff.).

Die Anordnung der Sicherungshaft nach den Nrn. 2 bis 4 setzt voraus, dass die Maßnahme **349**
in einem **unmittelbaren Zusammenhang** mit der alsbaldigen Abschiebung steht. Gemäß § 62 Abs. 3 Satz 4 AufenthG ist die Sicherungshaft daher **unzulässig**, wenn **feststeht**, dass aus Gründen, die der Ausländer nicht zu vertreten hat, die Abschiebung nicht innerhalb der nächsten **drei Monate** durchgeführt werden kann. Der Ausländer hat jedoch nur solche Abschiebungshindernisse zu vertreten, deren Beseitigung von seinem Willen abhängt.[20]

Beispiel 43: Für die Durchführung der Abschiebung sind noch weitere Angaben des Ausländers zu seiner Person erforderlich. Verweigert er diese, hat er eine daraus resultierende Verzögerung zu vertreten. Die Haft ist zulässig. Schleppende Bearbeitung von Anträgen auf Ausstellung von Ersatzpapieren durch die Behörden des Heimatlandes hat der Ausländer dagegen nicht zu vertreten, denn dies kann er nicht beeinflussen.

Nicht zuzurechnen ist dem Ausländer auch eine eventuelle Personalknappheit bei der **350**
Abschiebungsbehörde. Diese darf daher keinen Ausländer in Haft nehmen lassen, wenn sich abzeichnet, dass sie die Abschiebung nicht innerhalb der nächsten drei Monate durchführen kann.[21] Andererseits setzt die Haftanordnung **nicht den Nachweis** voraus, dass die Abschiebung des Betroffenen innerhalb der angeordneten Haftzeit von drei Monaten durchführbar ist.

---

[20] OLG Frankfurt a. M. NVwZ 1994, 827.
[21] OLG Frankfurt a. M., a. a. O. (FN. 66).

Wichtig: Die Anordnung der Abschiebungshaft **erfolgt zur Sicherung der Abschiebung**. Aus der ausdrücklichen Benennung des Haftzwecks folgt, dass die Abschiebungshaft stets **geeignet** und **erforderlich** sein muss.

351 Das *BVerfG* führt hierzu aus:

„*Will sich der Ausländer im Einzelfall offensichtlich nicht der Abschiebung entziehen, erscheint allein die Erfüllung der tatbestandlichen Merkmale der Nrn. 1–5 des § 57 Abs. 2 AuslG [jetzt: § 62 Abs. 3 AufenthG] nach dem – hier in der Benennung des Haftzwecks zum Ausdruck gebrachten – verfassungsrechtlichen Grundsatz der Verhältnismäßigkeit nicht ausreichend, um zwingend die Rechtsfolge der Anordnung der Sicherungshaft auszulösen.*“[22]

352 Nach einer Entscheidung des *Bayerischen Obersten Landesgerichtes*[23] ist die Haft z. B. dann **nicht erforderlich**, wenn der Ausländer sich längere Zeit in Strafhaft befunden und die Ausländerbehörde es versäumt hat, während dieser Zeit die Abschiebung so vorzubereiten, dass sie während der Strafhaft oder unverzüglich nach deren Ende durchgeführt werden konnte. Die Behörde hat die Abschiebung mit **größtmöglicher Beschleunigung** zu betreiben.[24]

353 Die Verhängung der Abschiebungshaft und deren Aufrechterhaltung sind nicht allein deshalb ausgeschlossen, weil die Abschiebung aus rechtlichen oder tatsächlichen Gründen für einen *vorübergehenden* Zeitraum nicht durchführbar ist[25]. Dies gilt aber dann nicht, wenn die Abschiebung aufgrund nachträglich eingetretener Umstände für längere Zeit oder auf Dauer nicht möglich ist.

2. Die einzelnen Haftgründe (§ 62 Abs. 3 Satz 1 AufenthG)

§ 62 Abs. 2 Satz 1 AufenthG regelt die sog. obligatorischen Haftgründe. Dies bedeutet, es besteht eine **gesetzliche Verpflichtung** der zuständigen Behörden (Ausländerbehörde, Polizei), den Ausländer bei Vorliegen eines oder mehrerer dieser Haftgründe in Sicherungshaft zu nehmen.

a) Unerlaubte Einreise (§ 62 Abs. 3 Satz 1 Nr. 1 AufenthG)

354 Ein zwingender Haftgrund liegt gemäß § 62 Abs. 3 Satz 1 Nr. 1 AufenthG vor, wenn

[22] BVerfG NVwZ-Beil. 8/94, 57.

[23] BayObLG InfAuslR 1992, 12.

[24] BayObLGZ 1991, 258, 260; NVwZ-Beil. 5/95, 39; keine Abschiebehaft gibt es auch bei mangelhafter Zusammenarbeit zwischen Ausländerbehörde und Staatsanwaltschaft, OLG Frankfurt a. M. InfAuslR 1996, 143.

[25] BVerfG NJW 1987, 3076.

der Ausländer gemäß § 14 AufenthG **unerlaubt eingereist** ist und er **infolgedessen**[26] **vollziehbar ausreisepflichtig** ist (§ 58 Abs. 2 Satz 1 Nr. 1 AufenthG). Hierbei handelt es sich um den **für die polizeiliche Praxis wichtigsten Haftgrund**, den die Polizei selbst ermittelt und im Haftantrag entsprechend vorträgt (vgl. hierzu das Beispiel in **Anlage B**). Macht der Ausländer bei diesem Haftgrund allerdings glaubhaft, dass er sich der Abschiebung nicht entziehen werde (er kann z. B. Flugtickets oder Fahrkarten vorlegen), kommt eine Abschiebungshaft nicht in Betracht (§ 62 Abs. 3 Satz 3 AufenthG).

b) Abschiebungsanordnung nach § 58a AufenthG (§ 62 Abs. 3 Satz 1 Nr. 1a)

Der Haftgrund spielt in der Praxis keine große Rolle. Bei der Abschiebungsanordnung **355** nach § 58a Abs. 1 AufenthG handelt es sich verfahrensrechtlich um einen belastenden Verwaltungsakt, der kraft Gesetzes sofort vollziehbar ist. Ziel der Abschiebungsanordnung nach § 58a AufenthG ist es, einen Ausländer wegen Vorliegens einer **besonderen Gefährdungslage** aus dem Bundesgebiet zu entfernen, ohne dass zuvor eine Ausweisung erfolgt. Zuständig ist das Innenministerium (oberste Landesbehörde), es sei denn das Bundesinnenministerium hat die Übernahme der Zuständigkeit erklärt (§ 58a Abs. 22 Satz 1 AufenthG).

c) Wechsel des Aufenthaltsorts (§ 62 Abs. 3 Satz 1 Nr. 2)

Gemäß § 62 Abs. 3 Satz 1 Nr. 2 AufenthG ist die Sicherungshaft zulässig, wenn die **356** Ausreisefrist abgelaufen ist und der Ausländer seinen Aufenthaltsort gewechselt hat, ohne der Ausländerbehörde eine Anschrift anzugeben, unter der er erreichbar ist (zur entsprechenden **Meldepflicht** vgl. § 50 Abs. 5 AufenthG). Das **Untertauchen** des Ausländers stellt somit einen zwingenden Haftgrund dar.[27] Voraussetzung für die Haftanordnung ist jedoch, dass die Behörde eine mit der Abschiebung in Zusammenhang stehende konkrete Maßnahme durchführen will und der betroffene **Ausländer** für sie **tatsächlich nicht erreichbar** ist. Wird ein Ausländer einmal oder mehrfach an seinem bisherigen Aufenthaltsort nicht angetroffen, reicht dies alleine zur Begründung des Haftgrundes nicht aus.[28] Der **Aufenthaltsort** ist nicht die Stelle, wo der Ausländer sich gerade befindet. Da § 62 AufenthG der Sicherung der Abschiebung dient, ist der Aufenthaltsort der Ort, wo der Ausländer **üblicherweise angetroffen** werden kann. Dabei muss es sich nicht notwendigerweise um die Wohnung im melderechtlichen Sinne handeln, denn der § 62 Abs. 3 Satz 1 Nr. 2 AufenthG dient nicht der Durchsetzung melderechtlicher Bestimmungen. Dem Ausländer ist es auch nicht verwehrt, in einer anderen Wohnung zu übernachten.

---

[26] Dieses Merkmal ist nicht erfüllt, wenn sich der Ausländer nach der unerlaubten Einreise zwischendurch legal im Bundesgebiet aufhält, z. B. mit einer Aufenthaltsgestattung.

[27] BT-Drucks. 12/2062, S. 45.

[28] *Huber/Göbel-Zimmermann*, Ausländer- und Asylrecht, 2. A. 2008, Rn. 1258.

„Zieht" der Ausländer allerdings zu einer anderen Person, in dem Sinne, dass er sich die überwiegende Zeit dort aufhält und nur noch vereinzelt seine eigene Wohnung aufsucht, ist von einem Wechsel des Aufenthaltsorts auszugehen.[29] Nach Ansicht des *Bayerischen Obersten Landesgerichts* liegt ein Wechsel des Aufenthaltsorts nicht nur dann vor, wenn der Ausländer seine Wohnung wechselt, sondern auch dann, wenn er zwar eine feste Wohnung hat, den Bezirk der Ausländerbehörde aber für mehr als drei Tage verlässt.[30] Aus **Verhältnismäßigkeitsgründen** kann von einer Haft abgesehen werden, wenn der Ausländer sich bei der Meldebehörde, nicht aber bei der Ausländerbehörde abgemeldet hat.[31]

d) Vereitelung der Abschiebung (§ 62 Abs. 3 Satz 1 Nr. 3 und 4)

§ 62 Abs. 3 Satz 1 Nr. 3 und 4 AufenthG regeln den Fall der Vereitelung der Abschiebung: Der Ausländer wurde aus von ihm zu vertretenen Gründen zu einem für die Abschiebung angekündigten Termin nicht an dem von der Ausländerbehörde angegebenen Ort angetroffen oder er *hat* sich in sonstiger Weise der Abschiebung entzogen.

e) Verdacht der Entziehungsabsicht (§ 62 Abs. 3 Satz 1 Nr. 5)

357 § 62 Abs. 3 Satz 1 Nr. 5 AufenthG ist die **Generalklausel**. Der Verdacht der Entziehungsabsicht setzt voraus, dass konkrete Umstände, insbesondere Äußerungen und Verhaltensweisen des Betroffenen, mit einer gewissen Wahrscheinlichkeit darauf hindeuten bzw. nahelegen, der Betroffene beabsichtige unterzutauchen oder die Abschiebung in einer Weise zu behindern, die nicht durch einfachen, keine Freiheitsentziehung bildenden Zwang überwunden werden könnte.[32] Hier muss der Haftrichter anders als bei den Nrn. 2 bis 4 eine **Prognose** über das im Falle der Freilassung des betroffenen Ausländers zu erwartende künftige Verhalten erstellen.[33] Seinem bisherigen Verhalten kommt entscheidende Bedeutung zu. Dabei ist die **Täuschung** des Ausländers über seine **Identität** ebenso zu bewerten, wie wenn er sich verborgen hält.

Beispiel 44: In einem vom *OLG Celle* zu entscheidenden Fall war ein vollziehbar ausreisepflichtiger Liberianer mit gefälschtem Führerschein und gefälschtem Flüchtlingspass eingereist. Seine liberianische Herkunft konnte nicht nachgewiesen werden.[34] Diese Tatsachen begründen den Verdacht der Entziehungsabsicht.

[29] *Zeitler*, HTK-AuslR / § 62 AufenthG / zu Abs. 2 Satz 1 Nr. 2 04/2008.
[30] BayObLG, Beschluss v. 21. 8. 2001 – 3Z BR 277/01.
[31] Vgl. BVerfG NVwZ-Beil. 8/94, 57.
[32] BGHZ 98, S. 109 (112); BGH, Beschluss v. 22. 7. 2010 – V ZB 29/10.
[33] OLG Frankfurt a. M. InfAuslR 1994, 241.
[34] OLG Celle InfAuslR 94, 149; vgl. auch BGHZ 75, 375, 382.

Der Schluss, der Ausländer beabsichtige sich der Abschiebung zu entziehen, ist in folgenden Fällen gerechtfertigt: 358

- kein fester Wohnsitz
- Mittellosigkeit
- Einreise mit gefälschten Papieren[35]
- wenn der Ausländer über seine Identität keine oder unzutreffende Angaben macht[36]
- wenn der Ausländer verheimlicht, dass er die für seine Heimreise erforderlichen Papiere besitzt[37]
- Einreise mithilfe eines Schleusers
- Gebrauch von Alias-Personalien

Der begründete Verdacht, der Betroffene wolle sich seiner Abschiebung entziehen, kann aber auch dann gerechtfertigt sein, wenn Straftaten des Betroffenen eine so starke rechtsfeindliche Energie erkennen lassen, dass befürchtet werden muss, er werde seiner Abschiebung einen Widerstand entgegensetzen, der nicht mit einfachem Zwang überwunden werden kann. Derselbe Verdacht kann bei einem reisenden Straftäter bestehen. Ein solcher Verdacht kann sich im Einzelfall auch daraus ergeben, dass der Ausländer in Deutschland keine sozialen Bindungen hat.[38]

3. Abschiebungshaft und Kirchenasyl

Neben dem vom Staat gewährten Asyl gibt es kein kirchliches Asyl, das von den staatlichen Behörden anzuerkennen wäre. Findet ein abzuschiebender Ausländer Zuflucht bei einer Kirchengemeinde oder einem Pfarrer, steht dies einer Abschiebung somit nicht entgegen. Gegebenenfalls kann gerade die Gewährung von Kirchenasyl die Anordnung von Abschiebungshaft erforderlich machen. Dies ist z. B. der Fall, wenn die Kirchengemeinde einen Ausländer verborgen hält. Ein derartiger Sachverhalt erfüllt regelmäßig den Haftgrund des § 62 Abs. 3 Satz 1 Nr. 2 AufenthG (Haftgrund des Untertauchens). Die Kirchengemeinde könnte dem entgegenwirken, indem sie der Ausländerbehörde unverzüglich im Auftrag des Ausländers die neue Anschrift mitteilt. 359

Ob der Haftgrund des § 62 Abs. 3 Satz 1 Nr. 4 AufenthG gegeben ist, wenn der abzuschiebende Ausländer sich offen in das Kirchenasyl begibt, ist umstritten[39]. Voraussetzung ist hier, dass der Ausländer sich der Abschiebung auf sonstige Weise *entzogen* hat. Davon kann jedoch im Fall des Kirchenasyls nicht die Rede sein, da der Ausländer sich durch

[35] OLG Düsseldorf, Beschluss v. 21. 10. 2008 – I-3 Wx 228/08.
[36] OLG Celle, InfAuslR 94, 149; vgl. auch BGHZ 98, 109; 75, 375, 382.
[37] OLG München, Beschluss v. 09.11.2005 – 34 Wx 148/05.
[38] BayObLG München NVwZ 1992, 814.
[39] Vgl. die Ausführungen bei *Müller* ZAR 1996, 170.

den Aufenthalt in der Kirche nicht dem polizeilichen Zugriff entziehen *kann*. Kirchen sind zwar Wohnungen i. S. des Art. 13 GG, sodass eine richterliche Durchsuchungsanordnung erforderlich sein wird; sie stellen aber keinen rechts- oder gar polizeifreien Raum dar. Wenn die zuständigen Behörden wegen einer zu befürchtenden negativen Berichterstattung in den Medien gewisse „Hemmungen" haben, die Abschiebung aus der Kirche heraus durchzuführen, kann dies nicht zulasten des Ausländers gehen.

4. Fakultative Haftgründe (§ 62 Abs. 3 Satz 2 AufenthG)

360 **Fakultative Haftgründe** enthält § 62 Abs. 3 Satz 2 AufenthG: Danach *kann* der Ausländer für die Dauer von längstens **zwei Wochen** in Sicherungshaft genommen werden, wenn die Ausreisefrist abgelaufen ist und feststeht, dass die Abschiebung durchgeführt werden kann. Die Vorschrift soll vor allem **Sammelabschiebungen** erleichtern. Eine darauf gestützte Haft kommt immer dann in Betracht, wenn die Abschiebung einen erheblichen organisatorischen Aufwand erfordert. Schon die Existenz dieser relativ einfachen Möglichkeit einer kurzfristigen Haft macht deutlich, dass eine Umgehung der richterlichen Anordnungskompetenz durch Polizeigewahrsam im Auftrag der Abschiebungsbehörde überflüssig ist.

5. Dauer und Verhältnismäßigkeit

Gemäß § 62 Abs. 1 Satz 2 AufenthG ist die Inhaftnahme auf die **kürzest mögliche Dauer** zu beschränken. Die grundsätzliche **Höchstdauer** im Fall eines zwingenden Haftgrundes beträgt sechs Monate, sie kann jedoch um höchstens zwölf Monate verlängert werden, wenn der Ausländer die **Abschiebung verhindert (§ 62 Abs. 4 AufenthG)**.[40] Im Unterschied zum „Vertreten" nach § 62 Abs. 3 Satz 4 AufenthG setzt „Verhindern" schon vom Wortsinn her ein **aktives Tun** voraus. Ein Unterlassen ist nur dann ein „Verhindern", wenn eine gesetzliche Pflicht ein bestimmtes Verhalten verlangt. Entsprechende Mitwirkungspflichten ergeben sich aus § 84 Abs. 4 AufenthG (persönliches Erscheinen bei der Vertretung des Herkunftsstaates) sowie § 49 Abs. 1 AufenthG (Abgabe von Erklärungen zur Beschaffung von Heimreisedokumenten).

Beispiel 45: Der abzuschiebende Ausländer weigert sich, einen Antrag auf Ausstellung eines Passersatzpapiers auszufüllen.[41] Zögerliche Bearbeitung durch die jeweilige Botschaft ist dem Ausländer freilich nicht anzulasten.

Die Abschiebungshaft ist unzulässig, wenn der Zweck der Haft durch ein milderes, ebenfalls ausreichendes anderes Mittel erreicht werden kann (§ 62 Abs. 1 Satz 1 AufenthG).

[40] Nicht bei Asylfolgeantrag oder Rechtsbehelfen (BayObLG InfAuslR 1994, 53).

[41] BayObLG InfAuslR 1994, 145.

Minderjährige und Familien mit Minderjährigen dürfen nur in besonderen Ausnahmefällen und nur solange in Abschiebungshaft genommen werden, wie es unter Berücksichtigung des Kindeswohls angemessen ist (§ 62 Abs. 1 Satz 3 AufenthG).

6. Vorläufige Ingewahrsamnahme (§ 62 Abs. 5 AufenthG)

Wie oben (Rn. 337 f.) bereits ausgeführt, ist ausschließlich der Richter befugt, **361** Abschiebungshaft anzuordnen. Polizei und Ausländerbehörde sind grundsätzlich nicht anordnungsbefugt. Der Ausländer darf grundsätzlich nur auf der Grundlage einer richterlichen Anordnung in Abschiebehaft genommen werden. Nach Maßgabe des § 62 Abs. 5 AufenthG ist die Polizei allerdings berechtigt, einen Ausländer zum Zwecke der Vorführung vor den Haftrichter festzunehmen (vgl. das Prüfungsschema in **Anhang B**). Die auf § 62 Abs. 5 AufenthG gestützte vorläufige Ingewahrsamnahme kommt insbesondere zur Anwendung, wenn die Polizei nachts oder am Wochenende bei einer Kontrolle einen illegal aufhältigen und vollziehbar ausreisepflichtigen Ausländer aufgreift. Dieser kann **ohne richterliche Anordnung festgenommen** und unverzüglich dem Richter **vorgeführt** werden. Ein weiterer Anwendungsfall ist der Aufgriff eines untergetauchten Ausländers, der von der Ausländerbehörde **zur Festnahme ausgeschrieben** wurde (vgl. § 50 Abs. 7 AufenthG). Die Ausschreibung zur Festnahme nach § 50 Abs. 7 Satz 1 AufenthG lässt für die Polizei als Nutzer der Fahndungshilfsmittel zwar erkennen, dass die zum Zeitpunkt der Ausschreibung zuständige Ausländerbehörde nach eigenverantwortlicher Prüfung Haftgründe nach § 62 AufenthG bejaht hat. Die Entscheidung über die Ingewahrsamnahme bleibt aber der eigenverantwortlich nach § 62 Abs. 5 AufenthG tätig werdenden Polizei überlassen.[42]

Merke: Die Tatsache der Ausschreibung ersetzt nicht das Vorliegen der gesetzlichen **362** Eingriffsvoraussetzungen für die Festnahme und die richterliche Haftanordnung! Die **Ausschreibung** ist vor allem **kein Haftbefehl**. Einen solchen kennt das Abschiebehaftrecht nicht. Da die Ausländerbehörde die Ausschreibung aber nur bei Vorliegen eines Haftgrundes veranlassen darf, ist davon auszugehen, dass es sich bei dem Ausländer zumindest um eine vollziehbar ausreisepflichtige Person handelt. Aus dem Umstand der Ausschreibung ergibt sich weiterhin, dass sich der Ausländer durch Untertauchen der Abschiebung entzogen hat. Trotz Ausschreibung kommt eine Festnahme jedoch nicht in Betracht, wenn der Ausländer einen Aufenthaltstitel vorlegen kann. Möglicherweise erfolgte während der Ausschreibungsdauer eine Eheschließung, die es dem Ausländer ermöglichte, seinen Aufenthalt zu legalisieren, oder die Ausschreibung hätte aus einem anderen Grund gelöscht werden müssen.

Der vorläufige Gewahrsam ist nach § 62 Abs. 5 Satz 1 Nr. 1 AufenthG nur zulässig bei **363** **dringendem Verdacht** von Haftgründen des § 62 Abs. 2 Satz 1 AufenthG. Dringender

[42] BVerfG, Beschluss v. 7. 5. 2009 – 2 BvR 475/09.

Verdacht in diesem Sinne bedeutet, dass der Haftrichter einen der Haftgründe mit hoher Wahrscheinlichkeit bejahen wird. Der Haftgrund muss sozusagen „auf dem Tisch liegen". Im Falle eines Ausländers, der infolge unerlaubter Einreise vollziehbar ausreisepflichtig ist, kommt der Haftgrund des § 62 Abs. 2 Satz 1 **Nr. 1** AufenthG in Betracht. Denkbar ist aber auch, dass der Betroffene gemäß § 50 Abs. 7 Satz 1 AufenthG zur Festnahme ausgeschrieben ist, weil sein Aufenthalt unbekannt ist. In Betracht kommt hier der Haftgrund des § 62 Abs. 2 Satz 1 **Nr. 5** AufenthG.

364 Weitere Voraussetzung ist gemäß § 62 Abs. 5 Satz 1 Nr. 2 AufenthG, dass die **richterliche Entscheidung** über die Anordnung der Sicherungshaft **nicht vorher** eingeholt werden kann. Dies ist stets der Fall, wenn es sich um einen illegal aufhältigen Ausländer ohne AZR-Eintrag handelt oder der Ausländer abgetaucht ist und die Ausländerbehörde deshalb keine Kenntnis von seinem Aufenthaltsort besitzt. § 62 Abs. 5 Satz 1 Nr. 3 AufenthG setzt zusätzlich noch den **begründeten Verdacht** voraus, der Ausländer werde sich der Anordnung der Sicherungshaft entziehen. Davon kann insbesondere ausgegangen werden, wenn der Ausländer über keine ausreichenden Mittel verfügt oder falsche Ausweisdokumente besitzt.

365 Die Zuständigkeit der Polizei für die Festnahme ergibt sich aus § 71 Abs. 5 i. V. m. § 62 Abs. 4 AufenthG. Eine Zuständigkeit der Bundespolizei kann sich aus § 71 Abs. 3 Nr. 1 AufenthG ergeben.

366 § 62 Abs. 5 AufenthG entspricht dem in Art. 104 Abs. 2 GG verankerten Grundsatz, dass Freiheitsentziehungen stets eine richterliche Entscheidung voraussetzen. Aus eigener Machtvollkommenheit, also ohne vorherige richterliche Haftanordnung, darf die Polizei eine Person nur in Gewahrsam nehmen, wenn der gesetzliche Zweck andernfalls nicht erreicht werden könnte. Dementsprechend besteht das Festnahmerecht – wie oben dargestellt – nur, wenn die Einholung einer richterlichen Haftanordnung vor der Festnahme nicht möglich war. Aus diesem Grunde ist die **Polizei** nach wie vor **nicht berechtigt**, einen vollziehbar ausreisepflichtigen Ausländer, dessen Aufenthaltsort bekannt ist, ***auf Ersuchen der Ausländerbehörde*** **festzunehmen** und zwecks Beantragung von Abschiebungshaft dem Richter vorzuführen. Auch diese Festnahme würde ja im Zusammenhang stehen mit der Durchführung von Abschiebungshaft. Diese wiederum kann nur auf § 62 AufenthG gestützt werden und ist nur aufgrund vorheriger richterlicher Haftanordnung zulässig. Kennt die Behörde den Aufenthaltsort, hätte sie zuvor eine richterliche Anordnung beantragen können. Die Tatbestandsvoraussetzungen des § 62 Abs. 5 AufenthG sind in diesem Fall nicht erfüllt. Grundsätzlich sind nur nicht geplante Freiheitsentziehungen (Spontanfestnahmen) ohne richterliche Anordnung möglich. Geplante oder auch planbare Freiheitsentziehungen unterliegen stets der richterlichen Präventivkontrolle.[43] Keinesfalls darf ein Ausländer deshalb – routinemäßig – am Abend vor der Abschiebung ohne richterliche Haftanordnung in Polizeigewahrsam genommen werden.

367 Der Ausländer ist gemäß § 62 Abs. 5 Satz 2 AufenthG nach erfolgter Festnahme **un-**

[43] OLG Köln, Beschluss v. 29. 6. 2005 – 16 Wx 76/05; OLG Celle, Beschluss v. 02.06.2008 – 22 W 23/08.

verzüglich dem Haftrichter zur Entscheidung über die Anordnung von Sicherungshaft **vorzuführen**. Eine Festnahme zur Vorführung wegen Anordnung von Vorbereitungshaft kommt nach dem eindeutigen Wortlaut allerdings nicht in Betracht. Beim Haftrichter ist sodann Antrag auf Anordnung von Sicherungshaft zu stellen. Zu den Anforderungen an den Haftantrag gemäß § 417 Abs. 2 FamFG vgl. die nachfolgenden Ausführungen.

Merke: Die **Ingewahrsamnahme** eines Ausländers durch die Polizei **darf nicht zu einer Umgehung der in Art. 104 GG vorgeschriebenen richterlichen Anordnungskompetenz führen**. Geplante Freiheitsentziehungen sind nur aufgrund richterlicher Anordnung zulässig. Ein vorläufiger Gewahrsam, gestützt auf **§ 62 Abs. 5 AufenthG**, ist dagegen zulässig, wenn der Ausländer zufällig aufgegriffen wurde und eine vorherige richterliche Entscheidung nicht möglich war (Spontanfestnahme).

VI. Antragstellung und Verfahren

Das **Verfahren** bei der Abschiebungs-, Zurückschiebungs- und Zurückweisungshaft richtet sich nach dem 7. Buch des Gesetzes über das Verfahren in Familiensachen und in den Angelegenheiten der freiwilligen Gerichtsbarkeit (**FamFG**) vom 17. Dezember 2008.[44] Die für das Verfahren in Abschiebungshaftsachen wichtigsten Bestimmungen sollen nachfolgend kurz dargestellt werden. **368**

1. Zuständigkeit des Gerichts (§ 416 FamFG)

Örtlich zuständig ist gemäß § 416 FamFG das Amtsgericht, in dessen Bezirk die Person, der die Freiheit entzogen werden soll, ihren gewöhnlichen Aufenthalt hat. Befindet sich die Person bereits in Verwahrung einer abgeschlossenen Einrichtung, ist das Gericht zuständig, in dessen Bezirk die Einrichtung liegt (§ 416 Satz 2 FamFG). „Abgeschlossene Einrichtung" in diesem Sinne ist sowohl eine Justizvollzugsanstalt[45] als auch ein Polizeigewahrsam[46], wenn der Ausländer von der Polizei **aus anderen Gründen** festgenommen wurde (zum Beispiel nach § 127 Abs. 2 StPO).

2. Antragszuständigkeit (§ 417 Abs. 1 FamFG)

Gemäß § 417 Abs. 1 FamFG darf das Gericht die Freiheitsentziehung nur auf **Antrag der zuständigen Verwaltungsbehörde** anordnen.[47] Die sachliche Zuständigkeit ergibt sich **369**

[44] BGBl. I S. 2586.
[45] BayObLGZ 1977, 196.
[46] OLG Frankfurt a. M. InfAuslR 1992, 13.

für die Ausländerbehörde aus § 71 Abs. 1 AufenthG, für die Grenzbehörde aus § 71 Abs. 3 Nr. 1 AufenthG und für die Polizei aus § 71 Abs. 5 AufenthG.

370 Für den Begriff der Behörde ist eine **organisatorische Selbstständigkeit** notwendig.[48] Indiz für eine Verselbstständigung der Einrichtung zu einer Behörde ist insbesondere die Fähigkeit der Einrichtung, in eigenem Namen zu handeln, die ihrerseits durch eine gesetzliche Regelung zuerkannt oder durch Rechtsvorschriften zugewiesen wird.[49] Im Bereich der **Bundespolizei** sind deshalb die Bundespolizeiinspektionen keine Behörden, da ihnen diese Befugnis weder im Bundespolizeigesetz noch in der Verordnung über die Zuständigkeiten der Bundespolizeibehörden ausdrücklich zugewiesen wurde. Die Bundespolizeiinspektionen sind daher unselbstständige Untergliederungen der Bundespolizeidirektionen.[50] Sie stehen den Arbeitseinheiten einer Behörde wie Ämtern und Dienststellen gleich.[51] Als Untergliederung der Bundespolizeidirektion wird das Handeln der Bundespolizeiinspektion mangels Selbstständigkeit der jeweils zuständigen Bundespolizeidirektion zugerechnet.[52] Anträge, die eine Bundespolizeiinspektion stellt, sind Anträge der übergeordneten Bundespolizeidirektion. Antragstellende Behörde ist die jeweilige Bundespolizeidirektion, auch wenn diese nicht ausdrücklich als Antragstellerin ausgewiesen wird, sondern die Bundespolizeiinspektion als Antragstellerin erscheint.

371 Für die Organisation der **Landespolizei** gelten die obigen Ausführungen entsprechend. Regelmäßig werden den Revieren und Posten keine Aufgaben zugewiesen. Reviere (Abschnitte) und Posten sind daher unselbstständige Untergliederungen der Polizeidirektionen oder Präsidien. Als solche entsprechen sie nicht dem Behördenbegriff. Dies bedeutet allerdings nicht, dass Reviere keine Haftanträge stellen könnten. Diese gelten dann aber als Anträge der jeweiligen übergeordneten Direktion.

Die örtliche Zuständigkeit ist im Aufenthaltsgesetz nicht geregelt. Sie ergibt sich vielmehr aus den jeweiligen Landesregelungen.[53] Sind keine länderspezifischen Sondervorschriften über die örtliche Zuständigkeit gegeben, sind die jeweiligen Verwaltungsverfahrensvorschriften anzuwenden.[54] Im Falle einer Antragstellung durch die Polizei gilt die Regelung der örtlichen Zuständigkeit nach dem Polizeigesetz.

---

[47] Vgl. das Beispiel eines Haftantrags im Anhang D.

[48] *Schliesky* in Knack/Hennecke, VwVfG, 9. Aufl., § 1 Rn. 71; *Schmitz* in Stelkens/Bonk/Sachs, VwVfG, 8. Aufl., § 1 Rn. 248.

[49] *Schliesky* in Knack/Hennecke, a. a. O., § 1 Rn. 72, 73.

[50] *Wagner*, JURA 2009, 96, 97.

[51] BGH, Beschluss v. 30. 3. 2010 – V ZB 79/10, unter Hinweis auf *Schliesky* in Knack/Hennecke, a. a. O., § 1 Rn. 71; *Schmitz* in Stelkens/Bonk/Sachs, a. a. O., § 1 Rn. 248.

[52] *Wagner*, JURA 2009, 96, 97; BGH, Beschluss v. 30. 3. 2010 – V ZB 79/10.

[53] BGH, Beschluss v. 8. 4. 2010 – V ZB 51/10.

[54] OVG Nordrhein-Westfalen, Beschluss v. 10. 7. 1997 – 18 B 1853/96.

3. Inhalt des Haftantrags (§ 417 Abs. 2 FamFG)

Gemäß § 417 Abs. 2 Satz 1 FamFG ist der **Antrag zu begründen**. Die Begründung des Haftantrags ist zwingend; ein Verstoß gegen den Begründungszwang führt zur Unzulässigkeit des Antrags.[55] Werden in der Begründung des Haftantrags die Tatsachen, auf denen die Ausreisepflicht des Betroffenen beruht, nicht oder falsch vorgetragen, leidet die richterliche Anordnung der Freiheitsentziehung an einem Verfahrensmangel, der zu ihrer Rechtswidrigkeit führt.[56] 372

Den Mindestinhalt eines Antrages legt zunächst § 23 Abs. 1 FamFG fest. Danach muss der Antrag die zur Begründung dienenden Tatsachen und Beweismittel angeben. Das Gericht soll so bei der Ermittlung des entscheidungsrelevanten Sachverhaltes unterstützt werden. Darüber hinaus sind Urkunden, auf die Bezug genommen wird, im Original oder als Abschrift beizufügen. In Betracht kommt hier etwa die Ablichtung eines Reisedokuments, insbesondere wenn dieses durch Zeitablauf ungültig oder gefälscht ist.

Die Begründung des Antrags hat gemäß § 417 Abs. 2 Satz 1 FamFG folgende Tatsachen zu enthalten:

1. die Identität des Betroffenen
2. den gewöhnlichen Aufenthaltsort des Betroffenen
3. die Erforderlichkeit der Freiheitsentziehung
4. die erforderliche Dauer der Freiheitsentziehung sowie
5. die Verlassenspflicht des Betroffenen sowie die Voraussetzungen und die Durchführbarkeit der Abschiebung, Zurückschiebung und Zurückweisung

Zu 1: Ist die **Identität des Betroffenen** nicht bekannt, kommt keine Haft nach § 62 AufenthG, sondern allenfalls ein Identitätsgewahrsam nach polizeirechtlichen Bestimmungen in Betracht. § 417 Abs. 2 Satz 2 Nr. 1 FamFG gilt in diesem Fall nicht. 373

Zu 2: Der **gewöhnliche Aufenthalt** einer Person bestimmt sich nach ihrem **tatsächlichen Lebensmittelpunkt**, also nach dem Ort, an der sich die Person hauptsächlich aufzuhalten pflegt.[57] Dieses Datum dient der Bestimmung der örtlichen Zuständigkeit des Gerichts (§ 416 FamFG). Meistens wird der illegal eingereiste Ausländer gar keinen gewöhnlichen Aufenthalt haben bzw. dieser lässt sich nicht ermitteln. Zuständig ist dann das für den Aufgriffort zuständige Amtsgericht. 374

Zu 3: Im Haftantrag sind die Tatsachen, die die **Erforderlichkeit der Freiheitsentziehung** begründen, vorzutragen. Hierzu gehören die Tatsachen, die den Haftgrund nach § 62 375

[55] BGH, Beschluss v. 29. 4. 2010 – V ZB 218/09.

[56] BGH, Beschluss v. 22. 7. 2010 – V ZB 28/10.

[57] *Hoppe*, HTK-AuslR / § 416 FamFG 08/2009 Nr. 2.2.

Abs. 3 AufenthG begründen. Im Falle des Haftgrundes nach § 62 Abs. 3 Satz 1 Nr. 1 AufenthG z. B. muss die antragstellende Polizei die Umstände vortragen, aus denen sich die Unerlaubtheit der Einreise (§ 14 AufenthG), die Ausreisepflicht (§ 50 AufenthG) sowie die Vollziehbarkeit der Ausreisepflicht (§ 58 Abs. 2 AufenthG) aufgrund der unerlaubten Einreise ergeben. Die Erforderlichkeit der Haft im engeren Sinne ergibt sich aus der Notwendigkeit der Haft zur Sicherung der Abschiebung oder Zurückschiebung. Die Haft ist deshalb trotz Vorliegens eines Haftgrundes nicht gegeben, wenn der Ausländer bereits eigene Vorkehrungen für die Rückreise getroffen hat.

376 **Zu 4**: Die Tatsachen über die **erforderliche Dauer der Freiheitsentziehung** (§ 417 Abs. 2 Satz 2 Nr. 4 FamFG) entsprechen den Erfahrungswerten. Die **Dauer** hängt nicht vom bisherigen Verhalten des Ausländers (dies ist bedeutend für den Haftgrund), sondern allein davon ab, welchen Zeitraum die zuständige Behörde zur Durchführung der Abschiebung (Zurückschiebung), deren Sicherung alleiniger Zweck der Sicherungshaft ist, benötigt.

Führt die Polizei selbst die Zurückschiebung durch, kann die dafür notwendige Zeit beantragt werden. Erfolgt der Haftantrag, weil der Betroffene von der Ausländerbehörde zur Festnahme ausgeschrieben wurde, kann die Polizei als für die Abschiebung nicht zuständige[58] Behörde die für die Abschiebung erforderliche Zeit nicht abschätzen. Es empfiehlt sich dann, eine kurze Haftdauer zu beantragen, mit dem Hinweis an das Gericht, dass die Abschiebebehörde nach Übernahme der Haftsache und Prüfung einen entsprechenden Verlängerungsantrag stellen wird.

Die Anordnung der Sicherungshaft setzt voraus, dass die Maßnahme in einem unmittelbaren Zusammenhang mit der alsbaldigen Abschiebung steht. Gemäß § 62 Abs. 3 Satz 4 AufenthG ist die Sicherungshaft daher unzulässig, wenn **feststeht**, dass aus Gründen, die der Ausländer nicht zu vertreten hat, die Abschiebung nicht innerhalb der nächsten drei Monate durchgeführt werden kann. Dies bedeutet allerdings nicht, dass die antragstellende Behörde den Nachweis der Durchführbarkeit der Abschiebung in den nächsten 3 Monaten erbringen müsste.[59] Nur wenn das Gericht aufgrund eigener Sachverhaltsermittlung zu der Überzeugung gelangt, die Abschiebung könne nicht innerhalb der nächsten 3 Monate durchgeführt werden, müssen auch die Umstände vorgetragen werden, aus denen sich das Verschulden des Ausländers für die Verzögerung ergibt, z. B. weil der Ausländer die Passlosigkeit oder Vernichtung seines Ausweisdokuments verschuldet hat.[60]

377 **Zu 5**: Die den Antrag stellende Behörde muss dazu aufzeigen, dass dem Betroffenen ein Aufenthaltsrecht im Bundesgebiet nicht zusteht. Hierfür ist der Grund der Ausreisepflicht zu bezeichnen, zu dessen Sicherung die Abschiebungshaft angeordnet werden soll. Ergibt sich die Ausreisepflicht aus einem vollziehbaren Bescheid, muss die Behörde in dem

[58] Die Ausländerbehörde ist gemäß § 71 Abs. 1 AufenthG zuständige Abschiebebehörde; die Zuständigkeit der Polizei beschränkt sich auf die *Durchführung* der Abschiebung (vgl. Rn. 279).

[59] OLG Zweibrücken, Beschluss v. 10. 9. 2001 – 3 W 204/01, NVwZ-Beilage I 3/2001, 46.

[60] Zu den Anforderungen an die diesbezügliche Prognoseentscheidung des Haftrichters vgl. BGH, Beschluss v. 25. 2. 2010 – V ZB 172/09.

Haftantrag auf diesen Bescheid Bezug nehmen.[61] Die Begründung der Verlassenspflicht erfolgt z. T. schon im Zusammenhang mit dem Vortrag zum Haftgrund. Der Vortrag über die **Voraussetzungen und die Durchführbarkeit der Abschiebung, Zurückschiebung** oder **Zurückweisung** muss die (Rechts-)Tatsachen enthalten, aus denen auf die vollziehbare Ausreisepflicht (§ 58 Abs. 2 AufenthG) und die Notwendigkeit der Abschiebung des Betroffenen (§ 58 Abs. 3 AufenthG) zu schließen ist.

Der Sollvorschrift zur Aktenvorlage in § 417 Abs. 2 Satz 2 FamFG kann die Polizei als **378** nicht Akten führende Stelle nicht entsprechen. Gibt es eigene Vorgänge, sind diese dem Gericht vorzulegen.

4. Amtsermittlungsgrundsatz (§ 26 FamFG)

Das Gericht hat **von Amts** wegen die zur Feststellung der entscheidungserheblichen **379** Tatsachen erforderlichen Ermittlungen durchzuführen (§ 26 FamFG, **Amtsermittlungsgrundsatz**). Den Anforderungen von Art. 104 GG ist im Einzelfall nicht genügt, wenn sich der Richter bei seiner Ermittlungstätigkeit lediglich auf die Prüfung beschränkt, ob die von Polizei oder Behörde vorgetragenen Gründe für eine Freiheitsentziehung plausibel erscheinen. Vielmehr muss der Richter selbst die Tatsachen feststellen, die eine Freiheitsentziehung rechtfertigen.[62] Ausländerbehörde wie Polizei haben den Richter dabei zu unterstützen und durch geeignete Maßnahmen dazu beizutragen, dass das Amtsgericht die Entscheidung über den Haftantrag in dem rechtsstaatlich gebotenen Verfahren treffen kann.[63]

Das Gericht ist bei seiner Entscheidung an die Rechtswirksamkeit ausländerbehördlicher **380** Verfügungen (z. B. einer Ausweisungsverfügung) gebunden, ohne ihre Rechtmäßigkeit nachprüfen zu können.[64] Der Haftrichter hat grundsätzlich auch **nicht** zu prüfen, ob die zuständige Behörde die **Abschiebung bzw. Zurückschiebung zu Recht betreibt**[65], denn die Tätigkeit der Verwaltungsbehörden unterliegt allein der Kontrolle durch die Verwaltungsgerichtsbarkeit.[66]

Etwas anderes gilt allerdings bei dem für die Polizei so wichtigen Haftgrund der unerlaubten Einreise (§ 62 Abs. 3 Satz 1 Nr. 1 AufenthG), da hier die **sofort vollziehbare Ausreisepflicht aufgrund unerlaubter Einreise** den **unmittelbaren Haftgrund** bildet.

---

[61] BGH, Beschluss v. 22. 7. 2010 – V ZB 28/10; unter Bezugnahme auf *Bahrenfuss/Grotkopp*, FamFG, § 417 Rn. 4; *Keidel/Budde*, FamFG, 16. Aufl., § 417 Rn. 8.

[62] BVerfGE 83, 24 = DÖV 1991, 288.

[63] BVerfG, Beschluss v. 7. 9. 2006 – 2 BvR 129/04.

[64] Vgl. BGHZ 78, 145; 98, 109.

[65] BGH, Beschluss v. 16. 12. 2009 – V ZB 148/09; sowie: BGHZ 78, 145, 147; 98, 109, 112; BVerfG, Beschluss v. 1. 4. 1999 – 2 BvR 400/99; BVerwG, Urteil v. 23. 6. 1981 – I C 78.77, BVerwGE 62, 325.

[66] BGH, Beschluss v. 16.12.2009 – V ZB 148/09; *Zeitler*, HTK-AuslR / § 62 AufenthG / zu Abs. 2 Satz 1 Nr. 1 08/2010.

Der Haftrichter muss die erforderliche Prüfung selbst vornehmen.[67] Dies gilt auch dann, wenn die zuständige Behörde eine auf § 57 Abs. 1 AufenthG gestützte, **nicht bestandskräftige Zurückschiebungsverfügung** erlassen hat. Die antragstellende Polizei muss deshalb gerade beim Haftgrund der unerlaubten Einreise die erforderliche Tatsachen sorgfältig ermitteln und vortragen.

5. Anhörung (§ 420 FamFG)

381 Ein wesentlicher Aspekt einer umfassenden Sachverhaltsermittlung von Amts wegen ist die **Anhörung** des Betroffenen. Gemäß § 420 FamFG hat das Gericht den Betroffenen vor der Anordnung der Freiheitsentziehung persönlich anzuhören. Ein Verzicht auf die vorherige Anhörung ist nur ausnahmsweise aus den in § 420 Abs. 2 FamFG vorgesehenen (medizinischen) Gründen möglich bzw. im Fall der auf sechs Wochen beschränkten **einstweiligen Anordnung** (§ 427 FamFG) bei Gefahr im Verzug. Die **Anhörungspflicht** gehört zu den wichtigsten Verfahrensgrundsätzen und besitzt **Verfassungsrang**. Darauf hat das *Bundesverfassungsgericht* wiederholt hingewiesen.[68] Das Erfordernis der mündlichen Anhörung gilt somit in Abschiebungshaftsachen generell.[69]

6. Einstweilige Anordnung (§ 427 FamFG)

382 Stehen im Fall eines zur Festnahme ausgeschriebenen Ausländers nicht alle Unterlagen zur Verfügung (etwa am Wochenende bei **Antragstellung durch die Polizei**), kommt eine **vorläufige Freiheitsentziehung** in Betracht. Gemäß § 427 Abs. 1 FamFG kann das Gericht durch **einstweilige Anordnung** eine vorläufige Freiheitsentziehung anordnen, wenn

1. dringende Gründe für die Annahme bestehen, dass die Voraussetzungen für die Anordnung einer Freiheitsentziehung gegeben sind, und
2. ein dringendes Bedürfnis für ein sofortiges Tätigwerden besteht.

Im Abschiebungshaftrecht wird das Instrument der einstweiligen Anordnung häufig dann zum Einsatz gelangen, wenn die Behörde plant, einen Ausländer zu einem bestimmten, in der Zukunft liegenden Termin zu inhaftieren. Da dem FamFG ein Haftbefehl fremd ist, andererseits bei geplanten Festnahmen § 62 Abs. 5 AufenthG nicht anwendbar ist, bedarf

[67] BGH, a. a. O (Fn. 66).

[68] Beschluss v. 16. 3. 1996 – 2 BvR 927/95 = InfAuslR 1996, 19; BVerfG, Beschluss v. 5. 3. 2009 – 2 BvR 1615/06; Beschluss v. 27. 2. 2009 – 2 BvR 538/07; Beschluss v. 12. 3. 2008 – 2 BvR 2042/05; Beschluss v. 7. 9. 2006 – 2 BvR 129/04; ebenso der BGH: BGH Beschluss v. 4. 3. 2010 – V ZB 184/09; Beschluss v. 17. 6. 2010 – V ZB 9/10.

[69] Vgl. hierzu auch: *Zeitler*, Probleme im Zusammenhang mit der Beantragung von Abschiebungshaft, NVwZ 1997, 628.

es hier der Freiheitsentziehung im Wege der einstweiligen Anordnung, weil nur diese auch ohne Anhörung des Betroffenen zulässig sein kann. Da die Polizei einen Haftantrag regelmäßig nach der (nicht geplanten) Festnahme des Betroffenen stellt, dieser also für die nach § 420 FamFG gebotene Anhörung zur Verfügung steht, spielt die einstweilige Anordnung in der polizeilichen Praxis keine große Rolle. Sollte die Polizei allerdings von der Ausländerbehörde ersucht werden, einen Ausländer bekannten Aufenthalts festzunehmen (siehe S. 141 f.), kann die Behörde auf die Möglichkeit des § 427 FamFG verwiesen werden.

7. Wirksamkeit (§ 422 Abs. 2 FamFG)

383 Eine die Freiheitsentziehung in der Form einer Sicherungshaft anordnenden Entscheidung wird erst mit der Rechtskraft wirksam. Das Gericht kann jedoch die sofortige Wirksamkeit der Entscheidung anordnen (§ 422 Abs. 2 FamFG). Macht das Gericht von der Möglichkeit der **Anordnung der sofortigen Wirksamkeit** der Entscheidung Gebrauch, dann ist die für den Vollzug der Haft allein zuständige Verwaltungsbehörde (also die Behörde, die auch für die Beantragung der Haft zuständig ist) ermächtigt, die Haft vor der Rechtskraft der Entscheidung zu vollziehen.

8. Unterrichtung des Konsulats

384 Nach Art. 36 Abs. 1 Buchst. b des Wiener Übereinkommens über konsularische Beziehungen vom 24. April 1963 (WÜK) haben die zuständigen Behörden **auf Verlangen** des festgenommenen Ausländers unverzüglich das für den Betroffenen zuständige **Konsulat zu unterrichten**. Der Ausländer ist darüber zu belehren. Unterbleibt die Belehrung bei der Inhaftierung, leidet die Anordnung der Freiheitsentziehung an einem Verfahrensmangel, der zu ihrer Rechtswidrigkeit führt.[70]

VII. Haft und Asyl

385 Grundsätzlich kann auch ein unerlaubt eingereister Ausländer durch Nachsuchen um Asyl der Haft entgehen, denn trotz unerlaubter Einreise entfällt die Ausreisepflicht in diesem Fall. Durch das Nachsuchen entsteht eine Aufenthaltsgestattung (§ 55 Abs. 1 Satz 1 AsylVfG, vgl. hierzu: S. 37 f.) und somit ein Aufenthaltsrecht.

386 Allerdings befindet sich ein von der Polizei nach § 62 Abs. 5 AufenthG festgenommener Ausländer **in Gewahrsam,** weshalb der Asylantrag in dieser Situation gemäß § 14 Abs. 2

[70] BGH, Beschluss v. 6. 5. 2010 – V ZB 223/09.

Nr. 2 AsylVfG beim Bundesamt zu stellen ist.[71] Ein in Gewahrsam genommener Ausländer kann somit nicht mehr bei der Polizei um Asyl nachsuchen! Etwas anderes gilt nur dann, wenn sich der Ausländer – wie von § 13 Abs. 3 AsylVfG vorgesehen – von sich aus unverzüglich an die Polizei wendet.

387 Auch im Fall der **unerlaubten Einreise aus einem sicheren Drittstaat** (vgl. § 26a AsylVfG) entsteht die Aufenthaltsgestattung gemäß § 55 Abs. 1 Satz 3 AsylVfG erst mit der Stellung des förmlichen Asylantrags beim Bundesamt[72] (vgl. hierzu S. 65). Das Nachsuchen um Asyl steht in diesem Fall somit einer Festnahme nicht entgegen.

388 Die Aufnahme eines mündlichen Antrags zur Niederschrift und dessen Weiterleitung durch die Polizei oder den Haftrichter würde die gesetzlich vorgegebene Unterscheidung von Asylgesuch und förmlichem Asylantrag verwischen und damit auch die vom Gesetzgeber intendierten unterschiedlichen Konsequenzen unterlaufen. Die Aufnahme von Anträgen und deren Weiterleitung durch eine andere Behörde ist weder im Verwaltungsverfahrensgesetz noch im Asylverfahrensgesetz vorgesehen. Es besteht auch keine Verpflichtung zur Weiterleitung.[73] Mündliche Anträge können nur beim Bundesamt gestellt werden.[74] Sollte die Polizei gleichwohl den mündlich gestellten Asylantrag protokolliert haben, ist das Protokoll im ordnungsgemäßen Geschäftsgang weiterzuleiten.[75]

389 Auch die unerlaubte Einreise des Asylsuchenden aus einem Dublin-II-Staat[76] steht der Haft nicht zwingend entgegen. Dies gilt auch in Anbetracht dessen, dass die Zurückschiebung erst angeordnet werden kann (§ 19 Abs. 3 AsylVfG), wenn feststeht, dass Deutschland nicht für das Asylverfahren zuständig ist. § 19 Abs. 3 AsylVfG regelt nur die materiellen Voraussetzungen der Zurückschiebung, nicht jedoch deren Art und Weise. Die Vorschriften über die Inhaftnahme eines Betroffenen bleiben daher gemäß § 19 Abs. 4 AsylVfG unberührt.[77] Es genügt, dass die Zurückschiebung nach **prognostischer Einschätzung** nicht undurchführbar ist.[78] Dabei ist allerdings der Haftrichter nicht gehalten, eine Vorprüfung der Zuständigkeitsregeln nach der Dublin-II-Verordnung vorzunehmen. Der Haftrichter hat grundsätzlich **nicht** zu prüfen, ob die zuständige Behörde die **Abschiebung bzw. Zurückschiebung zu Recht betreibt**.[79] Nur wenn das Verwaltungsgericht bereits mit der Sache befasst ist, hat der Haftrichter dort Informationen einzuholen.

---

[71] OLG Düsseldorf, Beschluss v. 21. 10. 2008 – I-3 Wx 228/08, juris.

[72] So der Bundesgerichtshof in st. Rspr. (Fn. 16).

[73] KG, Beschluss v. 22. 1. 2008 – 1 W 371/07 -, juris, m. w. N.; nur die Ausländerbehörde ist nach § 14 Abs. 2 Satz 2 AsylVfG zur Weiterleitung *schriftlicher* Anträge verpflichtet.

[74] OLG Düsseldorf a.a.O. m.w.N.; OLG München, Beschluss v. 30. 1. 2008 – 34 Wx 136/07.

[75] OLG München a.a.O. (Fn. 74).

[76] Vgl. Rn. 169; Dublin-II-Staaten sind alle EU-Staaten; durch Vertrag haben sich auch die Nicht-EU-Staaten Norwegen, Island und die Schweiz den Dublin-II-Regularien angeschlossen.

[77] OLG München a. a. O. (Fn. 74), m. w. N.

[78] *Renner* § 19 AsylVfG Rn. 6.

[79] BGH, Beschluss v. 16. 12. 2009 – V ZB 148/09; sowie: BGHZ 78, 145, 147; 98, 109, 112; BVerfG, Beschluss v. 1. 4. 1999 – 2 BvR 400/99; BVerwG, Urteil v. 23. 6. 1981 – I C 78.77, BVerwGE 62, 325.

Dass der Umstand der Einreise aus einem Dublin-II-Staat der Anordnung von Haft nicht entgegensteht, ergibt sich auch aus dem in Art. 17 Abs. 2 Dublin-II-Verordnung geregelten sog. **Dringlichkeitsverfahren**.[80] Dieses setzt nämlich eine Festnahme und eine Inhaftierung eines sich um Asyl bewerbenden Ausländers wegen unerlaubter Einreise oder illegalen Aufenthalts in einem Mitgliedstaat voraus.[81] **390**

Stellt ein Ausländer seinen Asylantrag erst aus der Sicherungshaft heraus, ist § 14 Abs. 3 Satz 1 Nr. 4 AsylVfG zu beachten. Hielt sich der Ausländer nämlich nach der unerlaubten Einreise länger als einen Monat ohne Aufenthaltstitel im Bundesgebiet auf, steht der nunmehr aus der Sicherungshaft heraus gestellte Asylantrag der Aufrechterhaltung der Haft nicht entgegen. Schon deshalb ist es wichtig, dass die **Polizei beim Aufgreifen illegal aufhältiger Personen deren bisherigen Aufenthalt möglichst umfassend ermittelt**. Auch wenn sich der Ausländer in Sicherungshaft nach § 62 Abs. 3 Satz 1 Nr. 1a bis 5 AufenthG befindet, steht die Asylantragstellung (beim Bundesamt) der Anordnung oder Aufrechterhaltung von Abschiebungshaft nicht entgegen, auch wenn der Antrag die Entstehung einer Aufenthaltsgestattung bewirkt hat. **391**

Gemäß § 71 Abs. 8 AsylVfG steht ein **Asylfolgeantrag** der Anordnung von Abschiebungshaft grundsätzlich nicht entgegen. **392**

VIII. Abschiebungshaft und Strafverfahren

Nach geltendem Abschiebungshaftrecht ist von einem **Vorrang der Untersuchungshaft und der Strafhaft** gegenüber der Abschiebungshaft auszugehen.[82] Gemäß § 72 Abs. 4 AufenthG darf deshalb ein Ausländer, gegen den öffentliche Klage erhoben oder ein strafrechtliches Ermittlungsverfahren eingeleitet ist, nur im **ausdrücklich erklärten**[83] **Einvernehmen** mit der zuständigen **Staatsanwaltschaft** ausgewiesen und abgeschoben werden. Auch die Anordnung von Abschiebungshaft kann daher nur mit Zustimmung der Staatsanwaltschaft erfolgen. Das Ermittlungsverfahren beginnt mit jeder Maßnahme der Staatsanwaltschaft (§ 160 StPO) oder der Polizei (§ 163 StPO) die der Feststellung dient, ob eine Person wegen einer bestimmten Straftat verurteilt werden kann, wobei die Vernehmungsperson von einem zureichenden Tatverdacht ausgehen muss. [84] Wird ein **393**

[80] Dieses ist u. a. dann anzuwenden, wenn der Betroffene wegen unerlaubten Aufenthalts festgenommen worden ist, aufenthaltsbeendende Maßnahmen angekündigt oder vollzogen werden oder der Asylbewerber sich in Gewahrsam befindet. Das Dringlichkeitsverfahren verpflichtet den um die Aufnahme des Asylbewerbers ersuchten anderen Mitgliedstaat um beschleunigte Prüfung und Entscheidung, andernfalls seine Zustimmung zur Aufnahme wegen Verfristung nach Art. 18 Abs. 6, 7 Dublin-II-Verordnung als erteilt gilt.

[81] BGH, Beschluss v. 25. 2. 2010 – V ZB 172/09.

[82] Vgl. dazu BayObLGZ 1973, 49, 55, 58; BayObLGZ 1973, 150, 153 f.; BayObLG InfAuslR 1992, 12; BayObLG InfAuslR 1992, 46; OLG Hamm NVwZ-RR 1993, 273; OLG Frankfurt a. M. InfAuslR 1995, 12.

[83] BGH, Beschluss v. 17. 6. 2010 – V ZB 93/10.

[84] *Kramer*, Grundbegriffe des Strafverfahrensrechts, 7. A. 2009, Rn. 171, m.w.N.

illegal aufhältiger Ausländer von der Polizei aufgegriffen und wegen des Verdachts eines Vergehens nach § 95 Abs. 1 Nr. 2 AufenthG vernommen, liegt darin bereits die Einleitung eines strafrechtlichen Ermittlungsverfahrens. Das Einvernehmen ist Voraussetzung für die Durchführbarkeit der Abschiebung. Deshalb muss es im Haftantrag dargelegt werden (§ 417 Abs. 2 Nr. 5 FamFG). Andernfalls müsste der Haftrichter den Antrag (als unzulässig) zurückweisen. Eine ohne staatsanwaltschaftliches Einvernehmen angeordnete Abschiebungshaft verletzt das Grundrecht des Ausländers aus Art. 2 Abs. 2 Satz 2 GG.[85] Im Falle des Aufgriffs eines illegal aufhältigen Ausländers durch die Polizei kann die Einholung des Einvernehmens vor Beantragung der Haft mit Schwierigkeiten verbunden sein. Es ist deshalb empfehlenswert, wenn die Staatsanwaltschaft ihr Einvernehmen für bestimmte Fallgruppen generell vorab erklärt. [86]

Gemäß § 154b Abs. 3 StPO kann die Staatsanwaltschaft von der Erhebung der öffentlichen Klage absehen, wenn der Beschuldigte ausgewiesen wird. Nach der Verurteilung eines Ausländers kann die Vollstreckungsbehörde (Staatsanwaltschaft) gemäß § 456a StPO von der Vollstreckung einer Freiheitsstrafe, einer Ersatzfreiheitsstrafe oder einer Maßregel der Besserung und Sicherung u. a. dann absehen, wenn der Verurteilte ausgewiesen wird. Kehrt der Ausgewiesene allerdings zurück, kann die Vollstreckung nachgeholt werden.

394 Abschiebungshaft darf als sog. „Überhaft" nur angeordnet werden, wenn zur Überzeugung des Gerichts feststeht, dass der betroffene Ausländer nicht aus der Untersuchungshaft/Strafhaft abgeschoben werden kann und die Untersuchungshaft/Strafhaft voraussichtlich nicht länger als drei Monate dauern wird.[87] Hatte die Behörde während der Strafhaft ausreichend Zeit, die Abschiebung vorzubereiten, müssen allerdings besondere Gründe vorliegen, um eine Abschiebungshaft im Anschluss an die Strafhaft zu rechtfertigen.

[85] BGH, Beschluss v. 3. 2. 2011 – V ZB 224/10.
[86] BGH, Beschluss v. 20. 1. 2011 – V ZB 226/10; Beschluss v. 3. 2. 2011 – V ZB 224/10.
[87] OLG Frankfurt a. a. O. (Fn. 82).

KAPITEL **14**

Strafbestimmungen (Auswahl)

Nachfolgend werden noch einige Straftatbestände erläutert, sofern sie noch nicht oben in den einzelnen Kapiteln angesprochen wurden, wie z. B. Verstöße gegen die Vorschriften über die Erwerbstätigkeit (S. 43 f.) oder der Verstoß gegen die Passbesitzpflicht (S. 7 f.).

I. Illegaler Aufenthalt

Gemäß **§ 95 Abs. 1 Nr. 2 AufenthG** macht sich ein Ausländer strafbar, **395**

- der sich ohne erforderlichen Aufenthaltstitel nach § 4 Abs. 1 Satz 1 im Bundesgebiet aufhält,
- vollziehbar ausreisepflichtig ist
- und dessen Abschiebung nicht ausgesetzt ist

„Ohne erforderlichen Aufenthaltstitel“ bedeutet, der Ausländer besitzt keinen **396** Aufenthaltstitel i. S. d. § 4 Abs. 1 AufenthG und der Ausländer benötigt einen Aufenthaltstitel, ist also vom Erfordernis des Aufenthaltstitels nicht befreit. Ein Anhang-I-Staater erfüllt dieses Tatbestandsmerkmal nur, wenn er keinerlei Titel, also auch kein Visum, besitzt und auch nicht geduldet ist. Der Anhang-II-Staater kann dieses Tatbestandsmerkmal erfüllen, wenn die Befreiung vom Erfordernis eines Aufenthaltstitels – z. B. durch die Ausübung einer Erwerbstätigkeit – entfallen ist.

Die Tatbestandsvoraussetzungen des § 95 Abs. 1 Nr. 2 AufenthG sind nicht erfüllt, wenn **397** der Ausländer im Besitz eines schlicht rechtswidrigen, aber gleichwohl nicht nichtigen Aufenthaltstitels ist. Wurde der Aufenthaltstitel durch Täuschung erlangt, kommt jedoch § 95 Abs. 2 Nr. 2 AufenthG in Betracht sowie § 95 Abs. 6 AufenthG im Falle von Bestechung, Drohung oder Kollusion.

Ob der Ausländer **„vollziehbar ausreisepflichtig“** ist, bestimmt sich nach § 58 Abs. 2 **398** AufenthG (vgl. S. 111). Ein Ausländer ist z. B. im Falle der unerlaubten Einreise gemäß § 14 Abs. 1 AufenthG vollziehbar ausreisepflichtig.

Die Tatbestandsvoraussetzungen sind nur erfüllt, wenn die **Abschiebung nicht ausgesetzt** ist. Ein Ausländer, dessen Abschiebung nach § 60a AufenthG ausgesetzt ist, erhält darüber eine Bescheinigung (Duldung) entsprechend **Anlage D2b** zur AufenthV.

Nicht strafbar macht sich allerdings derjenige Ausländer, der sich ohne Aufenthaltstitel und ohne im Besitz einer Duldung zu sein, im Bundesgebiet aufhält, wenn die **Duldung hätte erteilt werden müssen**[1], aber nicht erteilt wurde, obwohl der Aufenthalt des Ausländers bekannt war.[2]

399 Neben dem rechtmäßigen und dem geduldeten Aufenthalt gibt es aber auch noch den **faktisch geduldeten Aufenthalt**, der ebenfalls nicht den Straftatbestand des § 95 Abs. 1 Nr. 2 AufenthG erfüllt. Dies ist der Fall, wenn

- der Vollzug einer Abschiebungsandrohung durch Rechtsbehelf ausgesetzt ist (§§ 68 ff., 80 Abs. 5 VwG0),
- die Abschiebung gestoppt werden muss, weil der Ausländer einen Asylfolgeantrag stellt (§ 71 Abs. 5 AsylVfG).

II. Unerlaubte Einreise

400 Gemäß **§ 95 Abs. 1 Nr. 3 AufenthG** macht sich strafbar, wer entgegen § 14 Abs. 1 Nr. 1 oder 2 AufenthG, also **unerlaubt,** in das Bundesgebiet **einreist** (vgl. hierzu S. 33 ff.). Dies betrifft denjenigen, der in das Bundesgebiet einreist, ohne einen erforderlichen Pass oder einen erforderlichen Aufenthaltstitel zu besitzen. Ein Anhang-I-Staater reist nicht unerlaubt ein, wenn er irgendeinen Titel besitzt. Dies gilt auch dann, wenn es sich dabei um den – gemessen am geplanten Aufenthaltszweck – falschen Titel handelt (z. B.: Schengen-Visum, obwohl ein nationales Visum wegen der beabsichtigten Erwerbstätigkeit notwendig gewesen wäre).[3] Falsche Angaben bei der Beantragung eines Visums führen nicht zur unerlaubten Einreise, da das Visum dann zwar rechtswidrig, aber gleichwohl wirksam ist. Eine Strafbarkeit kann sich in diesen Fällen aber aus § 95 Abs. 6 AufenthG (sogenannte **Gleichstellungsklausel**) ergeben.[4]

Auch **Asylbewerber** können unerlaubt einreisen (vgl. S. 37). Wenn sie sich unverzüglich nach der Einreise bei der zuständigen Behörde melden, kommen sie aber in den Genuss des **persönlichen Strafaufhebungsgrundes** aus **§ 95 Abs. 5 AufenthG, Art. 31 GFK**. Wegen § 28 Abs. 2 StGB bleibt die Teilnahme hier gleichwohl strafbar (§ 27 StGB).

401 Mit Freiheitsstrafe bis zu drei Jahren oder mit Geldstrafe wird gemäß **§ 95 Abs. 2**

[1] BVerfG, Beschluss v. 6. 3. 2003 – 2 BvR 397/02.
[2] BGH, Urteil v. 6. 10. 2004 – 1 StR 76/04.
[3] Vgl.: BGH, Beschluss v. 27. 4. 2005 – 2 StR 457/04; Urteil v. 11. 2. 2000 – 3 StR 308/99.
[4] OLG Karlsruhe, Beschluss v. 4. 4. 2008 – 3 Ss 79/07.

Nr. 1 AufenthG bestraft, wer entgegen einem durch Ausweisung, Abschiebung oder Zurückschiebung (durch eine deutsche Behörde) bewirkten **Einreiseverbot** nach § 11 Abs. 1 AufenthG in das Bundesgebiet einreist oder sich darin aufhält. Der Versuch ist strafbar (§ 95 Abs. 3 AufenthG). Ein Versuch liegt vor, wenn der Ausländer unmittelbar ansetzt, den Tatbestand des § 95 Abs. 1 Nr. 3, Abs. 2 Nr. 1a AufenthG zu erfüllen. Dies ist der Fall, wenn er von den Grenzbehörden beim Versuch, die Grenzkontrollen zu umgehen, erwischt wird (der Betroffene versteckt sich in einem Fahrzeug).

III. Einschleusen von Ausländern

Gemäß **§ 96 AufenthG** kann sich strafbar machen, wer zu der unerlaubten Einreise **402**
(bzw. zum illegalen Aufenthalt im Bundesgebiet) anstiftet oder hierzu Beihilfe leistet (Einschleusen von Ausländern). Hierbei handelt es sich um eine zur Haupttat erhobene Teilnahme. Nach den allgemeinen strafrechtlichen Grundsätzen setzt die Strafbarkeit nach § 96 AufenthG daher eine tatbestandsmäßige und rechtswidrige Haupttat nach § 95 Abs. 1 Nr. 2, 3 oder Abs. 2 Nr. 1 AufenthG voraus.

Darüber hinaus wird in § 96 AufenthG die Anstiftung zu einer Straftat nach § 95 Abs. **403**
1 Nr. 1 AufenthG einbezogen. Schlepperbanden fordern regelmäßig die nach Deutschland geschleusten Ausländer auf, ihre Pässe zu vernichten oder zu unterdrücken, damit die deutschen Behörden über die Identität der Personen im Unklaren bleiben und ihre Abschiebung erschwert wird. Deshalb war es erforderlich, auch diese Handlung einer erhöhten Strafdrohung zu unterwerfen.[5]

Anstifter ist, wer einen Ausländer vorsätzlich dazu veranlasst, unerlaubt in das Bundesgebiet einzureisen oder sich darin aufzuhalten.

Beihilfe leistet, wer die unerlaubte Einreise oder den illegalen Aufenthalt eines Ausländers unterstützt oder fördert.

Beispiel 46: Transport über die Grenze, Gewährung von Unterkunft, Beschäftigung.

Strafbar nach § 96 AufenthG macht sich jedoch nur, wer **404**

- für die Hilfeleistung einen Vermögensvorteil erhält oder
- sich versprechen lässt oder
- wiederholt oder
- zugunsten von mehreren Ausländern handelt.

Ein Vermögens*vorteil* kann nur dann angenommen werden, wenn der Hilfeleistende einen Überschuss erzielt. Bekommt er lediglich die eigenen Aufwendungen ersetzt, ist das

[5] BT-Drucks. 12/6853 S. 31, 32.

Tatbestandsmerkmal des **Vermögensvorteils** nicht erfüllt. Einen Vermögensvorteil erhält allerdings, wer Zimmer an illegal aufhältige Prostituierte zu einem (branchenüblich) hohen Entgelt vermietet.[6]

405 Gemäß § 97 Abs. 1 AufenthG wird mit Freiheitsstrafe nicht unter drei Jahren bestraft, wer in den Fällen des § 96 Abs. 1 AufenthG, auch in Verbindung mit § 96 Abs. 4 AufenthG, den Tod des Geschleusten verursacht. Eine Strafbarkeit ist also gegeben, wenn der Täter den Tatbestand des § 96 Abs. 1 AufenthG, auch in Verbindung mit § 96 Abs. 4 AufenthG, vorsätzlich erfüllt und den Tod des Geschleusten wenigstens fahrlässig herbeiführt (§ 18 StGB).

406 Eine Strafschärfung im Falle **gewerbs- oder bandenmäßiger** Begehung enthält § 97 Abs. 2 AufenthG. **Gewerbsmäßig** handelt, wer sich aus wiederholter Tatbegehung eine nicht nur vorübergehende Einnahmequelle von einigem Umfang verschafft oder verschaffen möchte.

IV. Verstoß gegen Auflagen

407 Wer sich einer **räumlichen Beschränkung** (§ 12 Abs. 2 Satz 2, 61 Abs. 1 AufenthG und § 56 AsylVfG) zuwider im Bundesgebiet aufhält, verhält sich ordnungswidrig (§ 98 Abs. 3 Nr. 2 AufenthG, § 86 Abs. 1 AsylVfG). Im Falle eines wiederholten Verstoßes gegen die räumliche Beschränkung nach § 61 Abs. 1 Satz 1 AufenthG (Beschränkung des Aufenthalts eines vollziehbar ausreisepflichtigen Ausländers auf das Gebiet des Landes) besteht eine Strafbarkeit nach § 95 Abs. 1 Nr. 7 AufenthG. Beruht die Begrenzung des Aufenthalts eines vollziehbar ausreisepflichtigen Ausländers allerdings auf der vollziehbaren *behördlichen Anordnung* einer nach § 61 Abs. 1 Satz 2 AufenthG ergangenen Auflage, so ist die Zuwiderhandlung gegen die Anordnung nicht nach § 95 Abs. 1 Nr. 7 AufenthG strafbar, sondern kann lediglich als Ordnungswidrigkeit nach § 98 Abs. 3 Nr. 3 AufenthG geahndet werden.[7]

Bei Asylbewerbern kommt eine Strafbarkeit nach § 85 Nr. 2 AsylVfG in Betracht. Ein wiederholter Verstoß ist in allen Fällen nur anzunehmen, wenn bereits eine Ahndung als Ordnungswidrigkeit erfolgte.[8]

408 Gemäß **§ 95 Abs. 1 Nr. 6a AufenthG** macht sich strafbar, wer entgegen § 54a AufenthG wiederholt einer Meldepflicht nicht nachkommt, bestimmte Kommunikationsmittel nutzt,

---

[6] Vgl. OVG Lüneburg, Beschluss v. 31. 10. 1996 – 13 M 4966/96, NVwZ 1997, 622.

[7] So: BGH, Beschluss v. 17. 2. 2009 – 1 StR 381/08; OLG Karlsruhe, Beschluss v. 16. 10. 2006 – 3 Ss 204/06, StV 2007, 136; dagegen zu Recht: *Zühlcke*, Der wiederholte Verstoß gegen eine räumliche Beschränkung – nur eine Ordnungswidrigkeit? ZAR 2007, 99.

[8] BVerfG, Beschluss v. 10. 04. 1997 – 2 BvL 45/92.

wiederholt gegen räumliche Beschränkungen des Aufenthalts oder sonstige Auflagen verstößt oder trotz wiederholten Hinweises auf die rechtlichen Folgen einer Weigerung der Verpflichtung zur Wohnsitznahme nicht nachkommt. Die Verstöße gegen § 54a AufenthG betreffen vollziehbar ausreisepflichtige, gefährliche Ausländer.

Der Verstoß gegen Auflagen (§ 12 Abs. 2 Satz 2 AufenthG) stellt nur dann eine **409**
Ordnungswidrigkeit dar, wenn die Auflage **vollziehbar** ist. Die Vollziehbarkeit ist als ungeschriebenes Tatbestandsmerkmal immer dann zu prüfen, wenn das Unrecht im Verstoß gegen eine gesetzliche Verfügung liegt.[9]

Das Aufenthaltsgesetz meint mit „Vollziehbarkeit" die verfahrensrechtliche Vollziehbarkeit. **410**
Vollzug ist hier gleichzusetzen mit Vollstreckung. Die systematische Auslegung ergibt daher, dass der Straftatbestand nur dann erfüllt ist, wenn die Auflage nach den Bestimmungen der Landesverwaltungsvollstreckungsgesetze bzw. nach § 6 VwVG vollstreckbar ist. Dies ist der Fall, wenn der Verwaltungsakt entweder unanfechtbar ist oder im Falle der sofortigen Vollziehbarkeit nach § 80 Abs. 2 VwGO. Da die Unanfechtbarkeit der Auflage infolge fehlender Rechtsbehelfsbelehrung erst nach einem Jahr eintritt (vgl. § 58 Abs. 2 VwGO) und die sofortige Vollziehbarkeit nie angeordnet wird, kommt eine Strafbarkeit frühestens ein Jahr nach Auflagenerteilung in Betracht. Die Monatsfrist des § 70 VwGO erfordert die Aushändigung einer schriftlichen Rechtsbehelfsbelehrung.

V. Besondere Strafvorschriften für Asylbewerber

Gemäß § 85 Nr. 2 AsylVfG macht sich ein Asylbewerber strafbar, der sich wiederholt **411**
einer räumlichen Beschränkung zuwider im Bundesgebiet aufhält (vgl. hierzu S. 53 ff.).

§ 85 Nr. 3 und 4 AsylVfG soll die Einhaltung von Auflagen gewährleisten. Gemäß § 60 Abs. 2 AsylVfG kann ein Asylbewerber z. B. verpflichtet werden, in einer bestimmten Unterkunft zu wohnen. Gemäß § 85 Nr. 3 AsylVfG macht sich strafbar, wer einer derartigen Auflage nicht rechtzeitig nachkommt. Der Straftatbestand ist erfüllt, wenn der Betroffene zwar am vorgegebenen Ort Wohnung nimmt, dies aber nicht rechtzeitig (z. B. erst nach drei Monaten) tut, oder zwar rechtzeitig einzieht, aber nach einem Jahr wieder auszieht.[10]

9 BGH, Beschluss v. 23. 7. 1969 – 4 StR 371/68, BGHSt 23, 86, 91 f.
10 A.A. LG Lüneburg, Strafverteidiger 1995, 535.

Anhang A

Prüfungsschemata und Muster

I. Aufenthaltsrechtlicher Status

A. **§ 2 Abs. 1 AufenthG – Ausländer**
Ausländer ist jeder, der nicht Deutscher i. S. d. Art. 116 Abs. 1 des GG ist (deutsche Staatsangehörige und festgestellte Vertriebene, Spätaussiedler).

B. **§ 4 Abs. 1 AufenthG – Grundsatz: Erfordernis eines Aufenthaltstitels**

   I. Ausländer benötigen grundsätzlich einen **Aufenthaltstitel** (S. 13 f.). Titel vorhanden?

   II. Besitzt der Ausländer keinen Titel, ist zu prüfen, ob eine Befreiung von der Titelpflicht besteht. Die wichtigsten Ausnahmen:

      1. **§ 1 Abs. 2 AufenthG** – Aufenthaltsgesetz ist nicht anwendbar
      Angehörige diplomatischer und konsularischer Vertretungen sowie Staatsgäste und deren Begleitung

      2. **Anhang-II-Staater** – Befreiung nach § 15 AufenthV, Art. 20 SDÜ (S. 22 ff.), Art. 5 Abs. 1 SGK Art. 1 Abs. 2 EU-VisumVO, Voraussetzung:
         - Anhang II EU-VisumVO
         - Pass
         - drei Monate (teilweise Bezugszeitraum von sechs Monaten, Sichtvermerksabkommen) – beachte Art. 11 SGK
         - keine Erwerbstätigkeit § 17 AufenthV (entgeltlich oder auf Gewinnerzielung gerichtet, § 2 Abs. 2 AufenthG)
         Ausnahme: § 17 Abs. 2 AufenthV i. V. m. § 16 BeschV
         - Einreisevoraussetzungen nach Art. 5 Abs. 1 a, c, d und e SGK

      3. **Unionsbürger** (EWR-Ausländer) und Schweizer (§ 28 AufenthV)

      4. **Asylbewerber** mit **Aufenthaltsgestattung,** § 55 AsylVfG (S. 65)

      5. **Drittstaatsangehörige mit nationalem Aufenthaltstitel** eines anderen Schengen-Staates gem. Art. 21 SDÜ (S. 30) oder mit **nationalem Visum** gem. Art. 18 SDÜ (S. 31)

      6. **Türkische Lkw-Fahrer** für 2 Monate (S. 28)

C. Der Ausländer hält sich **rechtmäßig** im Bundesgebiet auf, wenn er einen **erforderlichen Aufenthaltstitel** besitzt oder eine **Ausnahme** greift. Besitzt er keinen erforderlichen Aufenthaltstitel, ist er gemäß § 50 Abs. 1 AufenthG ausreisepflichtig.

D. Besitzt er zwar keinen erforderlichen Aufenthaltstitel, aber eine **Duldung** (§ 60a AufenthG), hält er sich zwar **nicht rechtmäßig**, aber auch **nicht strafbar** (vgl. § 95 Abs. 1 Nr. 2 AufenthG) im Bundesgebiet auf.

II. Vorläufige Ingewahrsamnahme

Szenarien:

- Anhang-I-Staater (visumpflichtiger Drittstaatsangehöriger) wird bei Kontrolle angetroffen. Er besitzt kein Visum. Die Einreise erfolgte unerlaubt i. S. d. § 14 Abs. 1 Nr. 2 AufenthG.
- Drittstaatsangehöriger ohne Aufenthaltstitel wird bei Kontrolle angetroffen. Es besteht eine Ausschreibung zu Festnahme gemäß § 50 Abs. 7 Satz 1 AufenthG.

Prüfungsschema:

A. **Rechtsgrundlage**: § 62 Abs. 5 AufenthG (spezialgesetzliche Regelung verdrängt allgemeines Polizeigesetz)
   Voraussetzung: Ausländer
   Zweck: Vorführung vor den Haftrichter zur Entscheidung über die Anordnung der Sicherungshaft

B. **Formelle Rechtmäßigkeit**
   I. Sachliche Zuständigkeit: § 71 Abs. 3 AufenthG (BPol); § 71 Abs. 5 AufenthG (Polizei)
   II. Örtliche Zuständigkeit: § 58 BPolG (BPol); Landespolizeigesetze (z. B. § 73 BWPolG)

C. **Materielle Rechtmäßigkeit**
   I. **Tatbestandsvoraussetzungen** gemäß § 62 Abs. 3 Nr. 1 bis 4 AufenthG müssen kumulativ vorliegen
      1. **§ 62 Abs. 5 Nr. 1**: **dringender Verdacht** für das Vorliegen eines **Haftgrundes** nach § 62 Abs. 3 Satz 1 AufenthG (impliziert Abschiebungs- oder Zurückschiebungsvoraussetzungen)
         a) **Ausreisepflicht** (§ 50 Abs. 1 AufenthG) – Ausländer besitzt keinen erforderlichen Titel (§ 4 Abs. 1 AufenthG)
         b) **Vollziehbarkeit der Ausreisepflicht** (§ 58 Abs. 2 AufenthG),
            prakt. relevant:
            - § 58 Abs. 2 Satz 1 Nr. 1: unerlaubte Einreise § 14 Abs. 1 AufenthG,
              prakt. relevant:
              - § 14 Abs. 1 Nr. 2: Einreise ohne erforderlichen Titel oder
              - § 14 Abs. 1 Nr. 3: Einreise entgegen einem Einreiseverbot nach § 11 Abs. 1 AufenthG (Ausländer war schon einmal ausgewiesen, abgeschoben oder zurückgeschoben worden)
            - § 58 Abs. 2 Satz 1 Nr. 2: noch keinen Titel beantragt
            - § 58 Abs. 2 Satz 2: Ausweisungsverfügung ist vollziehbar also: bestandskräftig (§ 70 VwGO) oder sofort vollziehbar (§ 80 Abs. 2 Satz 1 Nr. 4 VwGO)
         c) **Abschiebungs**- (§ 58 Abs. 1 und 3 AufenthG) bzw. **Zurückschiebungsvoraussetzungen** (§ 57 Abs. 1 AufenthG),
            prakt. relevant:

- § 58 Abs. 3 Nr. 2: Ausreisefrist nicht eingehalten
- § 58 Abs. 3 Nr. 3: Mittellosigkeit
- § 58 Abs. 3 Nr. 7: Ausreiseverweigerung (z. B. durch Untertauchen) oder
- § 57 Abs. 1: 6-Monats-Frist.

d) **Haftgrund** (§ 62 Abs. 3 Satz 1 AufenthG)
prakt. relevant:

- § 62 Abs. 3 Satz 1 Nr. 1: *infolge* unerlaubter Einreise vollziehbar ausreisepflichtig (§§ 14, 58 Abs. 2 Nr. 1 AufenthG s. o.).
- § 62 Abs. 3 Satz 1 Nr. 5: begründeter Verdacht, der Ausländer wolle sich der Abschiebung entziehen. Tatsachen, die den Verdacht stützten: Ausländer ist untergetaucht (Aufenthalt ist unbekannt)

2. **§ 62 Abs. 5 Nr. 2**: die **richterliche Entscheidung** über die Anordnung der Sicherungshaft kann nicht vorher eingeholt werden.
   - Unproblematisch in den beiden Szenarien „unerlaubte Einreise" und „Ausschreibung zur Festnahme", da hier eine Spontanfestnahme stattfindet. Polizei war nicht in der Lage, eine vorherige richterliche Entscheidung einzuholen.
   - Tatbestandsmerkmal ist nicht erfüllt, wenn der Aufenthaltsort des Ausländers bekannt ist und die Ausländerbehörde die Polizei um Festnahme des Ausländers ersucht.
3. **§ 62 Abs. 5 Nr. 3**: begründeter Verdacht, dass sich der Ausländer der Anordnung der Sicherungshaft entziehen will
   - Bei einem unerlaubt eingereisten und illegal aufhältigen Ausländer, der von der Polizei aufgegriffen wird, besteht der begründete Verdacht, dass er, weil entdeckt, sich der Sicherungshaft durch Untertauchen entziehen will.
   - Deckungsgleich mit Haftgrund § 62 Abs. 3 Satz 1 Nr. 5

II. **Rechtsfolge**

1. Ingewahrsamnahme des Ausländers (Freiheitsentziehung)
2. Der Ausländer ist unverzüglich dem Richter zur Entscheidung über die Anordnung der Sicherungshaft vorzuführen.

III. Beispiel für einen Haftantrag

Das nachfolgende Beispiel soll lediglich den Haftantrag veranschaulichen. Es handelt sich dabei keinesfalls um eine Art von Mustertext. Die einzelnen Haftsachen sind dafür zu unterschiedlich.

An das
Amtsgericht

Betreff**: **Antrag auf Sicherungshaft
gegen
Name: Geburtsdatum:
Geburtsort: Staatsangehörigkeit:
Anschrift: Zzt. Polizeigewahrsam, Polizeidirektion AStadt

***Anlage**: …*

In der Haftsache gegen den o. g. Ausländer beantragt die Polizeidirektion AStadt gemäß §§ 57 Abs. 3, 62 Abs. 2, 106 Aufenthaltsgesetz (AufenthG) i. V. m. §§ 415 ff. 422 des Gesetzes über das Verfahren in Familiensachen und in den Angelegenheiten der freiwilligen Gerichtsbarkeit (FamFG)

zur Sicherung der Zurückschiebung anzuordnen:

1. *Der Betroffene ist in Zurückschiebungshaft zu nehmen.*
2. *Die Dauer der Haft wird auf zwei Monate befristet.*
3. *Die sofortige Wirksamkeit dieser Entscheidung wird angeordnet.*

Begründung:

Die Zuständigkeit der Polizeidirektion AStadt für diesen Antrag ergibt sich aus § 71 Abs. 5 AufenthG. Der Ausländer ist Drittstaatsangehöriger. Er besitzt keinen nach § 4 Abs. 1 AufenthG erforderlichen Aufenthaltstitel und ist somit gemäß § 50 Abs. 1 AufenthG ausreisepflichtig. Der Betroffene ist nicht von der Visumpflicht befreit (Art. 1 der Verordnung 539/2001). Die Einreise erfolgte, ohne im Besitz eines Visums zu sein, und damit gemäß § 14 Abs. 1 Nr. 2 AufenthG unerlaubt. Der Ausländer ist somit gemäß § 58 Abs. 2 Nr. 1 AufenthG vollziehbar ausreisepflichtig. Er besitzt keinen gewöhnlichen Aufenthaltsort in der Bundesrepublik.

Aus den Gesamtumständen und dem Verhalten des Ausländers ist zu entnehmen, dass sowohl die Abschiebung als auch die Sicherungshaft erforderlich ist. Hierfür sprechen folgende Tatsachen:

Der Ausländer führte bei seiner Festnahme einen gefälschten Reisepass mit sich.

Der Ausländer ist mittellos. Auch hat er durch sein Verhalten zu erkennen gegeben, dass er sich der drohenden Abschiebung zu entziehen suchen wird. Der Ausländer hat bei seiner ersten Vernehmung über seine Identität und das Vorhandensein seines Passes widersprüchliche Angaben gemacht.

Unterschrift

IV. Belehrung nach § 20 Abs. 2 AsylVfG

Belehrung nach § 20 Abs. 2 AsylVfG - Deutsch

Bearbeitende Stelle:

WICHTIGE MITTEILUNG
(Belehrung nach § 20 Abs. 2 AsylVfG)

Name:
Vorname:
Geburtsdatum:
Staatsangehörigkeit:

Aktenzeichen:
(Bitte unbedingt angeben)

Sehr geehrte/r Asylbewerber/in,

Sie haben in der Bundesrepublik Deutschland um die Gewährung von Asyl nachgesucht. Damit machen sie geltend, hier Schutz vor politischer Verfolgung zu suchen.

Eine Prüfung Ihres Asylbegehrens und eine Anerkennung als Asylberechtigte(r) ist nur möglich, wenn Sie einen förmlichen Asylantrag stellen. Sie sind verpflichtet, diesen Antrag persönlich bei der zuständigen Außenstelle des Bundesamtes für Migration und Flüchtlinge zu stellen. Erst dann wird das Asylverfahren durchgeführt.

Im Rahmen einer Anhörung erhalten Sie dort die Gelegenheit, Ihren Asylantrag zu begründen. Nachdem Sie Ihren Antrag dort gestellt haben, erhalten Sie zur Durchführung des Asylverfahrens eine Aufenthaltsgestattung, die es Ihnen erlaubt, sich in dem Bezirk Ihrer Aufnahmeeinrichtung aufzuhalten.

Belehrung nach § 20 Abs. 2 AsylVfG - Deutsch

Sie werden zunächst an eine Aufnahmeeinrichtung weitergeleitet, die der Unterkunft von Asylbewerbern während der Durchführung des Asylverfahrens dient. Dort werden Sie entweder aufgenommen oder Sie werden an eine andere Aufnahmeeinrichtung weitergeleitet, die für Ihre Aufnahme zuständig ist. In der Aufnahmeeinrichtung wird Ihnen auch die Außenstelle des Bundesamtes für Migration und Flüchtlinge genannt, bei der Sie Ihren Asylantrag stellen müssen.

Melden Sie sich deshalb bitte unverzüglich, spätestens bis zum .... bei folgender Aufnahmeeinrichtung:..

....

Kommen Sie dieser Aufforderung vorsätzlich oder grob fahrlässig nicht nach, wird kein Asylverfahren durchgeführt. Stellen Sie zu einem späteren Zeitpunkt einen Asylantrag, so gilt dieser als Folgeantrag. Sie werden dann so behandelt, als hätten Sie bereits erfolglos einen Asylantrag gestellt. Ein Asylverfahren wird dann nur noch durchgeführt, wenn sich die Sach- oder Rechtslage seit dem Zeitpunkt, zu dem Sie Ihren Asylantrag pflichtgemäß hätten stellen können zu Ihren Gunsten geändert hat oder neue Beweismittel vorliegen.

Diese Belehrung habe ich heute erhalten.

Die Belehrung wurde mir heute in die .... Sprache übersetzt, den Inhalt habe ich verstanden.

....

Ort Datum Unterschrift des/der Asylbewerber(s)/in bzw. gesetzl. Vertreter(s)/in

Seite 2 von 2

V. Grenzübertrittsbescheinigung

Landratsamt Freudenstadt
Ausländeramt

23/09/2010
Tel: 07441 920-0
Fax: 07441 920-999900

Grenzübertrittsbescheinigung

Diese Grenzübertrittsbescheinigung ist bei der grenzpolizeilichen Ausreisekontrolle abzugeben!

Name: **Vorname:**

Staatsangehörigkeit: **Geschlecht:**

Geburtsdatum: **Geburtsort:**

Wohnhaft:

ist verpflichtet, die Bundesrepublik Deutschland unverzüglich, spätestens jedoch mit Ablauf des ____________ zu verlassen.

Sofern die Ausreise aus Deutschland direkt in einen nicht zu den Schengen-Staaten (Geltungsbereich des Schengener Grenzkodex – Bezeichnung im Einzelnen) gehörenden Drittstaat erfolgt, d. h. ohne Durchreise/Zwischenhalt in einem anderen Schengen-Staat, ist die Grenzübergangsbescheinigung an einer deutschen Grenzübertrittsstelle abzugeben. Bei Ausreise über einen anderen Schengen-Staat ist die Ausreise hingegen durch persönliche Abgabe der Bescheinigung bei einer deutschen Auslandsvertretung (Botschaft oder Generalkonsulat) außerhalb der Schengen-Staaten nachzuweisen; eine Übersendung durch Post, Kurier oder Boten genügt nicht. Dies ist insofern erforderlich, als zwischen den Schengen-Staaten grundsätzlich keine Grenzkontrollen mehr bestehen und faktisch eine Wiedereinreise nach Deutschland möglich ist. Durch die Abgabe der Bescheinigung bei den Grenzbehörden eines anderen Schengen-Staates kann die Ausreise aus Deutschland nicht nachgewiesen werden.

____
Sachbearbeiter Siegel

Urschriftlich zurück an:

Landratsamt Freudenstadt
- Ausländeramt -
Postfach 620
72236 Freudenstadt
Deutschland

Der o. g. Ausländer hat die Bundesrepublik Deutschland am ______________ verlassen.

______________________ (Unterschrift) Siegel

Index

Die Zahlen verweisen auf die Randnummern.

B

D

E

F

G

H

U

V

W

Z